权威·前沿·原创

皮书系列为

"十二五""十三五""十四五"时期国家重点出版物出版专项规划项目

BLUE BOOK

智 库 成 果 出 版 与 传 播 平 台

河南省社会科学院哲学社会科学创新工程试点项目

河南蓝皮书
BLUE BOOK OF HENAN

河南经济发展报告
（2025）

ANNUAL REPORT ON DEVELOPMENT OF
HENAN ECONOMIC (2025)

发展新质生产力
Develop New Quality Productive Forces

主　编／王承哲　高　璇
副主编／完世伟　石　涛

社会科学文献出版社
SOCIAL SCIENCES ACADEMIC PRESS（CHINA）

图书在版编目（CIP）数据

河南经济发展报告 . 2025：发展新质生产力 / 王承哲，高璇主编；完世伟，石涛副主编 . --北京：社会科学文献出版社，2024.12. --（河南蓝皮书）.

ISBN 978-7-5228-4665-1

Ⅰ . F127.61

中国国家版本馆 CIP 数据核字第 2024C887X2 号

河南蓝皮书
河南经济发展报告（2025）
——发展新质生产力

主　　编 / 王承哲　高　璇
副 主 编 / 完世伟　石　涛

出 版 人 / 冀祥德
组稿编辑 / 任文武
责任编辑 / 方　丽　张丽丽
责任印制 / 王京美

出　　版 / 社会科学文献出版社 · 生态文明分社（010）59367143
　　　　　地址：北京市北三环中路甲 29 号院华龙大厦　邮编：100029
　　　　　网址：www.ssap.com.cn
发　　行 / 社会科学文献出版社（010）59367028
印　　装 / 天津千鹤文化传播有限公司

规　　格 / 开　本：787mm×1092mm　1/16
　　　　　印　张：21.75　字　数：325 千字
版　　次 / 2024 年 12 月第 1 版　2024 年 12 月第 1 次印刷
书　　号 / ISBN 978-7-5228-4665-1
定　　价 / 128.00 元

读者服务电话：4008918866

主要编撰者简介

王承哲　河南省社会科学院党委书记、院长，二级研究员，第十四届全国人大代表，中宣部文化名家暨"四个一批"人才，国家高层次人才特殊支持计划哲学社会科学领军人才，中央马克思主义理论研究和建设工程重大项目首席专家，享受国务院特殊津贴专家，中国马克思恩格斯研究会常务理事，中国社会科学院大学博士生导师，《中州学刊》主编。长期致力于马克思主义理论研究和马克思主义中国化研究，致力于中国特色哲学社会科学学科体系、学术体系、话语体系建设。主持马克思主义理论研究和建设工程、国家社科基金重大项目以及国家社科基金项目多项，主讲报告被中宣部评为全国优秀理论宣讲报告。主持起草河南省委、省政府《华夏历史文明传承创新区建设方案》《河南省文化强省规划纲要（2005—2020 年）》等多份重要文件。

高　璇　博士，河南省社会科学院经济研究所所长、研究员。郑州大学、华北水利水电大学兼职教授。享受河南省政府津贴专家，"中原千人计划"青年拔尖人才，河南省百名优秀青年社科理论人才。长期从事区域经济、产业经济、城市经济等方面的研究工作。近年来，主持承担国家级、省部级课题 20 余项，荣获省部级优秀成果奖 7 项，公开发表理论文章 40 余篇，出版学术专著 6 部，参与编制各类规划 20 余项，10 余项应用对策研究得到河南省委、省政府领导批示。

完世伟 博士，河南省社会科学院经济研究所原所长、研究员。郑州大学、河南工业大学、华北水利水电大学兼职教授。享受国务院特殊津贴专家、中原文化名家、河南省优秀专家、河南省学术技术带头人、河南省宣传文化系统"四个一批"优秀人才，中国区域经济学会常务理事。长期从事宏观经济、区域经济、产业经济、技术经济及管理等方面的研究工作。主持或参与完成国家级、省级课题 30 余项，荣获省部级优秀成果奖 10 余项，公开发表理论文章 60 余篇，主持或参与编制区域发展、产业发展等各类规划 30 余项。

石 涛 博士，河南省社会科学院经济研究所副所长、副研究员，郑州大学硕士研究生导师。"中原英才计划"中原青年拔尖人才、国家社科基金项目通讯评审专家、河南省科技项目评审专家。长期从事金融风险与金融监管、大数据治理与公共政策、区域经济等方面的研究。主持完成国家社科基金项目 3 项（含国家社科基金重大项目子课题 1 项）、省部级 4 项，荣获省部级优秀成果 3 项，公开发表理论文章 30 余篇，出版中文学术专著 1 部，参与编制各类规划 10 余项，数篇应用对策研究得到河南省委、省政府领导批示。

摘　要

2024 年是全面贯彻落实党的二十大精神的关键之年，是深入实施"十四五"规划的攻坚之年，也是"十五五"规划前期工作的启动之年。2024 年，河南深入贯彻中央经济工作会议精神，深入贯彻落实党中央推动中部地区崛起的一系列政策举措，全面落实河南省委十一届六次全会暨河南省委经济工作会议和政府工作报告部署，锚定"两个确保"，持续实施"十大战略"，因地制宜发展新质生产力，全省经济呈现稳中有进、持续向好态势。《河南经济发展报告（2025）》系统深入分析了 2024 年河南经济运行的主要态势以及 2025 年河南经济发展的走势，全方位、多角度研究和探讨了河南发展新质生产力的举措及成效，并对新阶段河南高质量发展提出了对策建议。

全书共分为总报告、调查评价篇、分析预测篇、专题研究篇四个部分。总报告对 2024~2025 年河南经济形势进行了分析与预测，认为 2024 年河南省坚持稳中求进、以进促稳、先立后破，经济运行总体平稳，整体呈现"稳中向好、趋优向新、逐季抬升"态势。2025 年，国际发展环境依然复杂严峻，河南发展的有利因素明显增多，预计全年经济增速将高于全国平均水平，需要从扩大有效需求、加快产业转型、深化改革开放、提升创新水平、防范化解风险、保障改善民生等方面持续发力，以经济持续健康发展推进中国式现代化河南新实践。

调查评价篇主要通过建立相关指标体系和量化模型，运用定量分析和定性分析相结合的研究方法，分别对 2024 年河南省辖市经济综合竞争力、河南县域经济高质量发展、河南跨境电商发展进行综合评价。其中，《2024年河南省辖市经济综合竞争力评价报告》依托由6个一级指标、28个二级指标构成的评价指标体系对河南省辖市经济综合竞争力进行评价。未来，河南省辖市应走好现代化河南实践的新路子，推进均衡高速发展，持续保障和改善民生，加快创新驱动，促进各地经济转型升级，强化财政金融支撑，全面提升经济综合竞争力。《2024年河南省县域经济高质量发展评价报告》从发展规模、发展结构、发展效益、发展潜力、民生幸福五个维度构建县域经济高质量发展评价指标体系，利用熵值法对河南省102个县（市）经济高质量发展水平进行评价分析。研究发现，发展效益、发展潜力评价得分相对较低，县域经济需要在提升居民收入、提振消费市场等方面发力。同时县域经济需要加快向创新驱动发展转变，因地制宜发展新质生产力，推动产业集约化发展，促进培育新型消费市场，促进城乡融合发展，走出中国式现代化的县域特色实践道路。《2024年河南省跨境电商发展指数评价报告》从主体规模、成长速度、环境支撑、经济影响四个方面构建了评价指标体系，通过熵值法计算得到河南省跨境电商发展综合指数与各分项指数，从持续发挥政策优势、推进技术创新、打造一站式综合服务平台、提高"跨境电商+产业带"发展质量、按需培养跨境电商技能型人才等角度提出了具有针对性和前瞻性的建议。

分析预测篇聚焦河南省产业发展、固定资产投资、消费市场、对外贸易、物流业运行、居民消费价格走势等不同领域、不同行业、不同产业，对其2024~2025年发展态势进行分析与展望，进而分别提出发展新质生产力、加快高质量发展的思路及相应举措。

专题研究篇围绕新质生产力的培育和发展，聚焦新质生产力的测度与提升、新质生产力引领中国式现代化河南实践、前瞻布局未来产业发展新质生产力、聚焦新兴产业发展新质生产力、以"三化"改造"六新"突破助推形成新质生产力、以"双链融合"培植新质生产力、数据要素赋能新质生产力，以及"十五五"时期河南发展思路、防范化解经济金融风险、打造民营企业矩阵新IP等不同主题，研究分析了培育发展新质生产力的重点难点问题，开展了"十五五"规划的前期研究，并从不同角度提出了对策建议。

关键词： 新质生产力　现代化建设　河南

目　录 ⟆

Ⅰ　总报告

Ⅱ　调查评价篇

Ⅲ　分析预测篇

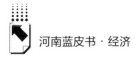

Ⅳ　专题研究篇

皮书数据库阅读**使用指南**

总报告

B.1

2024～2025年河南经济形势
分析与展望

河南省社会科学院课题组*

摘　要： 2024年，河南省上下坚持贯彻落实习近平总书记视察河南重要讲话重要指示，深入贯彻中央经济工作会议精神，全面落实河南省委十一届六次全会暨河南省委经济工作会议和政府工作报告部署，坚持稳中求进、以进促稳、先立后破，经济运行总体平稳，整体呈现"稳中向好、趋优向新、逐季抬升"态势。2025年，国际发展环境依然复杂严峻，河南发展的有利因素明显增多，全年经济增速将高于全国平均水平。针对推动2025年河南经济高质量发展，本文提出六个方面的建议：一是着力扩大有效需求，夯实经济企稳回升基础；二是着力加快产业转型，培育发展新质生产力；三是着

* 课题组组长：王承哲，河南省社会科学院党委书记、院长，二级研究员。课题组成员：完世伟、高璇、武文超、王芳、李斌、李丽菲。执笔：高璇，河南省社会科学院经济研究所所长、研究员，主要研究方向为宏观经济与区域经济；武文超，河南省社会科学院经济研究所副研究员，主要研究方向为数量经济与金融；王芳，河南省社会科学院经济研究所副研究员，主要研究方向为区域经济与产业经济。

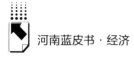
力深化改革开放，不断激发发展动力活力；四是着力提升创新水平，加快新旧动能接续转换；五是着力防范化解风险，营造安全稳定发展环境；六是着力保障改善民生，切实提升群众获得感幸福感。

关键词： 河南省　经济形势　分析预测

2024年以来，河南省上下坚持贯彻落实习近平总书记视察河南重要讲话重要指示，深入贯彻中央经济工作会议精神，深入贯彻落实党中央推动新时代中部地区崛起的一系列政策举措，全面落实河南省委十一届六次全会暨河南省委经济工作会议和政府工作报告部署，坚持稳中求进、以进促稳、先立后破，经济运行总体平稳，整体呈现"稳中向好、趋优向新、逐季抬升"态势。但与此同时，国际环境依然复杂严峻，有效需求不足等问题仍有待进一步解决，河南发展中一些长期存在的深层次问题依然凸显，改革发展稳定任务仍然艰巨，需要完整、准确、全面贯彻新发展理念，进一步加快推进全面深化改革，以加快培育和发展新质生产力、促进新旧动能转换、推动高质量发展，奋力开创中国式现代化河南实践新局面。

一　2024年1~8月河南经济运行态势分析

（一）经济增长持续回升

2024年，河南省从年初开始，以"人一之、我十之"的拼抢劲头，在转变发展方式、推动高质量发展上持续用力，经济回升向好态势明显。上半年全省地区生产总值为31231.44亿元，排全国第5位，同比增长4.9%（见图1），较第一季度提升了0.2个百分点，增速低于全国0.1个百分点。分产业来看，2024年上半年，第一产业增加值同比增长3.7%，第二产业增加值同比增长7.5%，第三产业增加值同比增长3.2%，可以看到，第二产业增长态势突出，对经济持续回升向好形成了强有力的支撑。2023年第一季度，河南经济出现了明显的反弹，当季增速达到5%，高于全国0.5个百分点，之后受有效需求不足、社会预期偏弱、风险隐患较多以及统计数据"挤水分"等多种复杂因素影响，2023年第二季度以来，河南经济增长不够强劲、增长速度低于全国水平。从2023年下半年以来，河南经济增长呈现逐季回升态势，2024年上半年，河南地区生产总值增速已经与全国水平接近。

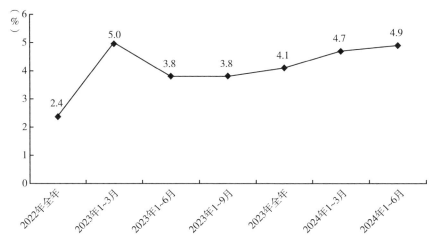

图1　2022年至2024年6月河南省地区生产总值累计增速

数据来源：河南省统计局网站。

（二）三次产业稳定向好

农业生产保持稳定。2024年，河南省夏粮产量达到757.14亿斤，同比增产47.13亿斤，全省小麦种植面积继续稳定在8500万亩以上，小麦高产示范区总面积734.2万亩。2024年上半年，河南省农林牧渔业增加值为2534亿元，同比增长4%，高于全国0.3个百分点；全省猪牛羊禽肉产量为353.36万吨，同比增长2.4%，生猪出栏3185.85万头、存栏3993.96万头；全省蔬菜及食用菌产量达到3368.01万吨，同比增长2.9%，瓜果类产量

389.74 万吨，同比增长 3.0%。河南省持续实施"藏粮于地、藏粮于技"，全省农业科技进步贡献率达 64.9%，主要农作物良种覆盖率超过 97%，全省小麦机收率超过 99%。

工业发展态势良好。2024 年，河南制造业"7+28+N"重点产业链群加速发展，1~8 月，河南省规模以上工业增加值比上年同期增长 7.5%（见图 2），高于全国平均水平 1.7 个百分点，其中，五大主导产业增加值增长 11%。8 月当月，全省规模以上工业增加值同比增长 6.8%，约八成行业增加值保持增长。2024 年 8 月，河南省汽车及零部件产业增加值同比增长 20.8%，电子信息产业增加值同比增长 25.2%，全省规模以上电力、热力生产和供应业增加值同比增长 7.6%，石油、煤炭及其他燃料加工业增加值同比增长 17.4%，有效保障了能源供应。

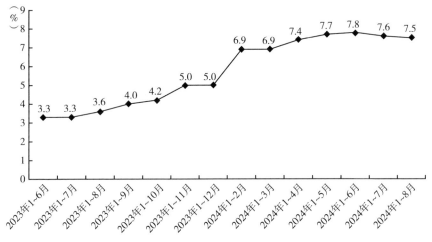

图 2　2023 年 6 月至 2024 年 8 月河南省规模以上工业增加值累计增速

数据来源：河南省统计局网站。

服务业生产加速恢复。2024 年 1~7 月，河南省规模以上服务业企业营业收入为 4277.39 亿元，同比增长 2.6%，规模以上服务业企业利润总额为 312.4 亿元。新兴服务业企业快速发展，2024 年 1~7 月，全省规模以上科技推广和应用服务业企业营业收入同比增长 28.6%，租赁业企业营业收入同比增长 28.0%，商务服务业企业营业收入同比增长 12.8%，多式联运和运输代理业企业营业收入同比增长 11.7%。交通运输畅通活跃。2024 年 1~8 月，全省旅客、货物运输量分别同比增长 26.4%、3.3%，机场旅客吞吐量、货邮吞吐量分别同比增长 9.2%、32.8%，快递业务总量同比增长 38.1%。

（三）有效需求加快恢复

投资保持快速增长。2024 年，随着大规模设备更新、房地产市场政策放松、超长期特别国债发行、更大力度吸引和利用外资等一系列政策落地，前期投资释放的效应逐步显现。2024 年 1~8 月，河南省固定资产投资同比增长 6.6%（见图3），高于全国平均水平 3.2 个百分点，居全国第 5 位、中部省份第 1 位。重大项目拉动作用显著，1~8 月，河南省亿元及以上项目完成投资增长 9.4%，对全省投资增长的贡献率达 88.2%；民间投资明显回升，1~8 月，河南省民间投资增长 9.8%，高于全国平均水平 10 个百分点；工业投资加快增长，1~8 月，河南省工业投资增长 21.5%，其中五大主导产业投资增长 21.6%、高技术制造业投资增长 12.6%；民生领域投资较快增长，1~8 月，全省社会领域投资增长 9.7%，教育投资增长 15.7%，水利、环境和公共设施管理业投资增长 13.1%；房地产投资有所下降，1~8 月，全省房地产开发投资同比下降 9.2%。

消费增长态势亮眼。"2024 年消费促进年"有效实施，消费品以旧换新等政策全面落实，河南文旅、胖东来等 IP 成为网络爆款，带来巨大流量，使河南消费成为亮点。2024 年 1~8 月，河南省社会消费品零售总额为 17452 亿元，同比增长 5.7%（见图4），高于全国 2.3 个百分点。限额以上商品零售额增长 7.1%，其中，金银珠宝、通信器材、化妆品等类零售额分别增长 21.5%、34%、7.1%。农村消费复苏明显，2024 年 1~8 月，农村限额以上商品零售额增长 12.1%。文旅消费亮眼，2024 年的春节、清明、端午三个假期期间，河南省接待游客人次相较于 2023 年同期分别增长 48.8%、9.9%、14%，带动旅游总收入增长 69.9%、20.6%、16.2%。直播

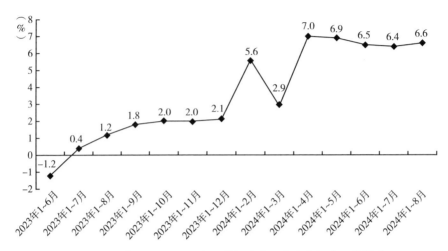

图3　2023年6月至2024年8月河南省固定资产投资累计增速

数据来源：河南省统计局网站。

带货、即时配送等新型消费模式快速发展，2024年上半年，河南省网上零售额为2236.3亿元，同比增长17.8%。

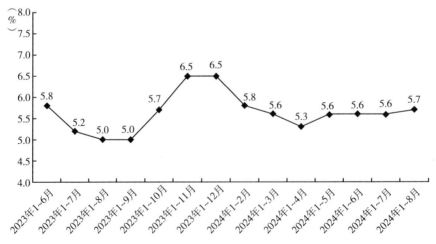

图4　2023年6月至2024年8月河南省社会消费品零售总额累计增速

数据来源：河南省统计局网站。

进出口逐步企稳。2024年初，受苹果手机产能转移的影响，1~2月，河南省进出口总额同比下降30.9%，随着一系列稳外贸、稳外资、促开放政策落地，以及外贸新产品、新动能的出现，外贸进出口逐步回升，1~8月，河南省进出口总额为4609.4亿元，同比下降6.3%（见图5），其中，8月当月进出口总额同比增长21.5%，连续两个月实现两位数增速。从企业来看，1~8月，全省有进出口实绩的企业数量达到11506家，同比增加1043家，其中，外贸进出口超过5000万元的企业有640家，进出口额合计占全省的87.5%。自贸区进出口大幅增长，2024年1~8月，中国（河南）自贸试验区（以下简称"河南自贸区"）完成进出口额538.9亿元，同比增长90.9%。从进出口市场来看，2024年1~8月，河南对东盟、欧盟、拉美、非洲进出口额同比分别增长1.9%、4.5%、10%、21.9%，外贸市场呈多元化趋势。2024年1~8月，河南外贸"新三样"出口达到70.3亿元，同比增长12.5%，其中，电动汽车出口额达到46.5亿元，同比增长61.6%。

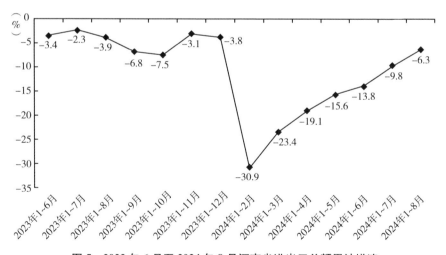

图5　2023年6月至2024年8月河南省进出口总额累计增速

数据来源：中华人民共和国郑州海关网站。

（四）发展质量不断提升

新质生产力加快孕育。2024年，河南持续加快创新发展，推动科技创新与产业深度融合，新质生产力发展明显加快，新动能、新优势加快培育。2024年1~8月，河南省规模以上战略性新兴产业、高技术制造业增加值同比分别增长8.6%、14%；集成电路产量同比增长7.8倍，工业机器人、新能源汽车、锂电池、光电子器件、液晶显示模组产量同比分别增长95.9%、38.9%、52.1%、24.8%、123%。2024年1~8月，高技术制造业投资增长12.6%，其中计算机及办公设备制造业投资增长51.6%，医药制造业投资增长25.3%，技术改造投资增长6.4%。2024年上半年，河南省技术合同成交额达到884亿元，较上年同期增长45%。2024年7月，工信部公布的2022年国家级科技企业孵化器评比中，河南参评数量、优秀数量分别排在全国第7位和第3位。

发展效益稳步提高。企业经营状况明显回升，2024年1~7月，河南省规模以上工业企业利润总额达到1048亿元，同比增长23.5%，高于全国19.9个百分点，增速居全国第6位、中部省份第2位。低碳转型步伐加快，2024年1~8月，全省单位工业增加值能耗下降3.3%，可再生能源发电量469.93亿千瓦时，占全省发电量的比达到20%以上。2024年8月，河南、湖北签署跨区域、跨流域环境执法联动协议，河南省生态环保的朋友圈再次扩大。

（五）民生福祉稳步改善

2024年以来，河南坚持把民生工作作为事关发展和稳定的重中之重，针对保供、稳价、稳岗等采取一系列政策举措，民生各项事业保持总体稳定。民生支出持续增加，2024年上半年，河南省地方一般公共预算支出中的城乡社区、社会保障和就业、住房保障相关支出同比分别增长13.1%、3.3%、2.4%，支出增长为做好民生各项工作提供了有力保障。就业工作总体稳定，随着"技能河南"深入推进、稳就业17条政策顺利实施，劳动参与率逐步回升，2024年1~8月，全省城镇新增就业93.02万人，完成全年目标的 84.6%。居民收入稳步增长，2024 年上半年，河南省居民人均可支配收入为 14962 元，同比增长 5.7%，在中部六省中排第 2 位。物价总体保持稳定，1~8 月，河南省 CPI 同比上涨 0.2%。

总体来看，2024 年以来，河南经济在制造业发展、产业升级、激发消费等领域取得了良好的成绩。近年来，河南省把工作的着力点放在加快创新驱动发展、培育发展新动能上，把"六新"（新基建、新技术、新材料、新装备、新产品、新业态）突破作为提升战略竞争力的关键举措和重要标志，把"7+28+N"产业链群作为重中之重，推动河南省经济格局实现战略性重塑。在战略实施层面，突出"项目为王"理念，"三个一批"项目建设活动接续发力，比亚迪新能源汽车等为代表的重大项目拉动力明显。但我们也应看到，河南省经济运行"稳"的基础还不算牢固、"进"的力量还没充分发挥、"新"的动能还没完全建立，一些长期存在的深层次问题依然凸显，有效需求不足、部分企业经营不善、部分领域风险释放压力加大等问题仍有待进一步解决。

二 2025年河南省经济发展环境及总体走势展望

（一）2025年河南经济运行环境分析

1.有利条件

宏观经济回升向好。进入 2025 年，宏观经济回升向好的环境有所改善，信心明显恢复。2024 年 7 月，人民币兑美元汇率触底回升；9 月，美联储宣布降息，中央进一步出台调控房地产市场、资本市场以及刺激经济的一系列政策举措，A 股市场触底反弹。近年来，数字经济、人工智能、新能源、新能源汽车、文旅消费等新增长点不断壮大，有力推动了新质生产力发展、新发展动能培育。2025 年，中央将做出新一轮战略谋划，进一步推动中国式现代化稳步前进。

全面深化改革红利。2024 年 7 月，党的二十届三中全会胜利召开，并

做出了关于进一步全面深化改革、推进中国式现代化的决定，提出到 2035
年全面建成高水平社会主义市场经济体制，新一轮经济体制改革和创新将会
给中国经济发展注入新的活力。全会在构建全国统一大市场、发展新质生产
力、深化财税和金融体制改革、实施区域协调发展战略、提升产业链供应链
安全韧性、进一步扩大开放等方面做出部署，对区域经济发展有深远的影
响，对河南发挥区位交通、人口市场、产业基础等方面的优势有重要利好。

新质生产力培育加快。近年来，河南坚持创新是第一动力，大力加快科
技创新发展，增强创新对高质量发展的引领作用，在集聚高水平人才、建设
高水平创新平台、研发关键性技术和产品等方面有了一系列突破，中原科技
城、中原医学科学城、中原农谷为支柱的"三足鼎立"科技创新大格局初
步形成，"六新"突破成效显著。新能源、新材料、新能源汽车、电子信
息、现代医药等为代表的"7+28+N"重点产业链群为河南产业转型提供有
力支撑，人工智能、区块链、数字经济等领域加快发展。新质生产力培育将
为河南经济发展释放源源不断的动力。

经济发展信心回升。2024 年，多个指标预示河南经济发展信心持续回
升。1~8 月，河南第二产业增加值增速、规模以上工业利润总额增速位居
全国前列，民间投资增速高于全国 10 个百分点，反映经济景气度的旅客周
转量、货物周转量、工业用电量保持较快增长。河南文旅、胖东来等 IP 引
爆全网，吸引全国游客来河南打卡，重点景区人流量大幅增加。比亚迪新能
源汽车等重大项目对经济增长形成强有力的支撑。可以判断，2025 年，随
着宏观、微观经济景气恢复，河南经济发展信心将进一步回升，对经济运行
形成有力支撑。

自身优势依然明显。河南作为中部地区的人口大省、经济大省、历史文
化大省以及交通枢纽，自身发展优势依然明显。1 亿人口构成的巨大内需市
场，在激发消费、劳动力供给等方面优势突出；2023 年底，河南常住人口
城镇化率为 58.08%，仍然落后全国 8.08 个百分点，距离发达国家 75%~
80%的城镇化水平还有较大发展空间，基建和公共服务投资、消费增长潜力
巨大；河南地处中部地区，交通枢纽地位突出，在构建新发展格局、构建全

国统一大市场过程中，禀赋优势将进一步凸显。综合来看，河南经济增长潜力仍然突出。

2. 不利因素

外部形势依然复杂严峻。当前，世界政治格局阵营化、对立化倾向加剧，大搞"小院高墙""脱钩断链"，国际贸易环境不确定性增强。全球经济维持温和滞胀格局，对外需造成负面影响。在外需不振、苹果产能转移的情况下，河南外需新动能亟待挖掘。俄乌冲突长期化、巴以冲突扩散等导致全球地缘政治不确定性上升，对全球粮食市场、原油市场造成冲击，对工农业生产影响明显。

经济回升仍然需要时间。2024年，河南经济在工业、投资、消费等领域亮点突出，但是总体来看，经济回升仍需要时间。2024年1~8月，中央和河南省财政一般预算收入同比仍然在下降，房地产市场主要指标同比下降，支撑经济发展的新动能仍需要进一步挖掘，经济增长的信心仍需要进一步恢复，全国和河南经济在2025年的回升速度仍有待在实际运行中观察。

区域竞争环境出现变化。党的二十届三中全会以来，中央部署进一步全面深化改革举措。在构建全国统一大市场、推进财税体制改革的背景下，未来区域发展思维和逻辑都将发生新的变化。例如，2024年以来，中央多次对地方违规招商引资优惠政策进行治理。在此背景下，河南自身禀赋优势凸显，同时创新等方面的劣势也可能被放大，河南高质量发展面临新的挑战。

重点风险问题有待破解。一是人口负增长和老龄化问题，新生儿数量持续下降，2024年上半年全国新生儿433万人，随着我国第二个生育高峰（1962~1971年）人口陆续退休，劳动力供应、养老、医疗等方面都面临挑战。二是地方政府和企业债务风险，经济下行背景下，地方政府债务、企业债务问题加剧，对进一步扩大投资、经济顺畅运行形成挑战，该问题仍有待化解。

（二）2025年河南经济总体走势展望

2024年以来，我国内外部环境依然严峻复杂，外需不振、贸易保护主义抬头、地缘政治危机叠加，国内宏观经济恢复性增长，河南省经济运行总体呈现"稳中向好、趋优向新、逐季抬升"态势，投资、消费、工业等领域呈现亮点。2025年，河南省将深入贯彻党的二十届三中全会精神，推动进一步全面深化改革、释放新的体制机制红利，加快新质生产力培育，推动经济持续向好，全年经济增速将高于全国平均水平。

1. 经济运行稳中向好

在宏观经济持续向好态势下，企业、居民的预期信心有所增强，国际货币基金组织等国际机构纷纷上调对我国经济增长的预测。2024年9月，中央进一步出台调控房地产市场、资本市场以及刺激经济的一系列政策举措。2024年以来，河南省多个主要经济指标增速高于全国，且月度环比呈现上升趋势，民间投资增长强劲，该趋势可能会持续到2025年。从政策面来看，2024年以来，新时代中部崛起深入推进，党的二十届三中全会释放进一步全面深化改革红利。河南在贯彻中央精神的基础上，做出了一系列得力部署，推动经济持续回升向好。但也要看到，当前部分工业领域恢复仍存在挑战、房地产市场企稳仍需时间、支撑经济发展的新动能有待进一步挖掘。综合判断，2025年河南经济运行将呈现稳中向好态势，经济增速高于全国水平。

2. 项目投资持续增长

2023年底，中央增发1万亿元国债。2024年5月，财政部发行超长期特别国债，河南利用重点资金部署一批带动性强的项目，为实现投资持续增长奠定了基础。2024年6月，河南省政府出台大规模设备更新的财政支持政策。2023年底以来，河南加快"7+28+N"重点产业链群体系建设，郑州比亚迪、上汽乘用车二期投产，宁德时代、奇瑞新能源汽车二期、多氟多锂电池电解液等项目加快实施，为经济发展注入新动力。截至2024年4月，河南省第12期"三个一批"项目开工项目3000多亿元，投产项目近8000亿元，前期投资效应持续释放。2024年以来，河南省民间投资增长强劲，信心回升明显。进入2025年，随着国际国内发展环境的变化，中央可能会出台新一轮财政扩张政策，推动全国经济持续回升向好。河南省"三个一批"项目签约、开工、投产滚动实施，项目储备充足。综合判断，2025 年，河南省固定资产投资将保持良好的增长势头，拉动经济持续回升向好。

3.消费潜力持续释放

2024 年上半年，全国消费市场持续恢复向好，河南省消费亮点纷呈。2024 年初河南文旅、胖东来等多个 IP 成为网络爆款，老君山、云台山、万岁山等引爆网络，河南卫视"奇妙游"系列、"中国节气"、"中国家宴"等节目持续扩大中原文化影响力，永辉超市郑州信万广场店由胖东来调改后首日营业额较上年同期增长 13 倍多，河南消费类 IP 集体爆发、持续引流。2024 年 6 月，河南省出台耐用消费品以旧换新政策，7 月底，中央出台新一轮 3000 亿元补贴政策，各地市持续实施新能源汽车、房地产、家居等消费补贴，推动新能源汽车、家居等领域消费潜力加快释放。网络消费、健康消费、绿色消费等新消费业态持续发展，消费新增长点不断培育壮大，县域商业体系不断完善，不同层次、不同领域消费需求不断涌现。总体来看，河南热点消费市场持续扩大，叠加中央和省市各级激发消费潜力的政策，2025 年，河南消费潜力将持续释放，成为推动经济回升向好、结构转型的重要动力。

4.外贸压力仍然较大

从有利方面来看，当前主要经济体增长前景相对乐观，2024 年 9 月美联储宣布降息，其他多个经济体同样可能实施降息，反映生产消费的各项指标不断改善，外需总体保持向好态势。当前，以"新三样"为代表的新产品在全球走红，跨境电商、海外仓、保税维修等新业态新模式蓬勃发展，和平共处五项原则发表 70 周年纪念大会增强了中国与世界各国的沟通，河南与东盟的经贸往来不断加深，河南—柬埔寨—东盟"空中丝绸之路"建设提速。从不利方面来看，美、欧、日等经济体债务水平高企，欧盟对中国新能源汽车加征关税。全球地缘政治风险仍将长期存在，同时人民币升值对外贸出口也将造成一定压力。展望 2025 年，河南省外贸增长的压力仍然较大，进出口总额增速有望回正。

5.就业收入持续改善

2024年，河南省开展"中小企业服务月""春雨润苗"专项行动，以稳市场主体来稳定就业，通过企业吸纳、灵活就业、自主创业，以及"三支一扶"、特岗教师、大学生乡村医生等多种渠道保障高校毕业生就业。近年来，新技术、新业态、新职业不断涌现，成为推动经济转型、消费升级的重要力量。2024年5月，人社部增加了对新经济就业岗位的认定，增加网络主播、生成式人工智能系统应用员等19个新职业，移动操作系统应用设计员等29个新工种，河南省加强出行、外卖、即时配送、同城货运等行业平台企业吸纳就业的作用，对于激发新经济、新产业、新业态吸纳就业能力形成利好。2025年，全国高职高专扩招带来的大学生就业压力将有所减缓，同时，随着宏观经济环境有所好转，河南民间投资信心显著回升，将支撑居民就业收入持续改善。综合判断，2025年，河南省就业压力将有所缓解，居民收入水平将持续提升。

三 推动河南经济高质量发展的政策建议

当前，河南发展环境面临深刻复杂变化，改革发展稳定任务仍然艰巨。我们要坚持稳中求进、以进促稳、先立后破，完整、准确、全面贯彻新发展理念，以进一步全面深化改革促进稳增长、调结构、防风险，加快培育和发展新质生产力，促进新旧动能转换，推动高质量发展，奋力开创中国式现代化河南实践新局面。

（一）着力扩大有效需求，夯实经济企稳回升基础

扩大内需是应对外部冲击、稳定经济运行行之有效的重要战略。牢牢把握扩大内需这一战略基点，必须更好统筹消费和投资，形成稳固国内消费需求和投资需求的完整内需体系，推动消费和投资相互促进、良性循环，为河南省经济回升向好夯实基础。要不断拓展有效投资空间，持续增加新型基础设施体系、高精尖产业、消费潜能释放等重点领域投资，紧盯上级政策、重

大战略和新兴领域，有针对性地储备一批重大项目，增强经济发展后劲和实力；深入实施"三个一批"项目建设活动，坚持"要素跟着项目走"，扎实推进"万人助万企"活动，用足用好资金、土地、能耗、环境等要素保障支持政策，积极推进投资落地实施。要着力稳定房地产融资，进一步落实房地产融资协调机制，对符合条件的房地产项目通过"白名单"机制予以精准支持，促进项目建成交付；引导提升河南省住宅建筑整体品质，通过产品结构优化来打通新旧循环，通过品质提升来激发改善需求。要大力激发消费潜能，加快发展数字消费、绿色消费、健康消费，积极培育智能家居、文娱旅游、体育赛事、国货潮品等新型消费，全力打造餐饮、文旅体育、购物、大宗商品、健康养老托育、社区六大消费新场景，推动消费新业态、新模式、新产品不断涌现，不断激发消费市场活力和企业潜能。

（二）着力加快产业转型，培育发展新质生产力

加快培育发展新质生产力是推动实现高质量发展的内在要求和重要支撑，是促进生产力迭代升级、实现新旧动能转换的必然选择。河南应聚焦现代化产业体系建设的重点领域和薄弱环节，增加高质量科技供给，加快推动产业转型升级，因地制宜发展新质生产力，积蓄高质量发展新优势。要围绕传统优势产业加快设备更新和技术改造升级，加快制造业"三化"改造、"六新"突破，围绕28条重点产业链制定数字化转型指南，不断提升传统产业高端化、智能化、绿色化水平；实施一批补链、延链、强链重点项目，延伸产业链、提升价值链、完善供应链，让"老企业"焕发新活力，让"老产业"形成新动能。要统筹发展新兴产业和未来产业，围绕新能源汽车、新型显示和智能终端、生物医药、新一代人工智能等重点新兴产业领域引育一批具有影响力和创新力的链主企业，加大要素倾斜和支持力度，发挥链主企业头雁作用，加速供应链、创新链和产业链融合，形成雁阵集群效应，快速提升产业集群的核心竞争力和产业能级；前瞻性布局量子信息、氢能与储能、类脑智能、生命健康等未来产业，促进新技术迭代应用，以"揭榜挂帅"的方式推动创新技术转化，吸引更多未来产业高科技企业落户河南，力争产出

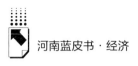

一批原创性、颠覆性成果，培育形成一批引领能力强、经济效益好、具备核心竞争力的未来产业链群，引领全省新质生产力发展。

（三）着力深化改革开放，不断激发发展动力活力

改革开放是党和人民大踏步赶上时代的重要法宝，是坚持和发展中国特色社会主义的必由之路，是决定当代中国命运的关键一招。面对国内外发展环境深刻变化所产生的新形势新问题，必须坚持深化改革开放，着力破除体制机制存在的障碍，打通发展中的一系列堵点卡点，不断激发市场动力和活力。要充分发挥市场机制的作用，加快完善产权保护、市场准入、公平竞争、社会信用等市场经济基础制度，为各类经营主体创造更加公平、更加透明、更具活力的市场环境；坚持和落实"两个毫不动摇"，研究制定为非公有制经济提供更多机会的方针政策，破除民营经济在参与市场竞争、使用资源要素等方面的各种隐形壁垒，促进民营经济发展壮大。要持续深化重点领域和关键环节改革，围绕财税金融、国资国企、农业农村、对外开放等方面集中攻坚，更好打通体制机制的约束和障碍，实现资源配置效率最优化和效益最大化，充分释放改革效应。要深入推进制度型开放，主动对接国际高标准经贸规则，提升RCEP规则利用效率，不断完善相应法律法规和配套政策，在产业补贴、环境标准、金融支持等方面实现相通相融；以深度参与高质量共建"一带一路"为牵引，高标准建设河南自贸区2.0版，通过积极参与国际经贸规则的制定和修订，强化"双招双引"的针对性、准确性和实效性；拓展开放通道，推动空中、陆上、网上、海上四条丝绸之路融合并进，推动区位优势、枢纽优势向枢纽经济优势转变。

（四）着力提升创新水平，加快新旧动能接续转换

科技创新是引领发展的第一动力，是培育发展新质生产力的核心要素。河南要坚持把创新驱动、科教兴省、人才强省战略作为首要战略，加大研发投入力度，打造一流创新生态，加快实现高水平科技自立自强，为全省高质量发展提供支撑。要强化企业科技创新主体地位，完善支持企业创新的政策

服务体系，引导各类创新要素加速向企业集聚，支持领军企业牵头组建创新联合体，以国家战略需求为导向，聚焦"卡脖子"关键技术和基础前沿领域，着力攻克一批关键核心技术，取得一批原创性成果。要发挥高能级创新平台体系的作用，围绕中原科技城、中原医学科学城、中原农谷建设，不断完善以省科学院、省医学科学院、国家生物育种产业创新中心为核心的三大科创生态圈，健全知识产权、检验检测、技术转移、科技金融等研发服务体系，促进自主攻关产品推广应用和迭代升级；高效能建设运转省实验室体系，着力构建以省实验室为核心、优质高端创新资源高效协同的"核心+基地+网络"创新格局，不断提高科技创新资源的配置效率，持续强化基础研究和核心技术攻关。要继续深化创新链与产业链相融合。围绕全省"7+28+N"重点产业链群布局创新链，针对产业创新发展的实际需求，打造从战略平台到技术平台、服务平台，从基础研究到技术创新、成果转化的全链条高水平创新平台方阵，实现创新链与产业链的精准匹配，不断提升产业链群竞争力。

（五）着力防范化解风险，营造安全稳定发展环境

防范化解风险，营造安全稳定的发展环境，是实现高质量发展的必要条件，是推动现代化河南建设的根本保障。要做好风险防范化解工作的顶层设计，坚持统筹发展和安全两件大事，加强从宏观视角对经济社会总体形势进行分析，持续完善对跨市场、跨业态、跨区域风险的识别预警体系，建立健全风险研判机制，对风险性质、发生概率和影响程度做出科学判断，防止局部风险发展为系统性风险，切实以高水平安全保障高质量发展。要加强重点领域风险防范化解工作，聚焦房地产、地方债务、中小金融机构三大重点风险领域，统筹考虑防范化解房地产风险与深化财税金融体制改革，满足不同所有制房地产企业的合理融资需求，支持房地产企业融资模式创新，重塑企业自我造血功能，控制房地产市场风险水平，防范房地产市场风险外溢；抓好安全生产，扎实开展城镇燃气、道路交通、危化品、消防等重点行业排查整治，确保城市安全有序运行。优化完善防灾救灾减灾体系，加强极端天气

的监测响应和应急救援，完善灾害天气等应急预案，保证人民群众生命财产安全。要强化风险防范意识，进一步拓宽金融知识宣传深度和广度，提升公众金融知识水平，强化消费者的风险意识和责任意识。督促企业严格落实全员安全生产责任制，积极开展安全教育培训和应急演练，建立完善事故预防和应急机制，不断提升公众风险识别、事故防范和逃生自救能力。

（六）着力保障改善民生，切实提升群众获得感幸福感

民生是人民幸福之基、社会和谐之本。当前更应突出以人民为中心的发展思想，把增进民生福祉作为发展的根本目的，切实保障和改善民生，不断增强人民群众的获得感、幸福感、安全感。要进一步稳定和扩大就业，这既是保障和改善民生的关键所在，也是巩固经济夯实发展基础的有力支撑。重点做好高校毕业生、农民工等重点群体就业，持续完善高校毕业生职业生涯发展与就业指导体系，加强就业创业指导，同时深入实施减负稳岗扩就业政策，落实创业担保贷款、阶段性降低社保费率、稳岗返还等政策，千方百计助企稳岗扩岗，对脱贫家庭、低保家庭、零就业家庭及残疾等重点群体高校毕业生实施兜底帮扶；鼓励多渠道多形式就业，支持发展"互联网+就业"模式，深化"人人持证、技能河南"建设，搭建求职用工服务平台，定期开展线上线下专项招聘活动，促进用工信息与求职需求精准对接。要持续提升社会保障水平，开展社会保险精准扩面专项行动，让更多群体参加社会保险，以扩大社保基金规模；加快发展多层次、多支柱养老保险体系，进一步完善现行养老金计发方法，提高各项待遇水平，激发参保人员缴纳社会保险费的积极性；健全失业保险服务体系，适度提高失业保险金标准，搞好待遇发放，切实保障失业人员基本生活。

参考文献

《政府工作报告——2024年1月28日在河南省第十四届人民代表大会第二次会议

上》，河南省人民政府网，2024年1月28日，https：//www.henan.gov.cn/2024/02-04/2898505.html。

河南省社会科学院课题组：《2024年河南经济运行分析与走势预测研究》，《区域经济评论》2024年第6期。

河南省社会科学院课题组：《回升向好显韧性 向新求变强动能——2024年上半年河南经济形势分析暨全年展望》，《河南日报》2024年7月12日。

河南省统计局：《2024年8月份全省经济运行情况》，河南省统计局网站，2024年9月18日，https：//tjj.henan.gov.cn/2024/09-18/3063979.html。

王承哲、完世伟、高璇主编《河南经济发展报告（2024）：全力拼经济》，社会科学文献出版社，2023。

调查评价篇

B.2
2024年河南省辖市经济综合竞争力评价报告

河南省社会科学院课题组*

摘　要：　党的二十大提出了以中国式现代化推进中华民族伟大复兴的宏伟目标，河南省深入贯彻党中央部署，锚定"两个确保"，实施"十大战略"，推进"十大建设"，成效显著。本文遵循新发展理念，以中国式现代化河南实践为指引，构建了由6个一级指标、28个二级指标构成的河南省辖市经济综合竞争力评价指标体系。郑州市、洛阳市、南阳市的经济综合竞争力排在前列。未来，河南省辖市应走好现代化河南实践的新路子，推进均衡高速发展，持续保障和改善民生，加快创新驱动发展，促进各地经济转型升级，强化财政金融支撑，全面提升经济综合竞争力。

* 课题组组长：王承哲，河南省社会科学院党委书记、院长，二级研究员。课题组成员：完世伟、高璇、石涛、武文超、王芳、李丽菲、朱方政。执笔：朱方政，博士，河南省社会科学院经济研究所助理研究员，主要研究方向为公司金融。

关键词： 新发展理念　经济综合竞争力　中国式现代化　河南省辖市

党的二十大高瞻远瞩地确立了以中国式现代化推进中华民族伟大复兴的宏伟目标。河南省积极响应党中央的战略部署，锚定"两个确保"的核心目标，深入实施"十大战略"，全力推进"十大建设"，以实际行动奋力践行中国式现代化的河南篇章，展现了高度的政治自觉与使命担当。2024年，河南经济逐渐恢复，发展之"质"有效提升，转型之"效"显著增强，增长之"量"持续扩大。河南省扛稳经济发展责任，不断推进经济向好向新发展，努力提升人民幸福感、获得感。在此背景下，课题组开展2024年河南省辖市经济综合竞争力评价。

一　2024年河南省辖市经济综合竞争力评价指标体系

课题组在延续以往多年建立的河南省辖市经济综合竞争力评价指标体系的基础上，贯彻新发展理念，立足中国式现代化河南实践的目标和要求，锚定"两个确保"，构建2024年河南省辖市经济综合竞争力评价指标体系。

（一）指标体系设计

2024年河南省辖市经济综合竞争力评价指标体系包括6个一级指标、28个二级指标。一级指标分别为经济规模、发展速度、发展效益、经济结构、科技创新、财政金融。

经济规模作为衡量地区经济基础与实力的核心指标，直接反映了地区经济规模，可以用来评估地区经济实力与市场潜力，其大小不仅决定了地区的经济地位，也是吸引投资、促进就业的重要参考。该指标包括地区生产总值、常住人口和社会消费品零售总额3个二级指标。其中，地区生产总值是衡量地区经济总量的核心指标，综合反映了地区在一定时期内所有常驻单位的生产活动成果，其值大小直接体现了地区经济的整体实力和市场规模，是评估地区经济竞争力的基础指标。常住人口反映了地区人口规模和经济活动人口基数，直接影响地区的市场需求、劳动力供给和消费潜力，进而对地区经济规模产生重要影响。社会消费品零售总额衡量了地区消费品市场规模和居民消费水平，是评估地区市场活跃度和消费潜力的重要依据，直接关系地区经济的内需拉动力和市场繁荣程度，是地区综合竞争力的重要组成部分。

发展速度体现地区经济发展的动态变化，发展速度的快慢直接关系地区经济活力的强弱，是判断地区经济能否持续健康增长的重要依据，也是评价地区经济综合竞争力的重要参考。发展速度指标包括地区生产总值增速、固定资产投资增速、规模以上工业增加值增速以及城镇化增速4个二级指标。其中，地区生产总值增速是衡量地区经济发展速度的核心指标，可以清晰地反映地区经济在一段时间内的扩张态势。固定资产投资增速则体现了一个地区在基础设施建设、产业升级等方面的投入力度和增长趋势，其增速直接影响地区经济的未来发展空间和后劲。规模以上工业增加值增速是衡量地区工业经济发展状况的关键指标。工业是经济发展的重要支柱，规模以上工业增加值增速能够直接反映地区工业经济的活跃度和竞争力。值得注意的是，发展速度指标还包含了城镇化增速二级指标。这主要是因为新型城镇化是推动经济社会发展的重要引擎，其增速直接影响地区经济的整体布局和未来发展格局。

发展效益关注经济发展质量、人民获得感以及发展过程中的环境代价，是衡量一个地区可持续发展能力的重要指标，对于实现经济高质量发展具有指导意义。该指标包括每万人卫生机构床位数、每万人卫生技术人员数、居民人均可支配收入、居民人均可支配收入增长率、人均地区生产总值、空气质量优良天数占比6个二级指标。其中，每万人卫生机构床位数和每万人卫生技术人员数衡量了地区医疗卫生服务水平，可以反映地区医疗卫生资源的丰富程度和医疗服务能力，是发展成果在民生领域的具体体现。居民人均可支配收入和居民人均可支配收入增长率、人均地区生产总值3个二级指标则衡量了地区居民生活水平与经济发展的同步程度，能够体现地区人均创造财富的能力以及经济发展对居民收入的直接提升作用，是评价一个地区经济发展是否真正惠及人民的重要指标。空气质量优良天数占比则衡量了地区环境质量，体现了一个地区是否注重生态环境的保护和改善，直接反映了地区经济发展与环境保护的协调程度。

经济结构反映了地区经济结构特征，经济结构的优化对于提升经济综合竞争力、增强经济韧性具有深远影响。该指标包括第二产业增加值占比、第三产业增加值占比、城乡居民收入比、对外开放程度以及城镇化率 5 个二级指标。第二产业增加值占比和第三产业增加值占比衡量了地区产业结构，反映了地区经济中工业和服务业的相对规模和比重，是评价地区经济结构是否合理、是否具有发展潜力的关键指标。城乡居民收入比衡量地区收入分配状况，直接反映了城乡经济发展的协调性和均衡性，也是体现地区经济发展包容性和共享性的重要指标。对外开放程度衡量了地区经济的开放度和国际化水平，反映了其在全球经济体系中的地位，用来评价地区经济的国际竞争力。城镇化率衡量了地区城市化发展水平，反映了农村人口向城市转移的程度。城镇化率的提高意味着地区经济结构的优化和社会发展的进步，有利于发挥城市的集聚效应和辐射效应，不断增强地区经济综合竞争力。

科技创新不仅关乎产业升级与新兴产业发展，更是提升地区核心竞争力、实现跨越发展的核心动力。科技创新指标包括有效发明专利数、每万人有效发明专利数以及技术合同成交金额 3 个二级指标。有效发明专利数是衡量一个地区科技创新产出最直接、最有效的指标之一，反映了该地区在科技创新方面的实际成果和贡献，一个地区的有效发明专利数越多，说明其在技术研发和知识产权保护方面的能力越强，对提升地区综合竞争力越具有积极作用。每万人有效发明专利数是一个相对指标，它进一步考虑了人口因素，不仅体现了科技创新的总量，还展示了科技创新在人口中的普及程度和活跃程度。技术合同成交金额衡量了科技创新成果的转化和应用水平，反映了地区科技创新成果的市场认可度和商业价值，以及科技成果转化的效率。一个地区技术合同成交金额直接体现了该地区科技创新成果的市场吸引力和应用前景。

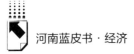

财政金融状况直接影响政府的宏观调控能力与金融市场活力。财政金融指标包括一般公共预算收入、一般公共预算支出、财政自给率、财政压力、税收收入占比、一般公共预算收入增长率以及金融发展水平7个二级指标。一般公共预算收入与一般公共预算支出是衡量地区政府财政收入和支出规模的重要指标，直接反映了政府的财政汲取能力和支出能力，是评价地区财政实力的基础指标。财政自给率衡量了地区政府依靠自身收入满足支出需求的能力，其值大小直接反映了地区财政的健康状况和稳健性。财政压力衡量了地方政府面临的财政负担和相关风险，是评价地区财政可持续性和风险状况的重要依据。税收收入占比指地方政府收入中税收所占的比重。税收作为政府稳定的收入来源，其占比情况直接影响财政收入的稳定性和可持续性。一般公共预算收入增长率衡量了地区财政收入增长速度，反映了地方政府财政收入的增长能力。金融发展水平则反映了地区金融资源储备水平和金融服务实体经济的能力，是评价地区金融竞争力和发展潜力的重要依据。表1集中展示了2024年河南省辖市经济综合竞争力评价指标体系。

表1　2024年河南省辖市经济综合竞争力评价指标体系

一级指标	二级指标	单位	属性
经济规模	地区生产总值	亿元	+
	常住人口	万人	+
	社会消费品零售总额	亿元	+
发展速度	地区生产总值增速	%	+
	固定资产投资增速	%	+
	规模以上工业增加值增速	%	+
	城镇化增速	%	+
发展效益	每万人卫生机构床位数	张	+
	每万人卫生技术人员数	人	+
	居民人均可支配收入	元	+
	居民人均可支配收入增长率	%	+
	人均地区生产总值	元	+
	空气质量优良天数占比	%	+

续表

一级指标	二级指标	单位	属性
经济结构	第二产业增加值占比	%	+
	第三产业增加值占比	%	+
	城乡居民收入比	—	−
	对外开放程度	%	+
	城镇化率	%	+
科技创新	有效发明专利数	件	+
	每万人有效发明专利数	件	+
	技术合同成交金额	万元	+
财政金融	一般公共预算收入	亿元	+
	一般公共预算支出	亿元	+
	财政自给率	%	+
	财政压力	%	−
	税收收入占比	%	+
	一般公共预算收入增长率	%	+
	金融发展水平	%	+

（二）评价方法

课题组使用熵值法、专家赋权法、线性加权法相结合的方法对2024年河南省辖市经济综合竞争力进行评价。具体而言，在一级指标内部，首先使用熵值法对各二级指标进行赋权并计算出该一级指标的得分。对于计算出的一级指标得分，采取专家赋权法、线性加权法计算出2024年各省辖市经济综合竞争力的总得分。

熵值法的基本思想是根据基础指标数据变异大小来确定客观权重，是一种客观赋权法。该方法的核心是信息熵。某个指标变异程度越大，说明该指标的信息熵越小，提供的信息量越多，在综合评价体系中所占的权重也就越大。相反，某个指标变异程度越小，说明该指标的信息熵越大，提供的信息量越少，在综合评价体系中所占的权重也就越小。

一级指标的具体计算步骤如下。

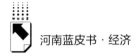

第一，对二级指标进行数据标准化处理。不同指标的单位不同，这就给合成综合指标带来了困难，因此必须消除量纲与数量级的影响。对此，使用极差法对综合指标体系中各个指标进行标准化处理。

$$X_{ij} = \frac{x_{ij} - \min(x_{ij})}{\max(x_{ij}) - \min(x_{ij})}, i = 1,2,\cdots,n; j = 1,2,\cdots,m; x_{ij} \text{ 为正向指标} \qquad (1)$$

$$X_{ij} = \frac{\max(x_{ij}) - x_{ij}}{\max(x_{ij}) - \min(x_{ij})}, i = 1,2,\cdots,n; j = 1,2,\cdots,m; x_{ij} \text{ 为负向指标} \qquad (2)$$

其中，i 为参评对象，j 为测度指标，X_{ij} 与 x_{ij} 分别表示标准化后和原始的指标数值。经过标准化处理，所有的指标值都位于 $[0,1]$。

第二，在各一级指标内部，计算各二级指标中第 i 个参评对象所占的比重。

$$P_{ij} = \frac{x_{ij}}{\sum_{i=1}^{n} x_{ij}} \qquad (3)$$

第三，在各一级指标内部，计算二级指标 X_{ij} 的信息熵。

$$E_{ij} = -k \sum_{i=1}^{n} P_{ij} \ln(P_{ij}), k = \frac{1}{\ln(n)} > 0 \qquad (4)$$

第四，计算信息熵冗余度。

$$d_j = 1 - E_{ij} \qquad (5)$$

第五，在各一级指标内部，计算二级指标的权重。

$$w_j = \frac{d_j}{\sum_{j=1}^{m} d_j} \qquad (6)$$

第六，在各一级指标内部，根据数据的标准化处理结果以及二级指标权重进一步得到 j 指标的得分。

$$S_{ij} = X_{ij} \times w_j \qquad (7)$$

第七，基于各参评对象二级指标的得分，通过求和方式计算出各一级指标总得分。

$$E_i = \sum_{i=1}^{n} S_{ij} \qquad (8)$$

式中，E_i 即单个年份 i 地区的各一级指标的得分数值。

基于每个参评对象各一级指标的得分，课题组通过专家赋权法、线性加权法计算得出各省辖市经济综合竞争力的总得分。

（三）数据来源

本文的基础数据主要来源于河南省辖市和济源示范区公布的 2023 年经济和社会发展统计公报。部分缺失数据通过外推法、类比法进行补齐。部分人均类、占比类指标通过基础数据计算得出。本文的测算分析在 Stata18.0 中完成。

二 2024年河南省辖市经济综合竞争力评价结果与分析

根据构建的河南省辖市经济综合竞争力评价指标体系，课题组收集相关数据并计算得出评价结果。

（一）总体评价结果

表 2 汇报了 2024 年河南省辖市经济综合竞争力的得分情况。可以发现，河南省的经济综合竞争力呈现明显的"金字塔"结构，少数城市处于顶尖位置，多数城市则分布在中下层。郑州市以高达 0.910 的得分独占鳌头，成为全省经济发展的领头羊，彰显了其作为省会城市的独特地位和强大综合实力。

从总得分情况看，郑州市、洛阳市、南阳市处于河南省经济综合竞争力的引领层，其经济综合竞争力得分均高于 0.37，明显领先其他地市。这三个城市作为河南省的中心和副中心城市，在经济、文化、科技等多个领域发挥着举足轻重的作用，是河南省对外交流与合作的重要窗口，同时也是推动区域一体化和高质量发展的关键引擎。郑州市（得分0.910）作为河南省的省会，集政治、经济、文化、科技等多中心功能于一体，凭借其优越的地理位置、完善的交通网络以及强大的产业集聚效应，成为全省乃至全国的重要经济增长极。洛阳市（得分0.401）则凭借其深厚的文化底蕴和强大的科技创新能力，在高端装备制造、新材料等领域取得了显著成就。南阳市（得分0.372）则依托其丰富的农业资源和扎实的工业基础，实现了经济的稳步增长。

焦作市、济源市、漯河市、周口市、信阳市、平顶山市、许昌市、新乡市、驻马店市处于河南省经济综合竞争力的支撑层。这些城市的经济综合竞争力处于全省中等水平，既有一定的产业基础和发展潜力，又面临转型升级的紧迫任务。焦作市经济综合竞争力得分为0.310，展现了较强的经济综合竞争力。该市凭借丰富的煤炭资源和扎实的工业基础，在能源、化工等领域具有显著优势。近年来，焦作市积极推进产业转型升级，大力发展高新技术产业和现代服务业，经济综合竞争力稳步提升。济源市以0.303的得分紧随其后。济源市依托独特的区位优势和资源优势，大力发展有色金属冶炼及深加工、化工新材料等产业，形成了较为完整的产业链条，注重生态环境保护和城市建设，为经济发展提供了良好的环境支撑。漯河市（得分0.296）作为河南省的食品工业名城，拥有一批国内外知名的食品企业和完善的产业链条，注重科技创新和品牌建设，不断提升产品附加值和市场竞争力。周口市（得分0.275）拥有全省第三的人口规模和全省第四的经济总量，经济综合竞争力相较上年上升明显。近年来，周口市积极推进经济高质量发展，在促进科技创新、调整产业结构、拉动固定资产投资、激发消费潜能、稳定财政金融等多个方面取得了显著成就，彰显了经济大市的责任担当。信阳市（得分0.263）、平顶山市（得分0.261）、许昌市（得分0.245）、新乡市（得分0.243）、驻马店市（得分0.240）相较上年经济综合竞争力虽有一定波动，但依然处于全省中游，且相互之间的得分差异并不明显。新乡市相比上年下滑明显，这主要是因为该市发展速度明显落后，地区生产总值增速、规模以上工业增加值增速都排名靠后，固定资产投资甚至出现负增长。

安阳市、三门峡市、濮阳市、鹤壁市、商丘市、开封市的得分都低于2.4分，处于河南省经济综合竞争力的潜力层。这些城市的经济规模多数较小，地区生产总值、社会消费品零售总额、常住人口的体量均较小。其中，三门峡市（得分0.225）的经济综合竞争力相较上年下滑较大，主要因为该市的发展速度和科技创新较上年显著降低，固定资产投资相比上年下降了23.3%，技术合同成交金额相比其他地市仍有明显的提升空间。开封市（得分0.176）的经济综合竞争力相较上年下降同样明显，主要因为其发展速度明显放缓，地区生产总值增速、规模以上工业增加值增速排名靠后，经济规模指标中的社会消费品零售总额增速也处较后位置。同时，该市财政金融领域出现了波动现象，其2023年一般公共预算收入大幅下滑，地方财政风险陡升，明显冲击城市经济综合竞争力。

表2　2024年河南省辖市经济综合竞争力评价结果

地级市	总得分	经济规模	发展速度	发展效益	经济结构	科技创新	财政金融
郑州市	0.910	1.000	0.825	0.807	0.825	1.000	0.918
洛阳市	0.401	0.418	0.304	0.580	0.240	0.336	0.410
南阳市	0.372	0.430	0.582	0.502	0.185	0.117	0.329
周口市	0.275	0.360	0.606	0.275	0.110	0.018	0.238
开封市	0.176	0.194	0.238	0.193	0.194	0.069	0.183
新乡市	0.243	0.243	0.267	0.251	0.250	0.166	0.316
焦作市	0.310	0.147	0.599	0.442	0.380	0.134	0.272
信阳市	0.263	0.243	0.339	0.533	0.154	0.025	0.238
许昌市	0.245	0.224	0.278	0.326	0.311	0.102	0.286
平顶山市	0.261	0.205	0.457	0.373	0.179	0.077	0.317
安阳市	0.233	0.190	0.420	0.292	0.202	0.045	0.337
漯河市	0.296	0.100	0.700	0.547	0.238	0.032	0.243
驻马店市	0.240	0.252	0.540	0.273	0.108	0.027	0.241
三门峡市	0.225	0.075	0.243	0.544	0.358	0.017	0.201
濮阳市	0.222	0.127	0.387	0.383	0.247	0.035	0.224

地级市	总得分	经济规模	发展速度	发展效益	经济结构	科技创新	财政金融
鹤壁市	0.204	0.033	0.434	0.355	0.325	0.029	0.199
商丘市	0.201	0.295	0.402	0.164	0.086	0.012	0.223
济源市	0.303	0.001	0.502	0.552	0.857	0.050	0.313

值得注意的是，河南省各省辖市的经济综合竞争力还表现出显著的区域差异和特色。以郑州都市圈为中心的中部地带，凭借其优越的地理位置、完善的交通网络和强大的产业集聚效应，成为河南省经济发展的重要引擎。该区域内的城市普遍具有较高的经济综合竞争力得分，如洛阳市、焦作市、济源市、漯河市等。这些城市在产业发展、科技创新、城市建设等方面均取得了显著成就，为全省乃至全国的经济社会发展做出了重要贡献。相比之下，豫北、豫东、豫南等地区虽然各有特色，但整体经济综合竞争力较弱。

（二）分项指标评价结果

1.经济规模指标

一级指标经济规模涵盖了地区生产总值、常住人口及社会消费品零售总额。经济规模指标旨在突出内需市场的作用，体现了人口规模巨大的现代化这一特征，是衡量地区经济综合竞争力的基本指标。表2汇报了2024年河南省辖市经济规模指标的得分情况，郑州市、南阳市、洛阳市、周口市和商丘市处于引领层。相较于2023年，经济规模处于引领层的省辖市没有发生变动。从地区生产总值、常住人口及社会消费品零售总额二级指标得分看，郑州市均处于绝对领先地位。在地区生产总值方面，洛阳市、南阳市、周口市位于全省前列。在常住人口方面，南阳市、周口市、商丘市、洛阳市均为人口大市。在社会消费品零售总额方面，洛阳市、南阳市、周口市、商丘市位列全省前五。

从河南省辖市经济规模指标的支撑层来看，驻马店市（得分0.252）、新乡市（得分0.243）、信阳市（得分0.243）、许昌市（得分0.224）、平顶山市（得分0.205）、开封市（得分0.194）、安阳市（得分0.190）均处于全省中游水平。其中，新乡市和信阳市的经济规模得分非常相近，反映了它们经济规模相似。从河南省辖市经济规模指标的潜力层来看，焦作市（得分0.147）、濮阳市（得分0.127）、漯河市（得分0.100）、三门峡市（得分0.075）的得分明显低于0.190，经济规模相对较小。其中，焦作市的地区生产总值、社会消费品零售总额、常住人口3项二级指标均相对靠后。受限于人口规模和地理位置等诸多因素，濮阳市的经济规模同样处于较低水平。漯河市的地区生产总值不高，常住人口在全省处于排名靠后。三门峡市的地区生产总值、社会消费品零售总额、常住人口在全省均排名较后。鹤壁市和济源市则是河南省内经济体量较小的两个地市。

总体而言，经济规模的得分情况是所有一级指标中最为稳定的。在推进中国式现代化河南实践的征途中，河南省展现了非凡的决心与魄力，不仅致力于全方位稳固经济发展的坚实基础，更勇于探索，走出了一条契合人口大省实际的高质量发展新路径。通过激发内需潜力、推动人口高质量发展、加快以人为核心的新型城镇化，河南省正逐步实现经济质效双升，为"确保高质量建设现代化河南、确保高水平实现现代化河南"的宏伟目标奠定了坚实的基石。

2. 发展速度指标

近年来，受外部环境挑战以及产业结构调整等多个方面因素的影响，河南省辖市发展速度指标变动较大，这也成为影响经济综合竞争力的重要因素。

表2汇报了2024年河南省辖市发展速度指标的得分情况，郑州市、漯河市、周口市、焦作市和南阳市处于引领层。相较于2023年，发展速度得分靠前的省辖市变动较大，仅漯河市在2023年位于前列。郑州市在发展速度上处于全省的领先地位，在地区生产总值增速等关键指标上均表现出色，这也进一步体现了郑州市在河南省经济发展中的核心和引擎地位。漯河市以0.700的得分紧随其后，表现同样出色，其地区生产总值增速、固定资产投

资增速、规模以上工业增加值增速在所有地市中均位居前列，城镇化增速更是在所有省辖市中处于领先地位。周口市以 0.606 的得分展现了强劲的发展势头，周口市发展速度二级指标均较为靠前，尤其是固定资产投资增速。焦作市（得分 0.599）的发展速度相较 2023 年上升明显，主要是因为规模以上工业增加值增速等二级指标表现亮眼。南阳市发展速度指标得分为0.582。从各二级指标看，除固定资产投资增速和城镇化增速排名较低，其余指标均排在前列。值得一提的是，2023 年南阳市的发展速度同样较为靠前，这说明南阳市的经济发展全面而稳健。

驻马店市（得分 0.540）、济源市（得分 0.502）、平顶山市（得分0.457）、鹤壁市（得分 0.434）、安阳市（得分 0.420）、商丘市（得分0.402）、濮阳市（得分 0.387）的发展速度处于全省中游水平。信阳市（得分 0.339）、洛阳市（得分 0.304）、许昌市（得分 0.278）、新乡市（得分0.267）、三门峡市（得分 0.243）、开封市（得分 0.238）的发展速度则处于全省的潜力层。新乡市 2023 年的发展速度较快，今年则出现了明显下滑。从各二级指标看，新乡市的地区生产总值增速、固定资产投资增速、规模以上工业增加值增速均处于全省较末位置，固定资产投资相比 2023 年下降了5.4%。三门峡市得分下降幅度同样明显，主要是因为该市固定资产投资下降了 23.3%，这一数据与其他地市相比差距明显，拉低了三门峡发展速度指标的得分。开封市的发展速度得分较低，主要原因在于该市的地区生产总值增速、规模以上工业增加值增速二级指标排名较低，且部分指标与其他地市的差距明显。

3. 发展效益指标

表 2 汇报了 2024 年河南省辖市发展效益指标的得分情况。从得分情况看，郑州市得分 0.807，远高于其他地市，发展效益处于"第一梯队"。除空气质量优良天数占比，郑州市的发展效益二级指标均处于全省前列。洛阳市（得分 0.580）、济源市（得分 0.552）、漯河市（得分 0.547）、三门峡市（得分 0.544）、信阳市（得分 0.533）、南阳市（得分 0.502）发展效益处于"第二梯队"。焦作市（得分 0.442）、濮阳市（得分 0.383）、平顶山市（得

分 0.373）、鹤壁市（0.355）、许昌市（得分 0.326）发展效益处于"第三梯队"。安阳市（得分 0.292）、周口市（得分 0.275）、驻马店市（得分 0.273）、新乡市（得分 0.251）、开封市（得分 0.193）、商丘市（得分 0.164）发展效益处于"第四梯队"。

4. 经济结构指标

表 2 汇报了 2024 年河南省辖市经济结构指标的得分情况，济源市、郑州市、焦作市、三门峡市、鹤壁市和许昌市处于全省的引领层。济源市（得分 0.857）和郑州市（得分 0.825）远远高于其他地市。焦作市（得分 0.380）、三门峡市（得分 0.358）、鹤壁市（得分 0.325）、许昌市（得分 0.311）的经济结构得分均高于 0.3，虽然低于济源市和郑州市，但与其他地市相比依然保持了较大优势。

新乡市（得分 0.250）、濮阳市（得分 0.247）、洛阳市（得分 0.240）、漯河市（得分 0.238）、安阳市（得分 0.202）、开封市（得分 0.194）、南阳市（得分 0.185）、平顶山市（得分 0.179）、信阳市（得分 0.154）的经济结构得分排名处于河南省的中后水平，且内部差距保持在 0.1 分以内。周口市（得分 0.110）、驻马店市（得分 0.108）、商丘市（得分 0.086）的经济结构得分则处于潜力层。从二级指标来看，驻马店市和商丘市的第二产业增加值占比较低，周口市的第三产业增加值占比较低，周口市、驻马店市、商丘市的对外开放程度和城镇化率均处于全省较末位置。总之，这三个省辖市的经济结构均有较大的转型升级空间。

5. 科技创新指标

科技创新是促进生产力发展的关键变量，也是衡量地区经济活力和发展潜力的重要指标。河南省第十一次党代会以来，河南省委、省政府以前瞻 30 年的眼光想问题、做决策、抓发展，将创新驱动、科教兴省、人才强省战略摆在全省"十大战略"之首。近年来，河南省在科技创新方面取得了显著成效，创新平台建设加快，创新生态持续优化，高水平科技成果不断涌现，为经济社会发展提供了有力支撑。

表 2 汇报了 2024 年河南省辖市科技创新指标的得分情况。其中，郑州

市以1.000的得分远远高于其他省辖市。在各二级指标中,郑州的有效发明专利数、每万人有效发明专利数以及技术合同成交金额排名均居全省前列,这也反映了郑州市在河南省科技创新方面的领头羊地位。洛阳市的科技创新指标得分为0.336,虽然与郑州市有较大差距,但仍明显领先于其他省辖市。洛阳市的有效发明专利数、每万人有效发明专利数以及技术合同成交金额二级指标均排名全省前列。新乡市(得分0.166)、焦作市(得分0.134)、南阳市(得分0.117)、许昌市(得分0.102)虽然在科技创新方面落后于郑州市和洛阳市,但仍位于全省中上游。平顶山市(得分0.077)、开封市(0.069)、济源市(0.050)、安阳市(0.045)、濮阳市(0.035)、漯河市(0.032)、鹤壁市(0.029)、驻马店市(0.027)和信阳市(得分0.025)、周口市(得分0.018)、三门峡市(得分0.017)、商丘市(得分0.012)均低于0.1,处于全省科技创新的潜力层。这些省辖市的有效发明专利数、每万人有效发明专利数以及技术合同成交金额均有较大的提升空间。

6.财政金融指标

表2汇报了2024年河南省辖市财政金融指标的得分情况,郑州市、洛阳市、安阳市、南阳市、平顶山市、新乡市和济源市处于全省的引领层。其中,郑州市以0.918的得分远高于其他城市,体现了其作为省会城市的财政金融实力。洛阳市的得分为0.410,其在一般公共预算收入、一般公共预算支出、财政自给率与财政压力等多项二级指标中表现均较为突出,展现了稳健的财政状况。安阳市的得分为0.337,其二级指标一般公共预算收入、财政自给率、一般公共预算收入增长率和金融发展水平均表现良好。南阳市的得分为0.329,展现了河南省副中心城市的良好财政金融实力。南阳市的一般公共预算收入、一般公共预算支出、税收收入占比、一般公共预算收入增速均位于全省前列。平顶山市的得分为0.317,相较上年有了明显提升,其一般公共预算收入、财政自给率、财政压力、一般公共预算收入增长率、金融发展水平排名均在全省前列。许昌市、焦作市、漯河市、驻马店市、信阳市、周口市、濮阳市、商丘市的财政金融指标得分处于全省的支撑层。三门峡市、鹤壁市和开封市的财政金融指标则处于全省的潜力层。相较于2023

年，开封市的财政金融指标得分下降明显，主要是因为该市的一般公共预算收入下滑显著，且与其他省辖市相差较大，拉低了开封市在财政金融指标得分。

三 政策建议

第一，深刻领悟中国式现代化的科学内涵，走好中国式现代化河南实践的新路子。不断提升地方经济综合竞争力首先应深刻理解并贯彻中国式现代化的科学内涵，将河南的发展实际与国家战略导向深度融合，探索并走好中国式现代化河南实践的新路子。一是努力走出人口大省高质量发展的新路子。加大对教育，特别是职业教育和高等教育的投入，深化"人人持证、技能河南"建设，提高劳动力技能水平，大力培养专业人才和技术工人。实施更加积极的人才引进政策，吸引高层次人才和创新团队落户河南，为经济高质量发展提供智力支持。二是探索农业大省统筹城乡的新路子。一方面，应积极推动城乡融合发展，通过深化农村改革、加强农村基础设施建设、提升农村公共服务水平等措施，缩小城乡差距，实现共同富裕。另一方面，要大力发展现代农业，提高农业生产效率和质量，推动农业与二、三产业融合发展，形成城乡互补、协调发展的良好格局。三是发挥文化大省优势，走好以文兴业的新路子。应继续挖掘和利用文化资源，推动文化产业和文化事业的繁荣发展。通过加强文化创新、促进文化与科技融合、拓展文化消费市场等措施，将文化优势转化为经济优势，为经济发展注入新的活力。四是坚持绿色发展理念，走好生态大省绿色发展的新路子。一方面，应加强生态修复和环境治理，推动绿色低碳循环发展，构建生态文明体系，实现经济社会发展与生态环境保护的双赢。另一方面，要积极探索生态产品价值实现机制，将生态优势转化为经济优势。五是拓宽内陆大省开放带动的新路子。应积极融入国家共建"一带一路"倡议等，加强与国内外经济文化交流与合作。通过提升开放型经济水平、优化营商环境、加强国际合作等措施，吸引更多外资和先进技术进入河南，积极推动河南融入全球经济体系。

第二，进一步激发增长潜力，推进均衡高速发展。近年来，面对国内外错综复杂的经济形势，在经济下行压力持续加大、社会形势比较复杂的情况下，河南经济增长面临严峻挑战。在此背景下，河南应充分利用中原经济区、郑洛新国家自主创新示范区等国家战略机遇，制定差异化、精准化的区域发展政策，鼓励各地市根据自身资源禀赋和产业特色，明确发展定位，夯实工业发展基础，形成优势互补、协同共进的发展格局。随着宏观环境的日趋复杂，河南应进一步强化政策支持力度，通过加大固定资产投资力度，为经济实现快速增长注入"源泉活水"。要继续强化"项目为王"战略导向，将重大项目作为推动全省固定资产投资的关键引擎，并深入实施"三个一批"项目建设活动，形成项目梯次推进、滚动实施的良性循环。各地市还应结合自身发展需求，科学规划投资项目，注重投资效益和可持续性，避免盲目投资和重复建设。此外，新型城镇化是推动经济社会发展的重要引擎，也是提升地区发展速度和经济综合竞争力的关键途径。河南应深入实施以人为本的新型城镇化战略，推动城镇化高质量发展。具体而言，应加快户籍制度改革，健全常住地提供基本公共服务制度，促进农业转移人口在城镇稳定就业，保障随迁子女在流入地受教育权利，完善农业转移人口多元化住房保障体系，扩大农业转移人口社会保障覆盖面，通过多种措施协同并举，不断提升城镇化水平和经济增长潜力。

第三，持续保障和改善民生，提升经济发展效益。民生福祉是经济发展的出发点和落脚点，不仅关乎社会和谐稳定，更是激发内需潜力、促进经济持续健康发展的关键所在。应当实施就业优先战略，通过优化产业结构、发展劳动密集型产业和服务业，创造更多就业岗位。同时，加强职业技能培训，提升劳动者就业能力，特别是针对高校毕业生、农民工等重点群体，实施精准就业帮扶。深化收入分配制度改革，健全工资正常增长机制和支付保障机制。对于农村居民，通过发展现代农业、推动农村一二三产业融合发展，提高农产品附加值，增加农民收入来源，并加大财政转移支付力度，提高农村低收入群体补贴标准，有效缩小城乡居民收入差距。不断优化义务教育资源配置，促进教育公平，加大对义务教育的投入，大幅改善偏远地区学校的办学条件和办学水平，促进义务教育优质均衡发展。坚持绿色发展理念，加强生态文明建设和环境保护工作，推动绿色低碳循环发展经济体系建设，提升生态环境监管和执法力度，促进能源资源节约和循环利用，降低碳排放强度。坚持"五医"联动，推进国家区域医疗中心、省医学中心建设，发展县域医共体和城市医联体，打造"15分钟健康服务圈"，培训家庭医生服务团队，进一步加强基层医疗卫生服务体系建设，提高行政村卫生室基本运行经费补助标准。

第四，积极培育新质生产力，加快创新驱动发展。新质生产力的培育是河南经济高质量发展的核心驱动力，对于破解发展难题、转换增长动能、提升产业层级具有不可估量的价值。应深入实施创新驱动、科教兴省、人才强省这一首位战略，加快构建"基础研究+技术攻关+成果转化+科技金融+人才支撑"全过程创新生态链。强化科技创新平台建设，推进国家级与省级创新平台联动发展。依托河南省现有优势，如国家超级计算郑州中心、中原量子谷等，加速推进嵩山实验室、崖州湾国家实验室河南试验基地、神农种业实验室等进入国家实验室行列。加大对省级创新平台的支持力度，新建一批国家级和省级重点实验室、工程技术研究中心，形成多层次、宽领域的创新平台体系。同时，应聚焦前沿科技，针对量子信息、类脑智能、未来网络等前沿科技领域，布局战略性新兴产业创新平台，吸引国内外顶尖科研团队入驻，集中力量攻克关键技术难题，推动科技成果快速转化应用，形成新质生产力增长点。应充分利用本省教育资源，鼓励高校、科研机构与企业建立长期稳定的合作关系，共建产业技术创新联盟、产业学院和实训基地，实施科技成果转移转化能力提升行动，建设省科技成果转移转化示范区，提高科技成果商业化水平。因地制宜出台天使投资基金实施方案，实施科技金融伙伴计划，为初创期、成长期科技企业提供定制化金融产品和服务。鼓励金融机构开展知识产权质押融资、科技保险等创新业务，降低企业融资成本。进一步深化"放管服"改革，简化行政审批流程，放宽市场准入限制，建立健全容错纠错机制，为创新型企业提供更加便捷高效的服务。

第五，不断优化经济结构，促进各地经济转型升级。经济结构的优化是提升经济整体竞争力、增强经济韧性的重要途径，河南省辖市应注重产业结构的优化调整，强化城乡经济的协调发展，并不断提升对外开放水平。具体而言，应着力提升第三产业增加值占比，大力发展现代服务业，如金融、物流、信息等产业，以服务业的繁荣带动整体经济结构的优化。同时，要加大对高新技术产业的投入，推动传统产业向智能化、绿色化转型，提高第二产业增加值的质量与效益。在城乡经济发展方面，应深入实施乡村振兴战略，促进城乡资源要素的自由流动与合理配置，缩小城乡居民收入差距，实现城乡经济的协调发展。此外，要进一步扩大对外开放，积极融入共建"一带一路"倡议和国家重大发展战略，提升河南省在全球经济体系中的地位与影响力。在实践中，可借鉴郑州航空港经济实验区的成功经验，打造更多开放型经济平台，鼓励企业"走出去"，参与国际竞争与合作，并吸引外资进入，推动经济结构的国际化与多元化。

第六，进一步强化财政金融支撑，增强地区经济抗风险能力与金融市场活力。随着宏观经济下行压力加大，河南各级财政困难情况出现了不同程度的加深。当前，应尽快贯彻落实深化财税体制改革部署，改进财政管理，畅通国民经济循环，增强各地财政实力。在预算制度方面，应加强财政资源和预算统筹，强化对各级政府预算编制和财政政策的指导，深化预算绩效管理改革，完善预算公开和监督制度，严肃财经纪律。在税收制度方面，应全面落实税收法定原则，规范税收优惠政策，增强税务执法的规范性、便捷性和精准性。在事权明确方面，应在中央与地方事权与支出责任调整基础上，合理调整并明确省、市、县各级事权与支出责任。在财政收入方面，应拓宽税收来源，优化税收结构，提高税收收入占比，并完善对重点领域和关键环节的支持机制，特别是加强对新兴产业、高科技企业的税收支持，培育新的税收增长点。在金融领域，要不断提升金融发展水平，增强金融服务实体经济的能力。一方面，要推动金融机构多元化发展，鼓励民间资本进入金融领域，丰富金融业态，加强对小微企业和"三农"领域的金融支持，提升金融服务的覆盖面和便捷性。另一方面，应鼓励金融创新，利用大数据、云计算等现代信息技术手段，提升金融服务的智能化、个性化水平，并加强对金融市场的监管，防范系统性金融风险，确保金融市场的健康稳定发展。

参考文献

张挺、李闽榕、徐艳梅：《乡村振兴评价指标体系构建与实证研究》，《管理世界》2018 年第 8 期。

陈景华、陈姚、陈敏敏：《中国经济高质量发展水平、区域差异及分布动态演进》，《数量经济技术经济研究》2020 年第 12 期。

宫诚举：《中国省域经济竞争力的综合评价》，《统计与决策》2020 年第 6 期。

黄钰乔、丛建辉、王灿：《国家可持续发展实验区政策实施效果评价研究》，《中国环境管理》2020 年第 1 期。

曹东勃、蔡煜：《新质生产力指标体系构建研究》，《教学与研究》2024 年第 4 期。

B.3
2024年河南省县域经济高质量发展评价报告

河南省社会科学院课题组*

摘　要： 本文遵循新发展理念，综合最新研究成果和往年评价的基础框架，从发展规模、发展结构、发展效益、发展潜力、民生幸福五个维度构建县域经济高质量发展评价指标体系，基于2022年河南省县域经济统计数据，采用熵值法进行赋权计算，对河南省102个县（市）经济高质量发展水平进行评价分析。研究发现，发展效益、发展潜力平均得分相对较低，县域经济需要加强提升居民收入、提振消费市场等。同时，县域经济需要加快创新驱动发展转变，因地制宜发展新质生产力，持续培育发展新动能，以数智化、绿色化推动产业创新发展，以新型城镇化促进城乡融合发展，走出中国式现代化的县域特色实践道路。

关键词： 河南省　县域经济　高质量发展评价

　　县域经济是区域协调发展的基础，推动县域经济高质量发展是推动河南省中国式现代化实践的重点工作。党的二十大指出，高质量发展是全面建设社会主义现代化国家的首要任务。河南省锚定"两个确保"，深入实施"十大战略"，加快推进创新驱动高质量发展，实现由传统农业大省向新兴工业大省、传统交通要道向现代化交通枢纽、传统内陆省份向内陆开

---

*　课题组组长：王承哲，河南省社会科学院党委书记、院长，二级研究员。课题组成员：高璇、石涛、崔理想、席江浩、朱方政、王岑、张玮。执笔：席江浩，博士，河南省社会科学院经济研究所助理研究员，主要研究方向为数字经济与创新经济、数智化和绿色化融合发展。

放高地的"三个转变";加快推进县域治理"三起来",以推动新质生产力发展为重要抓手,加快培育发展新动能,形成特色突出、协同共进的县域发展新格局。2024年,国际局势持续动荡,百年未有之大变局持续演进,全球经济恢复乏力,中国经济社会持续稳定发展面临重大挑战,推动县域经济高质量发展成为夯实中国经济长期稳定发展的重要基石。课题组通过广泛查阅文献资料,科学选用研究方法,构建县域经济高质量发展评价指标体系,通过科学客观的评价找弱项、补短板、强优势,为持续推动县域经济高质量发展提供政策借鉴。鉴于政策时效性和数据可得性,课题组采用熵值法为赋权方法,以2022年河南省102个县(市)的数据为基础,测算县域经济高质量发展指数,分析河南省县域经济高质量发展现状和政策措施要点。

一 研究设计

在充分借鉴我国学者最新研究成果的基础上,结合往年指标体系设计,课题组践行新发展理念,遵循河南省委、省政府关于"两个确保"的具体要求,构建2024年河南省县域经济高质量发展评价指标体系。

(一)县域经济发展质量评价指标体系构建

2022年10月23日,习近平总书记在党的二十届一中全会上指出,全党要聚焦实现高质量发展这个主题,进一步统筹推进"五位一体"总体布局、协调推进"四个全面"战略布局,完整、准确、全面贯彻新发展理念,把新发展理念贯彻到经济社会发展全过程和各领域,抓紧解决不平衡不充分的发展问题,协调推进创新发展、协调发展、绿色发展、开放发展、共享发展,着力提高发展质量和效益。[①] 很多学者基于创新、协调、绿色、开放、共享等新发展理念,构建高质量发展评价指标体系。黄敦平、叶蕾从创新发

---

① 《为实现党的二十大确定的目标任务而团结奋斗》,《求是》2023年第1期。

展（专利发明授权量、人均 GDP、固定资产投资）、协调发展（城乡协调、产业协调）、绿色发展（污染排放、绿地面积）、开放发展（外商投资、进出口）、共享发展（医疗卫生、社会保险）5 个维度构建黄河流域经济高质量发展评价指标体系①；黄春元、李媛钰基于经济发展（经济增长、结构优化、发展质量、开放水平）、科技创新（科技投入、科技产出）、民生改善（收入分配、生活质量、劳动就业、消费水平）、社会发展（共享水平、文化教育、区域协调、卫生健康、社会保障）和绿色生态（能源消耗、污染排放、环境治理）5 个方面构建了经济高质量发展水平综合评价指标体系②；杨永芳、王秦从创新（创新投入、创新产出）、协调（城乡协调、产业协调）、绿色（资源消耗、绿色环保）、开放（贸易开放、资本开放）、共享（民生改善、基础设施）等方面构建区域经济高质量发展评价指标体系③。一些学者从新发展理念出发结合县域经济发展实际构建了县域经济高质量发展评价指标体系。如朱冉等人在研究县域农业高质量发展时关注 3 个维度的9 个方面，包括效率变革维度的农业生态效率、农业生产效率、农业环境效率，质量变革维度的水土资源承载力、农业绿色发展水平、农业现代化，动力变革维度的农业可持续性、农业科技创新资源、农业制度创新④；朱红梅、王小虎从经济发展（经济增长、风险防范）、创新发展（创新投入、研发水平）、协调发展（产业协调、城乡协调、地区协调）、绿色发展（环境治理、污染减排）、开放发展（基础建设、开放活力）、共享发展（收入分配、公共服务）等维度构建县域经济高质量发展评价指标体系⑤；朱华、余茂辉研究了县域经济高质量发展的创新能力（创新投入、创新产出、创新

① 黄敦平、叶蕾：《黄河流域城市经济高质量发展综合评价》，《统计与决策》2022 年第 19 期。
② 黄春元、李媛钰：《经济高质量发展水平的地区差异及动态演化》，《统计与决策》2023 年第 18 期。
③ 杨永芳、王秦：《新时代中国区域经济高质量发展评价指标体系构建研究》，《中国软科学》2024 年第 z1 期。
④ 朱冉、王保盛、张昊：《四川县域农业高质量发展水平测度及其自然—社会经济系统耦合》，《生态学报》2024 年第 14 期。
⑤ 朱红梅、王小虎：《县域经济高质量发展评价指标体系研究——以 H 省为例》，《行政管理改革》2023 年第 12 期。

环境)、城乡融合(精准扶贫、城乡互动、城乡均衡)、绿色生态(环境压力、环境投资、环境改善)、经济实力(经济基础、产业活力、开放程度)、民生保障(公共服务、生活福祉)等维度①。

根据最新研究文献、数据可得性和往年指标体系测算情况,课题组构建包含5个一级指标、11个二级指标、22个三级指标的县域经济高质量发展评价指标体系,详见表1。

表1 河南省县域经济高质量发展评价指标体系

一级指标	二级指标	三级指标	指标计算及说明	属性
发展规模	经济总量	地区生产总值(GDP)	地区生产总值	+
		规上工业发展规模	规模以上工业营业收入	+
	经济质量	人均GDP	地区生产总值/常住人口	+
		规上工业增长水平	规模以上工业增加值增速	+
	财政能力	地方财政收入水平	一般公共预算收入	+
		人均地方财政收入水平	一般公共预算收入/常住人口	+
发展结构	经济发展结构	工业发展水平	工业增加值占GDP的比重	+
		服务业发展水平	第三产业增加值占GDP的比重	+
	城乡发展结构	城镇化率	人口城镇化率	+
		城乡协调	农村居民人均可支配收入/城镇居民人均可支配收入	+
发展效益	生产效益	贷款拉动经济增长率	GDP/金融机构贷款余额	+
		规上工业利润率	规模以上工业利润/规模以上工业营业收入	+
	收入效益	单位GDP财税水平	一般公共预算收入/GDP	+
		收入与经济发展匹配度	居民人均可支配收入/人均GDP	+
发展潜力	消费增长潜力	社会总消费水平	社会消费品零售总额	+
		人均消费水平	社会消费品零售总额/常住人口	+
	经济增长潜力	经济质量提升潜力	人均GDP指数	+
		经济总量增长潜力	GDP指数	+

一级指标	二级指标	三级指标	指标计算及说明	属性
民生幸福	居民收入水平	城镇居民收入水平	城镇居民人均可支配收入	+
		农村居民收入水平	农村居民人均可支配收入	+
	社会服务水平	教育服务水平	教育支出/义务教育在校学生数	+
		医疗服务水平	医师数/常住人口	+

五个一级指标分别为发展规模、发展结构、发展效益、发展潜力、民生幸福。

发展规模包含三个二级指标：经济总量、经济质量、财政能力。经济总量包括地区生产总值、规上工业发展规模两个三级指标，其中规上工业发展规模以规模以上工业营业收入表示。经济质量包括人均GDP、规上工业增长水平两个三级指标，人均GDP由地区生产总值/常住人口计算得出，规上工业发展水平以规模以上工业增加值增速表示。财政能力包括地方财政收入水平、人均地方财政收入水平两个三级指标，地方财政收入水平由一般公共预算收入表示，人均地方财政收入水平由一般公共预算收入/常住人口计算得出。相比上年，增加规上工业发展的相关指标，包括规上工业发展规模、规上工业增长水平两个方面。规上工业发展是地方经济发展的重要支撑，是地方产业发展集聚化、集约化的重要体现。

发展结构包含两个二级指标：经济发展结构、城乡发展结构。经济发展结构包括工业发展水平、服务业发展水平两个三级指标，其中工业发展水平由工业增加值占GDP的比重表示，服务业发展水平由第三产业增加值占GDP的比重表示。城乡发展结构包括城镇化率、城乡协调两个三级指标，其中城镇化率由人口城镇化率表示，城乡协调由农村居民人均可支配收入/城镇居民人均可支配收入表示。

发展效益包含两个二级指标：生产效益、收入效益。生产效益包括贷款拉动经济增长率、规上工业利润率两个三级指标，其中贷款拉动经济增长率由GDP/金融机构贷款余额计算得出，规上工业利润率由规模以上工业利润

/规模以上工业营业收入计算得出。收入效益包括单位 GDP 财税水平、收入与经济发展匹配度两个三级指标，单位 GDP 财税水平由一般公共预算收入/GDP 计算得出，收入与经济发展匹配度由居民人均可支配收入/人均 GDP 计算得出。相比上年，删除劳动生产率指标，因《河南统计年鉴》和《中国县域统计年鉴》均无实际就业人数统计，如采用《河南统计年鉴》中城镇年末就业人员计算，偏差较大。增加贷款拉动经济增长率、规上工业利润率两个指标；前者反映贷款对经济增长的拉动能力，同时一定程度上反映当地的债务风险情况；后者反映规模以上工业的可持续发展能力。

发展潜力包含两个二级指标：消费增长潜力、经济增长潜力。消费增长潜力包含社会总消费水平、人均消费水平两个三级指标，其中社会总消费水平以社会消费品零售总额表示，人均消费水平以社会消费品零售总额/常住人口计算得出。经济增长潜力包含经济质量提升潜力、经济总量增长潜力两个三级指标，经济质量提升潜力由人均 GDP 指数表示，经济总量增长潜力由 GDP 指数表示。

民生幸福包含两个二级指标：居民收入水平、社会服务水平。居民收入水平包含城镇居民收入水平、农村居民收入水平两个三级指标，其中城镇居民收入水平由城镇居民人均可支配收入表示，农村居民收入水平由农村居民人均可支配收入表示。社会服务水平包含教育服务水平、医疗服务水平两个三级指标，教育服务水平由教育支出/义务教育在校学生数计算得出，医疗服务水平由医师数/常住人口计算得出，医师数包括执业医师和助理医师。相比上年，删除城乡居民收入水平指标，因其与现有指标城镇居民收入水平、农村居民收入水平在经济含义上有较大程度的重合；添加能够侧面反映县域经济发展水平、体现民生幸福的两个指标教育服务水平和医疗服务水平。

（二）县域经济发展质量评价方法

通过比较因子分析法、主成分分析法、模糊层次分析法、数据包络分析法、熵值法等各类方法的特性和优劣可知，熵值法可以更加客观地评估指标综合水平[1]，由此，基于熵值法测算县域经济发展质量评价综合指数 CTN_i：

$$CTN_i = \sum_{j=1}^{m} w_j \times x'_{ij} \tag{1}$$

式（1）中，w_j 表示第 j 个指标的权重；x_{ij} 表示第 i 个样本第 j 个指标的标准化值，计算如下：

$$\begin{cases} x'_{ij} = \dfrac{x_{ij} - \min\{x_{1j}, \cdots, x_{nj}\}}{\max\{x_{1j}, \cdots, x_{nj}\} - \min\{x_{1j}, \cdots, x_{nj}\}} \times C_1 + C_0 \\[2mm] p_{ij} = \dfrac{x'_{ij}}{\sum_{i=1}^{n} x'_{ij}} \\[2mm] e_j = -k \sum_{i=1}^{n} p_i \times \ln(p_i), k = \dfrac{1}{\ln(n)} \\[2mm] w_j = \dfrac{d_j}{\sum_{j=1}^{m} d_j}, d_j = 1 - e_j \end{cases} \tag{2}$$

式（2）中，x'_{ij} 表示标准化后的 x_{ij} 值，负向标准化 x_{ij} 只需将 x'_{ij} 的分子变为（$\max\{x_{1j}, \cdots, x_{nj}\} - x_{ij}$）。$C_0$ 为平移值，C_1 为标准化权重值，标准化数值采用百分制，C_0、C_1 的取值分别为 20%、80%[2]。p_{ij} 表示第 i 个样本第 j 个指标占指标的比重，e_j 是第 j 个指标的信息熵，d_j 为第 j 个指标的效用值，n 是样本数量，m 为指标数量，从而得到第 j 个指标的权重 w_j。

（三）指标选择与数据来源

未经特殊说明，本文所用数据均来自 2023 年《河南统计年鉴》以及各地级市（含济源示范区）统计公报。结合数据可得性，构建了包含 102 个县（市）的 2022 年县域经济面板数据。部分空缺值采用三年移动平移补充，表 2 为样本描述统计。

---

[1] 王俊、李慧平：《国际循环水平提升对城市创新能力的影响》，《科技进步与对策》2024 年第 10 期。

[2] 考虑到计算过程运用了对数，应保证标准化后的数值不会出现 0 值，需要对标准化值进行平移，平移数值不影响标准化数值排序。

表 2　指标选择与样本描述统计

指标	指标计算	单位	观测值	平均值	标准差	最小值	最大值
GDP	地区生产总值	亿元	102	360.08	221.84	111.10	1485.45
规上工业发展规模	规模以上工业营业收入	亿元	102	256.58	498.57	24.84	3980.05
人均GDP	地区生产总值/常住人口	元/人	102	55394.73	20145.14	17701.77	119910.03
规上工业增长水平	规模以上工业增加值增速	%	102	6.08	8.97	−53.37	46.60
地方财政收入水平	一般公共预算收入	亿元	102	18.94	12.19	5.18	70.96
人均地方财政收入水平	一般公共预算收入/常住人口	元/人	102	3090.40	1955.77	1210.54	14745.29
工业发展水平	工业增加值占GDP的比重	%	102	40.38	9.40	17.11	69.94
服务业发展水平	第三产业增加值占GDP的比重	%	102	44.18	6.01	26.02	59.42
城镇化率	人口城镇化率	%	102	47.82	9.64	29.00	97.12
城乡协调	农村居民人均可支配收入/城镇居民人均可支配收入	—	102	55.72	9.02	36.14	77.46
贷款拉动经济增长率	GDP/金融机构贷款余额	%	102	1.74	0.43	0.38	2.85
规上工业利润率	规模以上工业利润/规模以上工业营业收入	%	102	4.76	4.78	−8.13	19.76
单位GDP财税水平	一般公共预算收入/GDP	%	102	5.39	1.93	2.51	12.66
收入与经济发展匹配度	居民人均可支配收入/人均GDP	%	102	49.22	14.48	25.59	146.90
社会总消费水平	社会消费品零售总额	亿元	102	125.27	69.85	35.04	379.31
人均消费水平	社会消费品零售总额/常住人口	元/人	102	1.90	0.60	0.76	3.69

续表

指标	指标计算	单位	观测值	平均值	标准差	最小值	最大值
经济质量提升潜力	人均GDP指数	—	102	105.15	3.31	84.65	119.04
经济总量增长潜力	GDP指数	—	102	104.25	2.61	83.90	107.40
城镇居民收入水平	城镇居民人均可支配收入	元	102	34236.06	3280.04	26046.98	42400.27
农村居民收入水平	农村居民人均可支配收入	元	102	19100.82	3834.89	13158.53	30457.19
教育服务水平	教育支出/义务教育在校学生数	元/人	102	0.00	0.00	0.00	0.00
医疗服务水平	医师数/常住人口	个/千人	102	2.60	0.47	1.44	4.09

二 县域经济发展质量测度结果及分析

基于式（1）和式（2），测算了2022年河南省102个县（市）县域经济高质量发展水平。本部分将从发展规模、发展结构、发展效益、发展潜力、民生幸福5个方面系统分析县域经济高质量发展情况，县域经济高质量发展评价结果如表3所示。

表3 2022年河南102个县（市）县域经济高质量发展评价结果

县（市）	总体水平得分	发展规模水平得分	发展结构水平得分	发展效益水平得分	发展潜力水平得分	民生幸福水平得分
安阳县	39.90	22.58	55.88	54.60	32.97	49.26
宝丰县	48.21	41.63	58.91	45.18	41.71	58.06
博爱县	47.40	30.30	65.15	52.12	47.19	57.99
郸城县	42.07	31.80	45.57	52.02	49.84	42.33
登封市	53.41	43.12	66.97	46.66	53.15	65.39
邓州市	47.48	34.99	53.04	44.06	59.34	57.59

县(市)	总体水平得分	发展规模水平得分	发展结构水平得分	发展效益水平得分	发展潜力水平得分	民生幸福水平得分
范　县	37.60	32.32	51.61	37.00	41.65	32.55
方城县	42.65	28.74	48.94	53.27	54.55	43.05
封丘县	35.59	28.07	45.39	45.82	30.98	35.45
扶沟县	40.42	31.21	47.40	45.32	44.33	43.16
巩义市	72.83	71.64	77.92	48.56	87.51	79.34
固始县	46.51	35.03	53.59	44.86	63.94	47.99
光山县	40.29	28.02	49.24	39.17	45.93	50.17
滑　县	41.33	32.19	47.38	44.91	52.25	40.44
淮滨县	39.86	30.51	48.32	46.20	41.05	42.57
潢川县	43.04	31.11	58.24	36.85	48.92	51.32
辉县市	48.37	40.43	57.22	55.63	40.76	54.37
获嘉县	42.29	30.04	62.10	42.15	42.70	46.63
郏　县	40.61	30.57	47.74	47.10	41.19	45.89
浚　县	42.56	28.59	64.78	38.64	44.35	49.83
兰考县	54.33	44.43	59.91	55.14	71.62	52.47
林州市	56.45	51.09	71.20	48.72	52.25	63.09
临颍县	49.84	41.08	63.51	50.04	48.92	54.01
灵宝市	52.77	42.55	56.51	45.30	65.11	63.51
卢氏县	37.34	28.26	42.64	46.51	36.97	41.03
鲁山县	34.65	26.14	39.17	47.66	34.23	34.89
鹿邑县	47.38	35.53	50.96	42.20	76.95	45.87
栾川县	55.04	50.27	50.89	61.09	65.02	53.76
罗山县	39.77	28.92	48.83	42.55	41.96	46.63
洛宁县	45.67	34.96	51.42	49.41	47.81	54.20
孟州市	53.77	39.91	67.10	52.32	54.40	66.90
泌阳县	42.66	34.10	46.90	55.92	41.44	43.66
渑池县	54.45	46.97	59.22	64.95	42.79	63.46
民权县	37.46	29.20	43.95	43.87	38.52	39.96
南乐县	37.92	27.48	52.72	41.46	37.06	41.23
南召县	38.49	26.97	47.83	41.19	46.13	42.15
内黄县	35.72	26.87	42.60	52.79	30.88	34.67
内乡县	44.20	36.96	50.79	44.85	44.84	49.97
宁陵县	35.21	25.67	48.14	36.14	37.77	38.03

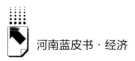

续表

县(市)	总体水平得分	发展规模水平得分	发展结构水平得分	发展效益水平得分	发展潜力水平得分	民生幸福水平得分
平舆县	39.90	31.17	47.54	48.05	35.57	44.98
濮阳县	43.17	30.83	53.51	48.87	46.34	48.35
淇　县	48.54	41.57	64.97	40.26	37.12	62.51
杞　县	43.42	36.25	53.12	51.19	44.43	40.45
沁阳市	53.11	41.28	70.52	46.05	56.15	62.32
清丰县	39.15	28.57	55.30	44.83	35.84	41.73
确山县	41.80	35.78	45.75	54.57	33.68	44.43
汝南县	38.18	31.11	47.95	45.40	34.46	39.08
汝阳县	43.30	32.65	49.24	57.71	51.87	37.99
汝州市	54.99	45.01	63.43	49.37	77.37	52.34
商城县	42.13	30.78	48.19	45.28	41.98	53.75
商水县	37.45	29.08	45.95	43.40	39.67	38.03
上蔡县	38.20	28.00	45.42	49.30	42.08	37.37
社旗县	39.15	27.32	47.50	46.42	40.23	45.42
沈丘县	41.51	32.87	47.45	46.99	50.46	39.84
嵩　县	42.79	29.25	44.46	57.05	54.50	43.41
睢　县	39.42	28.44	41.79	48.52	43.63	45.18
遂平县	43.03	36.95	50.49	46.34	42.72	44.72
台前县	35.20	25.67	51.47	38.41	37.51	33.62
太康县	44.10	31.55	48.22	48.56	69.65	38.55
汤阴县	46.59	35.43	57.47	68.45	29.22	51.90
唐河县	43.08	31.82	48.51	43.38	52.71	49.92
通许县	42.50	33.06	54.40	45.06	45.06	44.67
桐柏县	43.98	33.59	50.55	61.67	40.23	44.44
卫辉市	43.92	31.43	61.45	52.23	27.01	56.83
尉氏县	49.54	46.24	55.20	55.60	46.37	47.97
温　县	47.89	31.12	66.43	48.65	48.96	59.53
武陟县	47.48	33.64	63.64	45.88	49.01	57.73
舞钢市	47.44	38.54	56.58	56.67	39.59	53.42
舞阳县	44.29	35.48	49.86	60.02	49.90	37.37
西华县	40.27	28.69	44.50	45.36	54.18	41.41
西平县	40.71	32.54	48.46	51.07	34.20	44.62

县（市）	总体水平 得分	发展规模 水平得分	发展结构 水平得分	发展效益 水平得分	发展潜力 水平得分	民生幸福 水平得分
息　县	38.80	29.43	46.07	43.68	44.20	40.48
西峡县	50.99	41.76	56.95	51.55	39.43	70.03
淅川县	44.34	32.95	47.64	46.80	53.81	51.43
夏邑县	39.67	29.72	43.47	46.43	43.72	44.57
襄城县	49.41	43.47	60.74	47.42	44.54	55.56
项城市	43.96	30.54	53.95	52.75	55.42	42.38
新安县	50.77	50.71	48.49	48.05	53.61	52.74
新蔡县	41.33	30.46	48.95	47.49	55.28	37.65
新密市	58.39	52.96	71.78	44.38	57.68	68.69
新　县	43.50	32.30	53.30	50.77	45.18	47.08
新乡县	48.15	36.89	66.45	42.84	38.05	64.30
新野县	42.73	31.12	54.87	40.11	44.14	53.40
新郑市	71.53	80.02	74.25	44.77	83.50	67.88
荥阳市	58.99	55.11	69.62	51.77	52.48	67.82
修武县	48.64	35.12	63.85	46.12	45.41	63.52
鄢陵县	48.16	38.39	61.77	44.43	46.60	57.79
延津县	40.21	26.77	58.00	46.28	35.00	47.39
叶　县	38.75	29.39	41.67	47.00	40.11	44.23
伊川县	48.79	38.45	63.64	36.36	53.63	60.56
宜阳县	43.46	35.15	46.42	43.01	59.87	42.75
义马市	65.51	56.56	79.91	65.48	55.87	76.31
永城市	56.33	55.04	53.22	54.86	65.84	54.90
虞城县	39.14	30.33	45.54	35.79	44.98	46.94
禹州市	58.97	49.84	62.66	44.65	83.18	64.41
原阳县	39.05	29.12	54.07	43.18	37.02	41.75
长葛市	58.99	60.30	64.34	43.68	68.17	58.00
长垣市	60.64	52.49	73.51	55.60	62.50	66.57
柘城县	40.09	28.53	45.27	47.26	44.27	46.18
镇平县	45.47	29.23	55.09	47.26	65.63	47.94
正阳县	36.72	29.65	47.18	42.74	35.99	35.76
中牟县	67.21	77.14	71.91	41.08	82.38	56.62

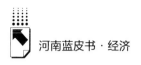

（一）县域经济高质量的总体情况

从分布格局来看，不同县（市）经济高质量发展总体水平差异较为明显。样本县（市）县域经济高质量发展总体水平均值为45.59；40个县（市）高于均值，占比39.22%；62个县（市）低于均值，占比60.78%。县域经济高质量发展高于均值的县（市）分别是宝丰县、博爱县、登封市、邓州市、巩义市、固始县、辉县市、兰考县、林州市、临颍县、灵宝市、鹿邑县、栾川县、洛宁县、孟州市、渑池县、淇县、沁阳市、汝州市、汤阴县、尉氏县、温县、武陟县、舞钢市、西峡县、襄城县、新安县、新密市、新乡县、新郑市、荥阳市、修武县、鄢陵县、伊川县、义马市、永城市、禹州市、长葛市、长垣市、中牟县。

（二）发展规模水平分析

从分布格局来看，不同县（市）发展规模水平差异较为明显。样本县（市）的发展规模水平均值为36.32；33个县（市）高于均值，占比32.35%；69个县（市）低于均值，占比67.65%。发展规模水平高于均值的县（市）分别是宝丰县、登封市、巩义市、辉县市、兰考县、林州市、临颍县、灵宝市、栾川县、孟州市、渑池县、内乡县、淇县、沁阳市、汝州市、遂平县、尉氏县、舞钢市、西峡县、襄城县、新安县、新密市、新乡县、新郑市、荥阳市、鄢陵县、伊川县、义马市、永城市、禹州市、长葛市、长垣市、中牟县。

（三）发展结构水平分析

从分布格局来看，不同县（市）发展结构水平差异较为明显。样本县（市）的发展结构水平均值为54.54；42个县（市）高于均值，占比41.18%；60个县（市）低于均值，占比58.82%。发展结构水平高于均值的县（市）分别是安阳县、宝丰县、博爱县、登封市、巩义市、潢川县、辉县市、获嘉县、浚县、兰考县、林州市、临颍县、灵宝市、孟州市、渑池县、淇县、沁阳市、清丰县、汝州市、汤阴县、卫辉市、尉氏县、温县、武陟县、舞钢市、西峡县、襄城县、新密市、新乡县、新野县、新郑市、荥阳市、修武县、鄢陵县、延津县、伊川县、义马市、禹州市、长葛市、长垣市、镇平县、中牟县。

（四）发展效益水平分析

从分布格局来看，不同县（市）发展效益水平差异较为明显。样本县（市）的发展效益水平均值为47.81；41个县（市）高于均值，占比40.20%；61个县（市）低于均值，占比59.80%。发展效益水平高于均值的县（市）分别是安阳县、博爱县、郸城县、方城县、巩义市、辉县市、兰考县、林州市、临颍县、栾川县、洛宁县、孟州市、泌阳县、渑池县、内黄县、平舆县、濮阳县、杞县、确山县、汝阳县、汝州市、上蔡县、嵩县、睢县、太康县、汤阴县、桐柏县、卫辉市、尉氏县、温县、舞钢市、舞阳县、西平县、西峡县、项城市、新安县、新县、荥阳市、义马市、永城市、长垣市。

（五）发展潜力水平分析

从分布格局来看，不同县（市）发展潜力水平差异较为明显。样本县（市）的发展潜力水平均值为48.51；42个县（市）高于均值，占比41.18%；60个县（市）低于均值，占比58.82%。发展潜力水平高于均值的县（市）分别是郸城县、登封市、邓州市、方城县、巩义市、固始县、滑县、潢川县、兰考县、林州市、临颍县、灵宝市、鹿邑县、栾川县、孟州市、沁阳市、汝阳县、汝州市、沈丘县、嵩县、太康县、唐河县、温县、武陟县、舞阳县、西华县、淅川县、项城市、新安县、新蔡县、新密市、新郑市、荥阳市、伊川县、宜阳县、义马市、永城市、禹州市、长葛市、长垣市、镇平县、中牟县。

（六）民生幸福水平分析

从分布格局来看，不同县（市）民生幸福水平差异较为明显。样本县

（市）的民生幸福水平均值为49.83；46个县（市）高于或等于均值，占比45.10%；56个县（市）低于均值，占比54.90%。民生幸福水平高于或等于均值的县（市）分别是宝丰县、博爱县、登封市、邓州市、巩义市、光山县、潢川县、辉县市、浚县、兰考县、林州市、临颍县、灵宝市、栾川县、洛宁县、孟州市、渑池县、内乡县、淇县、沁阳市、汝州市、商城县、汤阴县、唐河县、卫辉市、温县、武陟县、舞钢市、西峡县、淅川县、襄城县、新安县、新密市、新乡县、新野县、新郑市、荥阳市、修武县、鄢陵县、伊川县、义马市、永城市、禹州市、长葛市、长垣市、中牟县。

三 基于县域经济的省辖市经济发展质量特征分析

基于省辖市所属县（市）的县域经济高质量发展水平数据，对省辖市所属县（市）的原始数据求均值，采用上述县域经济高质量发展评价方法计算得到2022年不同省辖市县域经济高质量发展水平，如表4所示。

表4　2022年河南省辖市经济高质量发展评价结果

省辖市	总体水平得分	发展规模水平得分	发展结构水平得分	发展效益水平得分	发展潜力水平得分	民生幸福水平得分
安 阳 市	43.33	33.45	51.67	68.66	31.60	41.39
鹤 壁 市	46.19	36.29	73.54	35.26	35.72	57.67
焦 作 市	54.93	37.16	75.62	55.56	54.67	67.66
开 封 市	50.98	44.85	54.51	62.68	58.18	43.28
洛 阳 市	51.65	43.88	49.42	61.14	64.76	48.62
漯 河 市	50.34	42.55	57.57	69.47	53.54	39.42
南 阳 市	44.55	30.41	47.46	56.27	52.59	50.09
平顶山市	43.49	36.12	48.61	54.80	44.64	41.53
濮 阳 市	33.11	24.31	47.34	41.85	33.86	28.62
三门峡市	63.02	54.97	67.49	67.22	55.95	74.83
商 丘 市	39.77	30.07	38.44	49.24	45.10	45.21
新 乡 市	45.72	34.79	63.06	55.54	33.57	51.30
信 阳 市	39.70	26.52	46.57	48.80	46.34	43.63

续表

省辖市	总体水平得分	发展规模水平得分	发展结构水平得分	发展效益水平得分	发展潜力水平得分	民生幸福水平得分
许昌市	62.67	60.64	69.53	48.33	73.07	64.31
郑州市	80.38	92.36	89.40	47.48	89.84	72.81
周口市	41.44	27.40	41.61	54.55	61.98	38.31
驻马店市	37.45	29.91	40.52	60.47	32.95	32.18

数据来源：作者依据统计资料整理。

（一）省辖市所属县域经济总体特征分析

省辖市经济高质量发展总体水平均值为48.75；7个省辖市得分高于均值，占比41.18%；10个省辖市得分低于均值，占比58.82%。安阳市所属县域5个县（市）总体水平得分43.33；鹤壁市所属县域2个县（市）总体水平得分46.19；焦作市所属县域6个县（市）总体水平得分54.93；开封市所属县域4个县（市）总体水平得分50.98；洛阳市所属县域7个县（市）总体水平得分51.65；漯河市所属县域2个县（市）总体水平得分50.34；南阳市所属县域11个县（市）总体水平得分44.55；平顶山市所属县域6个县（市）总体水平得分43.49；濮阳市所属县域5个县（市）总体水平得分33.11；三门峡市所属县域4个县（市）总体水平得分63.02；商丘市所属县域7个县（市）总体水平得分39.77；新乡市所属县域8个县（市）总体水平得分45.72；信阳市所属县域8个县（市）总体水平得分39.70；许昌市所属县域4个县（市）总体水平得分62.67；郑州市所属县域6个县（市）总体水平得分80.38；周口市所属县域8个县（市）总体水平得分41.44；驻马店市所属县域9个县（市）总体水平得分37.45。

（二）发展规模水平特征分析

省辖市的发展规模水平均值为40.33；6个省辖市得分高于均值，占比35.29%；11个省辖市得分低于均值，占比64.71%。安阳市所属县域发展规模水平得分 33.45；鹤壁市所属县域发展规模水平得分 36.29；焦作市所属县域发展规模水平得分 37.16；开封市所属县域发展规模水平得分 44.85；洛阳市所属县域发展规模水平得分 43.88；漯河市所属县域发展规模水平得分 42.55；南阳市所属县域发展规模水平得分 30.41；平顶山市所属县域发展规模水平得分 36.12；濮阳市所属县域发展规模水平得分 24.31；三门峡市所属县域发展规模水平得分 54.97；商丘市所属县域发展规模水平得分 30.07；新乡市所属县域发展规模水平得分 34.79；信阳市所属县域发展规模水平得分 26.52；许昌市所属县域发展规模水平得分 60.64；郑州市所属县域发展规模水平得分 92.36；周口市所属县域发展规模水平得分 27.40；驻马店市所属县域发展规模水平得分 29.91。

（三）发展结构水平特征分析

省辖市发展结构水平均值为 56.61；7 个省辖市得分高于均值，占比 41.18%；10 个省辖市得分低于均值，占比 58.82%。安阳市所属县域发展结构水平得分 51.67；鹤壁市所属县域发展结构水平得分 73.54；焦作市所属县域发展结构水平得分 75.62；开封市所属县域发展结构水平得分 54.51；洛阳市所属县域发展结构水平得分 49.42；漯河市所属县域发展结构水平得分 57.57；南阳市所属县域发展结构水平得分 47.46；平顶山市所属县域发展结构水平得分 48.61；濮阳市所属县域发展结构水平得分 47.34；三门峡市所属县域发展结构水平得分 67.49；商丘市所属县域发展结构水平得分 38.44；新乡市所属县域发展结构水平得分 63.06；信阳市所属县域发展结构水平得分 46.57；许昌市所属县域发展结构水平得分 69.53；郑州市所属县域发展结构水平得分 89.40；周口市所属县域发展结构水平得分 41.61；驻马店市所属县域发展结构水平得分 40.52。

（四）发展效益水平特征分析

省辖市发展效益水平均值为 55.14；9 个省辖市得分高于均值，占比 52.94%；8 个省辖市得分低于均值，占比 47.06%。安阳市所属县域发展效益水平得分 68.66；鹤壁市所属县域发展效益水平得分 35.26；焦作市所属县域发展效益水平得分 55.56；开封市所属县域发展效益水平得分 62.68；洛阳市所属县域发展效益水平得分 61.14；漯河市所属县域发展效益水平得分 69.47；南阳市所属县域发展效益水平得分 56.27；平顶山市所属县域发展效益水平得分 54.8；濮阳市所属县域发展效益水平得分 41.85；三门峡市所属县域发展效益水平得分 67.22；商丘市所属县域发展效益水平得分 49.24；新乡市所属县域发展效益水平得分 55.54；信阳市所属县域发展效益水平得分 48.8；许昌市所属县域发展效益水平得分 48.33；郑州市所属县域发展效益水平得分 47.48；周口市所属县域发展效益水平得分 54.55；驻马店市所属县域发展效益水平得分 60.47。

（五）发展潜力水平特征分析

省辖市发展潜力水平均值为 51.08；9 个省辖市得分高于均值，占比 52.94%；8 个省辖市得分低于均值，占比 47.06%。安阳市所属县域发展潜力水平得分 31.6；鹤壁市所属县域发展潜力水平得分 35.72；焦作市所属县域发展潜力水平得分 54.67；开封市所属县域发展潜力水平得分 58.18；洛阳市所属县域发展潜力水平得分 64.76；漯河市所属县域发展潜力水平得分 53.54；南阳市所属县域发展潜力水平得分 52.59；平顶山市所属县域发展潜力水平得分 44.64；濮阳市所属县域发展潜力水平得分 33.86；三门峡市所属县域发展潜力水平得分 55.95；商丘市所属县域发展潜力水平得分 45.1；新乡市所属县域发展潜力水平得分 33.57；信阳市所属县域发展潜力水平得分 46.34；许昌市所属县域发展潜力水平得分 73.07；郑州市所属县域发展潜力水平得分 89.84；周口市所属县域发展潜力水平得分 61.98；驻马店市所属县域发展潜力水平得分 32.95。

（六）民生幸福水平特征分析

省辖市民生幸福水平均值为 49.46；7 个省辖市得分高于均值，占比 41.18%；10 个省辖市得分低于均值，占比 58.82%。安阳市所属县域民生幸福水平得分41.39；鹤壁市所属县域民生幸福水平得分57.67；焦作市所属县域民生幸福水平得分67.66；开封市所属县域民生幸福水平得分43.28；洛阳市所属县域民生幸福水平得分48.62；漯河市所属县域民生幸福水平得分39.42；南阳市所属县域民生幸福水平得分50.09；平顶山市所属县域民生幸福水平得分41.53；濮阳市所属县域民生幸福水平得分28.62；三门峡市所属县域民生幸福水平得分74.83；商丘市所属县域民生幸福水平得分45.21；新乡市所属县域民生幸福水平得分51.3；信阳市所属县域民生幸福水平得分43.63；许昌市所属县域民生幸福水平得分64.31；郑州市所属县域民生幸福水平得分72.81；周口市所属县域民生幸福水平得分38.31；驻马店市所属县域民生幸福水平得分32.18。

四 对策建议

2025年是"十四五"规划的收官之年，也是新质生产力发展的重要里程年。河南省需锚定"两个确保"、持续推进"十大战略"，加快创新驱动县域高质量发展。总体而言，全省县域经济稳中向好的基本发展趋势没有变，全省县域经济发展韧性持续增强。新形势下，县域经济需要紧抓新一轮科技革命的契机，加快创新驱动发展转变，因地制宜发展新质生产力，持续培育发展新动能，以数智化、绿色化推动产业高质量发展，以新型城镇化促进城乡融合发展，走出中国式现代化的县域特色实践道路。

第一，因地制宜发展新质生产力，持续培育发展新动能。新质生产力为县域经济高质量发展提供新动能。一是优化创新人才激励机制，夯实新质生产力发展人才基础。实施更加开放和包容的人才政策，吸引国内外高层次人才。推动产业与高校、科研院所深度合作，优化创新人才引进和联合培养机制；优化人才评选机制，加强财政对创新人才的支持力度。二是持续优化创新环境，打造新质生产力发展生态环境。持续优化营商环境，推动智慧政务发展，加快推进一站式智慧审批。研究出台持续性创新创业支持政策措施，鼓励高层次人才回乡创新创业。加强对外创新合作，为产业提供更多创新合作机会，推动企业创新能力提升。建设特色创新平台和园区，建立以地方特色资源为基础的科研和创新平台，集聚相关企业和研究机构，形成创新集群。三是坚持"先立后破"创新导向，走区域特色发展道路。依托当地产业基础，选择有潜力的新兴产业作为重点发展对象、制定相关产业发展扶持政策，不断扩大本地新兴产业发展领域和发展效果。深挖地区独特资源，结合现代科技和创新范式，形成具有区域特色的现代产业体系。

第二，以数智化、绿色化推动产业高质量发展。产业是经济发展的基础，县域经济需要加快利用数智技术加快现有产业数智化转型，扩大发展规模，转变发展方式。一是加快数智技术和绿色技术创新。加强政策对企业数智技术、绿色技术研发的支持力度，建立创新企业扶持样本库，推动企业与高校、科研院所创新合作，加快数智技术、绿色技术与实体产业融合发展。二是推动规上企业数智化、绿色化转型。推动中小企业合并重组，提升产业集约发展能力。研究出台规上企业数智化、绿色化转型专项支持政策，发挥规上企业的产业引领作用。三是以链长制推动产业创新发展。在重点产业链实施链长制，以重点企业为引领，整合地区产业链资源，优化资源配置、推动协同发展。鼓励本地企业建立产业链合作网络，加强产业集聚园区建设。

第三，以新型城镇化促进城乡融合发展。新型城镇化是推动城乡融合发展的有力支撑，是扩大内需和促进产业升级的重要抓手。一是加快盘活农村土地、山林等资源，推动特色旅游、手工制品等产业发展，拓展农村农民发展空间。二是依托各地区产业基础，加快乡镇企业发展，推动农村闲置劳动力当地就业，推动有条件地区城镇化发展。三是推动城乡基本社会服务均等化。推动优质教育资源、医疗资源定期流转，加强农村地区基本社会服务能力建设。

参考文献

黄敦平、叶蕾：《黄河流域城市经济高质量发展综合评价》，《统计与决策》2022 年

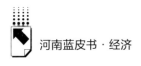

第 19 期。

黄春元、李媛钰：《经济高质量发展水平的地区差异及动态演化》，《统计与决策》2023 年第 18 期。

林红、翟绪军：《以系统观念推进县域经济高质量发展——"晋江经验"的再思考》，《东南学术》2024 年第 3 期。

张学良、周泽林、汤新云：《推动我国县域经济高质量发展的几个理论问题》，《财贸研究》2023 年第 6 期。

杨永芳、王秦：《新时代中国区域经济高质量发展评价指标体系构建研究》，《中国软科学》2024 年第 z1 期。

朱红梅、王小虎：《县域经济高质量发展评价指标体系研究——以 H 省为例》，《行政管理改革》2023 年第 12 期。

朱华、余茂辉：《县域经济高质量发展水平的统计评价——以湖北省为例》，《统计与决策》2024 年第 8 期。

朱冉、王保盛、张昊：《四川县域农业高质量发展水平测度及其自然—社会经济系统耦合》，《生态学报》2024 年第 14 期。

王富喜、毛爱华、李赫龙等：《基于熵值法的山东省城镇化质量测度及空间差异分析》，《地理科学》2013 年第 11 期。

B.4
2024年河南省跨境电商发展指数
评价报告

河南省跨境电商发展指数评价课题组*

摘　要： 2023年，河南跨境电商活力与潜力不断释放，助推河南经济高质量发展。本文首先分析了2023年河南省跨境电商发展概况，然后从主体规模、成长速度、环境支撑、经济影响四个方面构建了评价指标体系，通过熵值法计算得到河南省跨境电商发展综合指数与各分项指数，依据指数将河南省各地市跨境电商发展水平划分为发展成熟期、快速成长期、发展调整期三个阶段，最后依据发展概况与指数分析结果，提出了战略性建议，如持续发挥政策优势、推进技术创新，提高"跨境电商+产业带"发展质量、培养跨境电商技能型人才等。

关键词： 跨境电商发展指数　河南省　国际贸易

　　2023年，我国外贸持续保持稳中有进的发展态势。统计数据显示，2023年，我国外贸进出口总额达41.76万亿元，同比增长0.2%，其中，出口23.77万亿元，同比增长0.6%；进口17.99万亿元，同比下降0.3%。2023年，跨境电商面临一系列复杂严峻的国际形势，如国际贸易摩擦加剧、物流成本上升、合规问题复杂、国际市场竞争压力加大、技术与人才短缺等，整体增速相较2022年有所放缓，但是我国货物进出口规模稳中有增、

---

　　* 课题组组长：常广庶，郑州航空工业管理学院航空经济发展河南省协同创新中心主任，教授。课题组成员：董全强、高璇、张苏丰、熊壮、刘少卿（通讯作者）。

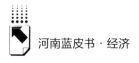

发展质量优中有升。2023 年，我国跨境电商进出口额为 2.38 万亿元，同比增长 15.6%，其中出口 1.83 万亿元，同比增长 19.6%；进口 5483 亿元，同比增长 3.9%，跨境电商进出口额占全国货物贸易进出口总额的 6.8%，占比较 2022 年增加了两个百分点。

2023 年，河南省跨境电商发展势头强劲，不仅交易额持续增长，而且在产业带发展、政策支持与创新、国际交流与合作等方面取得了显著成就，为河南省外贸发展和经济增长注入了新的活力。在交易额方面，河南跨境电商进出口额达到 2371.2 亿元，同比增长 7.3%，其中郑州跨境电商进出口额更是高达 1253.3 亿元，同比增长 6.3%，占全省的 53%，这反映了跨境电商在河南省进出口贸易中的重要地位以及郑州在河南跨境电商发展中的核心作用。在产业带发展方面，形成了多个具有竞争力的特色产业带，包括装备机械、铝制品、发制品、食用菌等传统产业，还包括鹿邑化妆刷、社旗仿真花、长葛蜂制品、新乡锂电池等新兴产业。在物流方面，河南以郑州重要国际邮件枢纽口岸建设为重点，布局"一带一路"，优化物流供应链网络体系，推动创新模式赋能优势产业，实现邮政口岸与跨境电商的协同发展。在创新方面，河南打造一区多功能监管、"秒通关"技术服务体系，搭建全球汇商城线上一张网、线下万家店，打造线上、线下融合的跨境新零售服务平台。在国际交流与合作方面，郑州成功举办了第七届全球跨境电子商务大会，集中展示了跨境电商行业最新成果和发展趋势，发挥了联通内外的平台作用，汇聚全球资源，架设贸易桥梁，进一步提升了河南在全球跨境电商领域的影响力。河南省跨境电商从监管制度、园区建设、运营模式、企业培育、招大引强、人才培养、物流支撑、积极布局海外仓等多个维度发力，逐步完善跨境电商全链条生态，持续增强对河南社会经济发展的支撑力。本文编制了河南省跨境电子商务发展指数，以期准确、客观地揭示河南省各个城市跨境电商发展中的优势与不足，为相关部门不断完善跨境电商发展政策、推进全省跨境电商高质量发展提供决策参考。

一 河南省跨境电商发展现状

（一）跨境电商交易量持续攀升

2023年，河南省外贸进出口总额8107.9亿元，有进出口实绩的外贸企业数量达11844家，同比增长10.9%，净增加1163家；进出口额在5000万元以上的重点企业1039家，同比增加78家，进出口额合计占全省外贸进出口总额的91.6%。2023年，河南省外贸进出口规模在全国排第9位，连续12年居中部地区第1位。2023年，河南省跨境电商进出口（含快递包裹）额达2371.2亿元，同比增长7.3%，占全省外贸进出口总额的29.2%，占我国跨境电商进出口额的10%，其中，出口1796亿元，同比增长5.6%；进口575.2亿元，同比增长13.1%。截至2023年底，河南省共有5个跨境电商综试区（郑州、洛阳、南阳、焦作、许昌）和7个跨境电商零售进口试点城市（郑州、洛阳、南阳、商丘、开封、焦作、许昌）。

从总量上看，郑州依然是河南省跨境电商发展的领头羊。2023年，郑州跨境电商进出口额为1253.3亿元，同比增长6.3%，占全省的53%；许昌跨境电商进出口额为202亿元，同比增长6%，居全省第2位；南阳跨境电商进出口额为179.9亿元，同比增长17.6%，居全省第3位；焦作跨境电商进出口额为83.09亿元，同比增长9.3%，居全省第4位；洛阳跨境电商进出口额为79.94亿元，同比增长10.85%，居全省第5位。2023年，5个跨境电商综试区进出口额达1798.23亿元，占全省的75.8%。从增速看，周口、鹤壁、安阳等城市跨境电商进出口额增速均超过20%，南阳、平顶山、洛阳、济源等城市跨境电商进出口额增速均超过10%。

（二）跨境电商物流综合服务质量显著提高

河南省高度重视跨境电商物流发展，为加快推动交通区位优势向枢纽经济优势转变，全力推动枢纽经济快速发展，打造具有国际影响力的枢纽经济

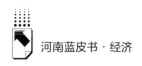

先行区，建设现代化河南，先后出台多项政策打造物流强省，提高物流综合服务质量。2023 年，河南省人民政府相继印发《河南省促进内外贸一体化发展若干措施》《河南省加快实施物流拉动打造枢纽经济优势三年行动计划（2023—2025 年）》等政策。

2023 年，河南省跨境电商物流综合服务质量显著提升，成绩突出。截至 2023 年底，河南省拥有国家物流枢纽 6 个，总量位居全国第一，已形成铁公机三网联合、区港联动、多式联运的现代综合交通和物流体系。2023 年，郑州机场货邮吞吐量为 60.78 万吨，连续 7 年稳居全国第 6 位；货运航线 146 条，其中国内航线 109 条、国际航线 27 条、地区航线 10 条；全货机航线 44 条，新开通全货机航线 9 条；通航城市达 78 个，其中国内通航城市 56 个、国际通航城市 17 个、地区通航城市 5 个，初步形成横跨欧美亚三大经济区、覆盖全球主要经济体、多点支撑的国际货运航线网络。在共建"一带一路"倡议下，依托欧亚大陆桥通道，中欧班列（中豫号）从无到有，连点成线，织线成网，目前已构建起"23 个境外直达站点、8 个出入境口岸"的国际物流网络和"1+N"境内外物流枢纽体系，实现了每周均衡往返开行，运营网络遍布欧盟、中亚、东盟和俄罗斯等 40 多个国家和地区的 140 多个城市，初步实现了"连通境内外、辐射东中西"的物流网络布局。2023 年，中欧班列（中豫号）全年开行 3269 列，累计超万列，居全国第三，其中，中欧班列（中豫号·郑州）累计开行中欧（中亚）班列 2844 列、东盟班列 138 列，总量同比增长 89.7%，东方红（洛阳）国际陆港开行中欧班列 173 列，同比增长 246%。2023 年 1~9 月，中欧班列（中豫号·新乡）累计开行 71 列，同比增长 126.8%，铁海联运班列累计开行 103 列，同比增长 153.5%，新增回程班列 37 列。

（三）"跨境电商+产业带"发展迅速

河南省跨境电商催生了多个具有较强竞争力、品牌化价值高的特色产业带，越来越多"河南制造"卖向全球，服务全球消费者。许昌假发、洛阳钢制家具、郑州游乐设备、开封流量计、安阳童装、鹿邑化妆刷、社旗仿真花、长葛蜂制品、新乡锂电池等多个优质跨境电商产业带，在数字化技术的助力下通过跨境电商平台"一键卖全球"，推动了"河南制造"品牌化出海。

"跨境电商+产业带"模式拉动经济效应明显。郑州作为全国最大的耐材产业基地，耐材产量占全国30%以上，郑州万力实业、新光色耐材等龙头企业通过跨境电商新渠道开拓海外市场，2023年跨境电商出口额超5亿元。在制造业数字化转型方面，以致欧科技、名扬窗饰为代表的家居产业跨境电商出口额超60亿元，以宁通客车、尼罗河机械设备、启亿机械、国立控股等为代表的机械设备产业跨境电商出口额超10亿元。许昌作为全世界最大的发制品集散地和出口基地，发制品畅销全球120个国家和地区，2023年许昌发制品累计进出口196.9亿元，同比增长10%，占全市进出口的72.6%，其中出口168.5亿元，同比增长17.7%。焦作多氟多的新能源电池关键材料六氟磷酸锂不断拓展海外市场，全球市场占有率达25%；和兴化学的颗粒导电炭黑广泛应用于锂电池、电子元件、导电橡胶、电缆屏蔽料等领域，产销量跃居世界第一，出口占比达30%。"跨境电商+产业带"模式正成为河南跨境电商高质量发展转型的关键，不仅汇聚了河南省产业优势，还提升了供应链运营效率与产业带整体价值，为河南经济发展提供动力。

（四）创新驱动助力提升跨境电商发展质量

创新是推动河南跨境电商发展的动力，河南省跨境电商发展至今，通过制度创新、运营创新、金融创新、监管创新，取得多项首创性制度创新成果。在金融方面，河南自贸区在跨境金融结算、投融资便利化、支持期货市场国际化发展等方面不断创新，探索委托境外加工贸易跨境资金结算新模式，河南自贸区洛阳片区完成了河南省首笔委托境外加工贸易跨境资金结算，探索开展新型离岸国际贸易新路径，郑州海关与建设银行跨领域合作创新，推出"单一窗口共享盾"，打造"电子口岸+金融服务"一站式办理新模式。在法律服务方面，中国（河南）自由贸易试验区郑州片区人民法院正式设立并挂牌受案，截至2023年10月30日共受理涉外案件163件，包

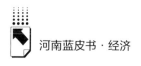

含国际货物买卖合同纠纷等，涉及美、德、英等 18 个国家和地区。此外，河南首创"1210"网购保税进口模式并在海内外复制推广，业务覆盖近 200 个国家和地区；全国首家跨境电商零售进口药品试点在河南保税物流中心开展，率先探索"网购保税+线下自提""跨境电商零售进口正面监管""跨境电商零售进口退货中心仓"等新模式，为全国跨境电商发展贡献了"河南智慧"。截至 2023 年底，河南省自贸办向全省复制推广的制度创新成果已达 99 项，郑州片区作为河南自贸区的核心，自 2017 年挂牌成立以来，制度创新成绩显著，累计形成 360 项制度创新成果，其中全国首创 52 项、全省首创 87 项，12 项制度创新成果在全国复制推广。

二　河南省跨境电商发展综合指数测度分析

河南省跨境电商发展综合指数包括规模指数、成长指数、环境指数、影响指数四个二级指标，以及反映各地市进出口、跨境电商主体发展、跨境电商企业规模、国际/港澳台邮政行业发展、电子商务发展、跨境电商相关专业人才培养等方面情况的 35 个三级指标。一部分数据由河南省各地市商务局提供，另一部分数据由课题组收集。指数的测算主要包括三个步骤：首先对所获取的数据进行整理和分析，其次利用专家法确定各指标的权重，最后通过熵值法计算得出指数。

（一）河南省跨境电商发展综合指数分析

2023 年河南省跨境电商发展综合指数反映了河南省整体与各地市跨境电商总体发展水平，包括跨境电商主体规模、成长速度、环境支撑、经济影响四个方面。综合指数不仅关注跨境电商发展规模与速度，也关注多项环境支撑基本要素以及跨境电商对传统电商与外贸的影响程度，河南省跨境电商发展综合指数测评结果如图 1 所示。

河南省各城市的跨境电商发展水平存在显著差异。受复杂严峻的国际经济形势影响，各城市综合指数较 2022 年有升有降，其中综合指数高于

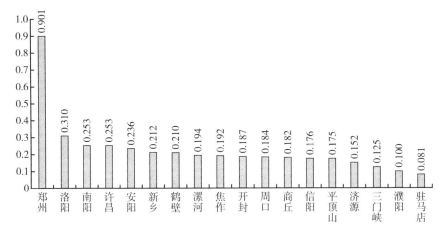

图1 2023年河南省跨境电商发展综合指数

2022年的城市有洛阳、许昌、安阳、新乡、鹤壁、漯河、焦作、开封、周口、信阳、平顶山、济源、三门峡，而郑州、南阳、商丘、濮阳、驻马店的综合指数较2022年略有下降，多数城市的跨境电商发展水平都有了进一步提高，发展格局依然是以郑州市为主导，其综合实力仍然大幅领先其他城市。

（二）河南省跨境电商发展规模指数

规模指数的计算基于跨境电商进出口额、跨境电商企业数量、跨境电商企业数量占电商企业数量的比重、跨境电商培训孵化示范基地数量以及跨境电商综合园区数量五个指标，通过熵值法计算相应数值，反映河南省各城市跨境电商发展的实际规模。其中，跨境电商进出口额直观反映该地区跨境电商的发展程度，跨境电商企业数量、跨境电商企业数量占电商企业数量的比重反映了该地区跨境电商活跃度，跨境电商培训孵化示范基地数量以及跨境电商综合园区数量则反映了该地区跨境电商发展所必需的配套基础设施建设情况。跨境电商规模指数数值越大，表明跨境电商发展规模越大。2023年河南省各城市跨境电商发展规模指数测评结果如图2所示。

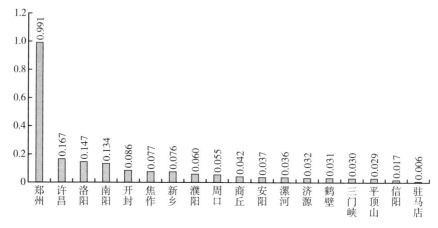

图 2 2023 年河南省跨境电商发展规模指数

从整体上看，郑州市跨境电商发展规模依然是最大的；许昌相较 2022 年有所提高，仅次于郑州，洛阳、南阳紧跟其后。郑州、许昌、洛阳、新乡、漯河、济源、信阳指数较 2022 年有所提高，南阳、平顶山、驻马店、开封、焦作、濮阳、周口、商丘、安阳、鹤壁、三门峡指数相较 2022 年略有降低。但从跨境电商进出口额来看，全省所有地市跨境电商发展均正向增长，这说明各地市跨境电商在 2023 年都有了进一步发展。

（三）河南省跨境电商发展成长指数

成长指数的计算基于跨境电商进出口额、跨境电商进出口额增长率、跨境电商出口额、跨境电商出口额增长率、跨境电商进口额、跨境电商进口额增长率等指标，通过熵值法计算相应数值，反映各城市跨境电商的成长性。跨境电商成长指数越大，表明跨境电商成长性越好。2023 年河南省各城市跨境电商发展成长指数测评结果如图 3 所示。

河南省各城市跨境电商成长性差异在逐渐缩小，郑州、安阳、漯河跨境电商成长较快，成长性较好。与规模指数不同，成长指数采用了较多的比例指标，所以基数较小的城市成长指数可能会更高，如跨境电商进出口额增长率超过 20% 的周口、安阳、鹤壁以及跨境电商进出口额增长率超过

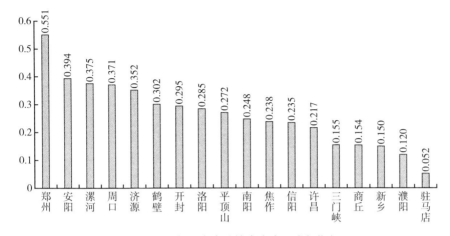

图3 2023年河南省跨境电商发展成长指数

10%的洛阳、平顶山、南阳、济源等城市的成长指数较高。由于大部分城市均实现了高速增长，说明跨境电商对于促进传统外贸、电商行业转型升级发挥了更大的作用，融合度更高，河南省跨境电商整体实力得到了进一步提升。

（四）河南省跨境电商发展环境指数

环境指数的计算以各城市电子商务发展情况、海外仓发展水平、物流规模、外贸进出口水平、跨境电商人才培养五个方面的25项指标为依据，通过熵值法计算数值，反映了影响各城市跨境电商发展的环境因素。跨境电商环境指数越高，表明跨境电商发展环境越成熟。2023年河南省各城市跨境电商发展环境指数测评结果如图4所示。

郑州的跨境电商发展环境指数明显优于其他城市，这说明郑州市在电子商务发展情况、海外仓发展水平、物流规模、外贸进出口水平、跨境电商人才培养五个方面发展更为成熟。大多数城市的环境指数较2022年都有明显提高，除了郑州，各地环境指数的差异也在逐渐缩小，说明河南省各城市的跨境电商发展环境都有了进一步改善。

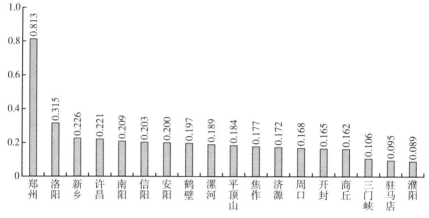

图4　2023年河南省跨境电商发展环境指数

（五）河南省跨境电商发展影响指数

影响指数以各城市跨境电商进出口额占该城市外贸进出口额的比重、跨境电商进出口额占该城市电子商务交易额的比重、跨境电商企业占该城市进出口贸易企业的比重为依据，通过熵值法计算数值，反映了跨境电商对传统外贸和电子商务的驱动效果。跨境电商影响指数数值越大，说明跨境电商对当地传统外贸和电子商务的影响越大。2023年河南省各城市跨境电商发展影响指数测评结果如图5所示。

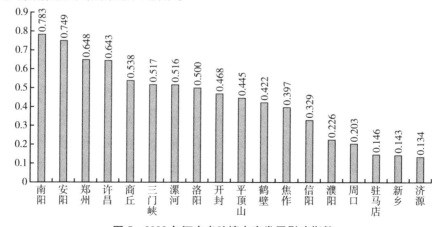

图5　2023年河南省跨境电商发展影响指数

南阳、安阳、郑州、许昌、商丘、三门峡、漯河的影响指数较高。除了郑州，其他城市由于产业结构单一、外贸进出口整体规模基数小，以及跨境电商进出口增速高于外贸进出口增速，影响指数相较 2022 年都有不同程度的提升，主要得益于三个方面的因素：一是跨境电商在当地进一步发展；二是跨境电商促进传统外贸与电商转型升级效果显著；三是从河南省到各地市都出台了一系列扶持跨境电商发展的政策，跨境电商作为新的经济增长点，为河南省各地市经济发展赋能增效。

三　河南省跨境电商发展区域分析

本文将各地市规模指数、成长指数、环境指数、影响指数的数值与河南省平均值相比较，确定全省各地市跨境电商发展水平分别处于发展成熟期、快速成长期、起步调整期三个阶段。处于发展成熟期的城市规模指数与影响指数大于全省平均值，处于快速成长期的城市成长指数与影响指数均大于全省平均值，处于起步调整期的城市仅有一个指数大于平均值，或四个指数均低于全省平均值。

（一）发展成熟期

从 2023 年河南省跨境电商发展四个分项指数的测算结果，可以看出郑州、许昌、洛阳、南阳四个城市处于发展成熟期，四个城市的规模指数与影响指数显著高于全省平均水平。发展成熟期城市各分项指数平均值与全省平均值的对比如图 6 所示。

自跨境电商指数发布以来，郑州、许昌、洛阳、南阳跨境电商交易规模不断扩大，发展速度不断提升，发展环境逐年改善，对当地经济发展起到了重要的推动作用。在这四个城市中，洛阳与南阳的跨境电商进出口额增速均高于河南省平均水平，郑州、许昌跨境电商进出口额增速虽然低于全省平均水平，但从规模指数、环境指数、影响指数来看，跨境电商对于推动其外贸

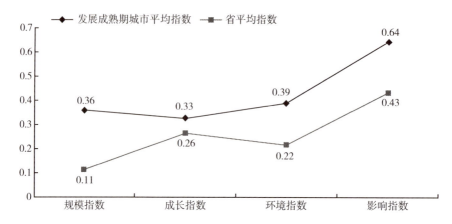

图6 2023年发展成熟期城市与全省平均值对比

发展依然起到了重要作用。发展成熟期城市跨境电商分项指数与全省平均值对比如图7所示。

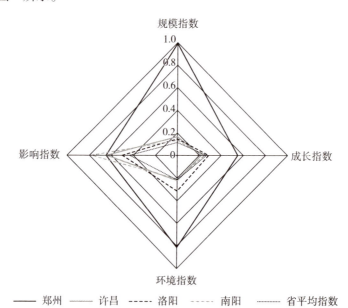

图7 2023年发展成熟期城市跨境电商分项指数与全省平均值对比

本文选取致欧家居科技股份有限公司作为典型案例进行分析。

致欧家居科技股份有限公司（以下简称"致欧科技"），借助跨境电商平台，经过十多年的发展，成为河南家居行业跨境电商"第一股"。2023年致欧科技实现营业收入60.74亿元，同比增长11.34%；归母净利润4.13亿元，同比增长65.08%；经营活动产生的现金流量净额14.99亿元，同比增长51.72%。

致欧科技拥有家居品牌Songmics、风格家具品牌Vasagle及宠物家居品牌Feandrea三大品牌，产品先后进入欧洲、北美等70余个国家和地区，累计服务超2000万户全球家庭用户。其成功经验包括三个方面：一是采用多平台布局，主要通过亚马逊、OTTO、Cdiscount、Mano等海外主流线上零售平台，经过产品研发与设计、外协生产及采购、跨境运输及仓储、线上销售及客户服务等业务环节，将设计感、高便捷且物超所值的家具家居产品销售给欧洲、北美、日本等国家和地区的消费者；二是注重客户购买体验，提升物流服务效率，致欧科技采取"国内外仓+平台仓+第三方合作仓"的跨境仓储物流体系，并建立"国内集货仓+境外海外仓"的双仓联动模式，海外仓分布在德国、美国、英国等国家和地区，目前已达33万平方米，支撑其提供高质量的尾程派送和售后服务，多个产品长期居海外电商平台细分类目前列；三是注重供应链管理，致欧科技建立了多层次的供应商梯队，通过主/副供应商模式保证产能弹性空间，通过完备的供应商准入、初期考核、日常考核以及淘汰机制确保相对稳定的产品质量与供应效率。根据Marketplace Pulse发布的"亚马逊卖家排行榜"（Top Amazon Marketplace Sellers），致欧科技在亚马逊德国、法国、英国和意大利等站点的家居家具品类中排名第一。

（二）快速成长期

快速成长期城市成长指数与影响指数均大于全省平均值，根据2023年河南省跨境电商发展四个分项指数可以看出，处在快速成长期的城市有开封、安阳、漯河、平顶山，四个城市的成长指数与影响指数均高于全省平均值。快速成长期城市各分项指数平均值与全省平均值的对比如图 8 所示。

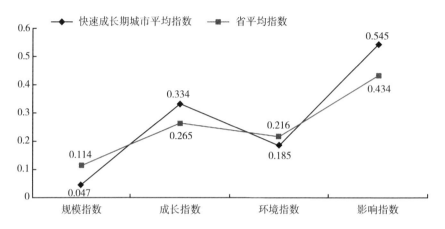

图 8　2023 年快速成长期城市与全省平均值对比

　　快速成长期城市的规模指数与环境指数平均值低于全省平均值，说明这些城市尽管跨境电商发展速度较快，但整体规模较小，跨境电商与地方产业融合发展仍然有待提高，成长指数、影响指数均高于全省平均值，说明相较于 2022 年，跨境电商对于当地经济发展的促进效果更为显著。

　　本文选取鹿邑化妆刷特色产业带作为典型案例进行分析。

　　河南省周口市鹿邑县作为中国化妆刷之城，有化妆刷企业 257 家，全县化妆刷相关产业经营主体达 1000 多家，吸纳就业 5 万多人，化妆刷出口量占全国九成以上，产品销往欧美、日本、韩国等 20 多个国家和地区，香奈儿、雅诗兰黛、欧莱雅、宝洁等世界顶级化妆品品牌的化妆刷都在鹿邑生产，鹿邑产的尾毛化妆刷更是占全球产量的 80% ~ 90%。在中国，每 10 把化妆刷至少有 5 把出自鹿邑；而每 10 把出口的羊毛化妆刷，有 9 把是鹿邑生产的。鹿邑县每年生产化妆刷超 1.5 亿套，年销售额超 130 亿元，其化妆刷产业在全国市场的份额在 50% 以上。

　　鹿邑化妆刷跨境电商发展有以下特点：一是完善配套基础设施，鹿邑县持续完善配套基础设施，提升服务能力，将园区内化妆刷产品、产量等相关数据与中国化妆刷网、中国邮政物流园等平台实时对接，充分畅通物流渠道，投资 5000 万元建成河南省化妆刷产品质量监督检验中心，配备 310 台（套）检验检测设备，可对化妆刷全产业链产品进行质量检测；二是注重生产技术创新，改良制作工艺，以创新引领品牌建设，当地企业创建自主品牌 60 多个，研发了美容化妆笔、航空仪器刷等 14 大类 100 多种产品，授权专利 214 项，申报技术专利 90 多项，以鹿邑县隆泽刷料有限公司为例，其开发了独特拉丝技术，塑料颗粒被加热至 125 摄氏度后，经机器拉伸定型为人造纤维毛，直径只有 0.075 毫米，弹性更好，精密度更高，亲肤、易洗，做出的化妆刷品质更好；三是实行品牌化战略，利用大数据分析消费者使用习惯，对化妆刷产品的形状、功能等进行多方面改进，创立自主品牌，并新建中高档化妆刷生产线，陆续创建了蔻莲娜、惠姿蔓、蓝魅儿、花之暖、宜宝诗等 50 多个自主品牌，与欧莱雅、香奈儿、雅诗兰黛、宝洁、雅芳等十多个全球一线品牌建立长期合作关系；四是以扶持政策为导向，以化妆刷产业带为基础吸引上中下游企业入驻，上百家化妆刷和配套企业落户鹿邑，形成了化妆刷生产所需的尾毛、口管、铝皮、木柄、拉丝、箱包等完整的产业链。

（三）发展调整期

处在发展调整期的城市仅有一个指数高于全省平均值，或四个分项指数均低于全省平均值。根据 2023 年河南省跨境电商发展四个分项指数，处于发展调整期的城市有焦作、新乡、濮阳、周口、商丘、济源、鹤壁、三门峡、信阳、驻马店。发展调整期城市分项指数平均值与全省各项指数平均值对比结果如图 9 所示。

发展调整期城市四个分项指数平均值均低于全省平均值。其中新乡环境指数高于全省平均值，周口、鹤壁、济源成长指数高于全省平均值，商丘、三门峡影响指数高于全省平均值，焦作在跨境电商规模指数上也处在全省前列，因此处在发展调整期并不意味着跨境电商发展滞后。这些城市的跨境电商发展正处于转型升级调整中，主要体现在以下四个方面：一是地方经济规

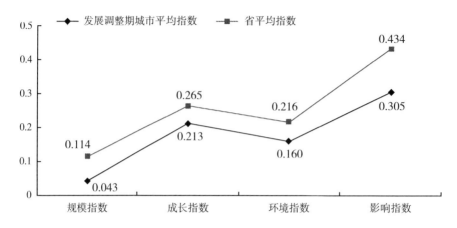

图9 2023年发展调整期城市均值与全省平均值对比

模小,在全省占比较低;二是地方产业基础薄弱,产业链整体价值较低,"跨境电商+产业带"模式可整合资源少;三是经济发展比较落后,不利于培育跨境电商企业;四是人才短缺,由于跨境电商发展水平低,导致城市对相关人才吸引力弱。

四 结语

本文从跨境电商主体规模、成长速度、环境支撑、经济影响四个方面对河南省各城市跨境电商发展水平进行了评估,得出以下结论。

首先,按照河南省跨境电商各城市综合指数将河南省各城市跨境电商产业发展划分为发展成熟期、快速成长期、发展调整期三个阶段,郑州、许昌、洛阳、南阳处于发展成熟期;开封、安阳、漯河、平顶山处于快速成长期;焦作、新乡、濮阳、周口、商丘、鹤壁、济源、三门峡、信阳、驻马店处于发展调整期。

其次,发展成熟期的四个城市规模指数、影响指数两个分项指数高于全省平均水平,发展趋于成熟;快速成长期的四个城市成长指数与影响指数均高于全省平均水平,但规模整体较小,环境仍有待进一步改善;处在发展调整期的城市尽管各分项指数大多低于全省平均水平，但也有各自的亮点与潜力，且指数结果受多种因素影响，如地区产业单一、发展规模较小，与跨境电商融合度较高，影响指数有可能会偏高、规模指数将会偏低，因此，看待发展调整期的城市应从客观出发，综合评价各地市跨境电商发展水平。

最后，河南省跨境电商发展不均衡，地区间发展水平差异明显。各地的经济基础、营商环境、传统外贸跨境电商的融合程度，跨境电商人才培养，配套和综合服务水平等因素都会影响其跨境电商发展水平，因此，各城市应重点关注并提升四个指数，这样才有利于实现地区跨境电商高质量发展。

为进一步加快河南省跨境电商产业发展，本文提出如下建议。

一是持续发挥政策优势。通过提供税收优惠和贷款、补贴或其他金融手段为企业提供财政支持，持续优化通关流程，提高通关效率，降低企业综合成本，不断开拓海外市场，加强国际合作，放宽市场准入限制，为企业进入更多国家市场提供引导与扶持。

二是不断推进技术创新。打造一站式综合服务平台，利用区块链技术、大数据分析、人工智能等进行技术创新，建立信息、物流、支付、通关、法律等一系列综合服务平台。此外，要以跨境电商为媒介，通过数字化手段走向国际市场，做大做强，打造国际品牌，找到新的经济增长点，带动传统优势产业转型升级。

三是提高"跨境电商+产业带"模式发展质量。鼓励龙头企业做大做强，推动企业数字化转型，提升产品质量，注重品牌建设，集聚供应链上中下游企业，提高产业带整体价值。开辟新的国际市场，拉动内需，进而丰富地方产业结构，带动产业链上中下游配套企业发展，打造高价值产业集群，提升跨境电商发展水平。

四是培养跨境电商技能型人才。引进跨境电商高端人才与管理团队，提升企业国际化经营水平，同时加强高校与企业的合作交流，促进产教融合，按需培养，优化跨境电商专业人才培养方案，提升从业人员的专业技能，为跨境电商行业提供有效人才供给。

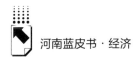
参考文献

杜海涛：《"新三样"产品出口突破万亿元》，《人民日报》2024 年 1 月 13 日。

李彦国、郭佳：《中国跨境电商稳步拉动外贸增长促全球供应链深度融合》，"中国新闻网"百家号，2024 年 9 月 27 日，https：//baijiahao. baidu. com/s？id = 181133930579 3410609&wfr = spider&for = pc。

王歌：《同向发力　链接世界　推动跨境电商高质量发展》，《河南日报》2024 年 5 月 12 日。

宋敏：《去年全省跨境电商进出口额同比增长 7. 3%》，《河南日报》2024 年 1 月 30 日。

张倩、孙婷婷：《中国邮政布局在郑建立航铁全网型枢纽口岸》，《郑州日报》2024 年 5 月 11 日。

侯爱敏：《去年全省外贸进出口排名全国第九蝉联中部第一》，《郑州日报》2024 年 1 月 19 日。

宋敏：《2023 年河南外贸进出口总值超 8100 亿元》，《河南日报》2024 年 1 月 19 日。

金艾琳：《新郑综保区进出口规模全国第一》，《河南商报》2024 年 1 月 22 日。

欧雪：《海运费上涨致净利润率下降　致欧科技持续布局亚马逊》，21 世纪网，2024 年 5 月 9 日，https：//www. 21jingji. com/article/20240509/herald/b4c9ab0dcac4a70e86754 d39395575cb. html。

分析预测篇

B.5
2024~2025年河南省产业发展形势
分析与展望

樊林峰*

摘 要： 全球经济格局深度调整，科技进步日新月异，产业发展也正经历着前所未有的变革与重塑。2024年以来，河南省产业发展保持稳中向好的发展态势，产业转型升级取得了显著成效，一、二、三产业均保持较快增长，产业结构持续优化，产业布局日趋合理，企业竞争力不断提升，但是与发达省份相比，在产业竞争力、产业布局、企业创新能力等方面差距依然存在。2025年，河南省要把握有利机遇，化解不利风险，从强化顶层设计、完善政策引导、加强政策协同、增强要素保障四个方面着手，推动产业发展再上新台阶。

关键词： 产业发展 产业政策 产业结构 产业布局

---

* 樊林峰，博士，河南省社会科学院经济研究所助理研究员，主要研究方向为产业经济和劳动经济。

随着国家中部崛起、黄河流域生态保护和高质量发展战略的持续推进，河南省产业发展展现出前所未有的活力与潜力。2024年，河南省依托其深厚的文化底蕴、优越的地理位置和丰富的资源禀赋，正加速构建现代化产业体系，力促传统产业转型升级与新兴产业蓬勃发展并举。数字经济、先进制造业、现代农业及现代服务业等多领域齐头并进，创新驱动发展战略深入实施，为河南省产业高质量发展注入了强劲动力。2025年，河南省应继续深化改革开放，优化营商环境，吸引国内外优质资源汇聚，谱写中原大地产业繁荣的新辉煌。

一 2024年河南省产业发展现状分析

（一）三大产业稳步增长，工业增长势头良好

2024年以来，河南省三大产业均呈现稳步增长的态势，为全省经济持续发展注入了强劲动力，为全年经济目标的顺利实现奠定了坚实基础。2024年1~6月，河南省地区生产总值为31231.44亿元，剔除通货膨胀影响，同比增长4.9%，其中第一产业增加值达到2353.03亿元，增速为3.7%；第二产业增加值达到12293.40亿元，增速为7.5%；第三产业增加值达到16585.00亿元，增速为3.2%。2024年以来三大产业增加值始终保持稳步增长的趋势（见图1）。河南省2024年1~6月第一产业、第二产业增加值增速分别高于全国平均水平0.2个和1.7个百分点，而第三产业增加值增速低于全国1.4个百分点，增速在全国排第22位。这表明河南省产业发展还有较大的提升空间，后续发展动力仍有待培育。

工业生产保持良好的增长势头。从工业生产和工业企业的盈利情况来看，2024年7月，河南省规模以上工业增加值同比增长6.4%。2024年以来，河南省规模以上工业增加值增速每个月均保持在6%以上（见图2）。2024年1~7月，规模以上工业增加值增速为7.6%，高于全国平均水平1.7个百分点。2024年6月以来，规模以上工业企业营业收入累计增速开始扭

转从 2023 年以来持续为负的情况，2024 年 7 月规模以上工业企业营业收入累计增速为 1%。2024 年以来，河南省规模以上工业企业的利润总额累计增速始终保持 10% 以上（见图 3），位列全国前三。

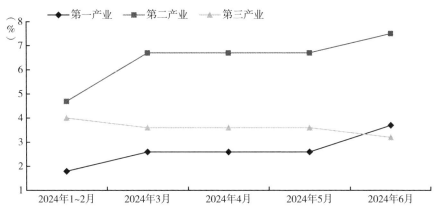

图 1　河南省一、二、三产业月度增加值增速变化趋势图

数据来源：河南省统计局统计月报。

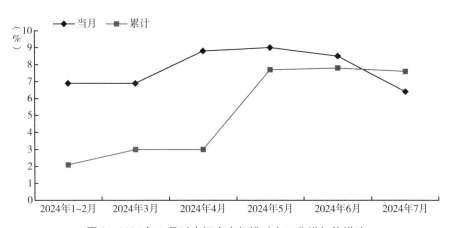

图 2　2024 年 1 月以来河南省规模以上工业增加值增速

数据来源：河南省统计局统计月报。

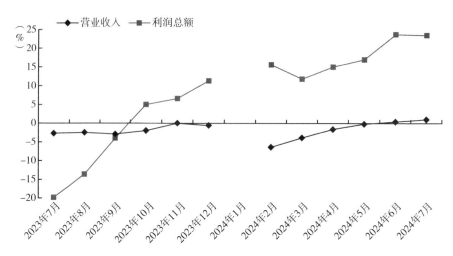

图3　2023年7月以来规模以上工业企业的营业收入和利润总额累计增速

数据来源：规模以上工业企业营业收入累计增速来源于国家统计局网站分省月度数据，利润总额增速数据来源于河南省统计局统计月报。

注：河南省统计局未公布2024年1月统计月报，2024年2月统计月报中规模以上工业企业利润总额为2024年1月和2月合计；国家统计局网站公布的分省月度数据缺2024年1月规模以上工业企业的营业收入数据。

（二）产业结构持续优化，中心周边结构互补

2024年上半年，河南省地区生产总值中三次产业结构为7.5∶39.4∶53.1，与上年同期相比，第一产业基本持平，第二产业比重降低了2.7个百分点，第三产业比重增加了2.6个百分点。第三产业比重上升一方面表明河南省加快推动现代服务业发展实施方案已经初见成效，另一方面也表明服务业对河南省经济增长的推动作用显著增强。从近几年三次产业增加值占比增速的变化趋势来看，第三产业增加值在地区生产总值中的占比增速始终保持在1%左右，第二产业增加值占比增速2023年以来保持增长的趋势，第三产业增加值占比增速则逐年递减，甚至在2023年和2024年上半年增加值占比开始加速降低（见图4）。

从2024年上半年河南省各城市的产业结构来看，地域差异较为明显（见图5）。本文根据三次产业在地区生产总值中的占比情况，

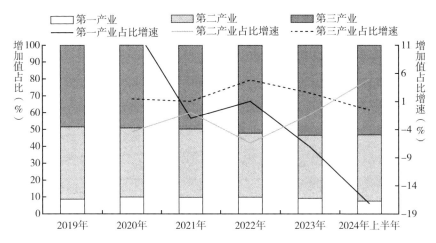

图4 三次产业增加值占地区生产总值比重变化趋势图

数据来源：河南省统计局统计月报。

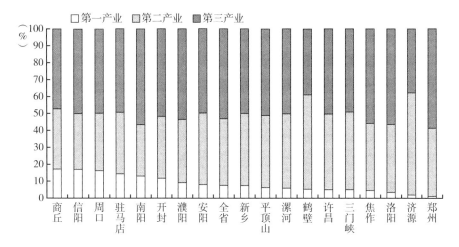

图5 2024年上半年河南省各城市三次产业增加值占地区生产总值比重

数据来源：河南省统计局统计月报。

将河南省各城市产业结构划分为四种类型。第一类以郑州为代表城市。郑州独树一帜，是全省主要依靠第三产业拉动经济增长的标杆，郑州地区生产总值中三次产业结构为1.1∶40.3∶58.7；第二类以鹤壁和济源为代表城市，以第二产业为主，第二产业的占比较高，均达到60%以上；第三类以商丘、信阳和周口为代表城市，第一产业增加值占比较大，基本上都超过15%；其余城市的产业结构则为第四类，总体表现为三次产业增加值的占比在1：4：5。从表1可以看出，在"十四五"期间，河南省各城市产业结构类型的转变。总体而言，除了鹤壁和济源，河南省各城市产业结构基本完成了从"二、三、一"向"三、二、一"的转变。

表1　河南省各城市三产结构变动

类型	2021年	2022年	2023年	2024年上半年
第一类 （三、二、一）	郑州、洛阳	郑州、洛阳	郑州、洛阳	郑州、洛阳
第二类 （三、二、一）	开封、濮阳、安阳、新乡、平顶山、漯河、焦作	开封、濮阳、安阳、新乡、平顶山、漯河、焦作	许昌、开封、濮阳、安阳、新乡、平顶山、漯河、三门峡、焦作	许昌、驻马店、南阳、开封、濮阳、安阳、新乡、平顶山、漯河、三门峡、焦作
第三类 （三、二、一）	信阳、商丘、驻马店、周口、南阳	商丘、信阳、驻马店、周口、南阳	商丘、周口、驻马店、南阳、信阳	商丘、信阳、周口
第四类 （二、三、一）	济源、鹤壁、三门峡、许昌	鹤壁、许昌、三门峡、济源	济源、鹤壁	济源、鹤壁

数据来源：2023年和2024年根据河南省统计局统计月报公布的三次产业增加值占比数据分类；2021年和2022年依据《河南统计年鉴》中的三次产业增加值在地区生产总值中的占比数据分类。

注：表1将产业结构类型划分为四类，第一类、第二类和第三类均为一、二、三产业增加值依次增加；其中第一类为第一产业增加值占比低于5%，第二类为一、二、三产业增加值比值约为1：4：5，第三类为第一产业增加值占比大于15%。第四类为第二产业增加值的占比大于第三产业，且第三产业增加值占比大于第一产业。

（三）产业布局日趋合理，主导产业支撑有力

河南省产业在地域分布上形成了以郑州为核心，以许昌和洛阳等为支撑的布局。2024年上半年，河南省各城市三次产业增加值的情况显示，第一产业增加值较高的城市分别为南阳、商丘和周口；第二产业增加值较高的城市分别为郑州、洛阳和许昌；第三产业增加值较高的城市为郑州、洛阳和南阳。郑州、洛阳的第二产业和第三产业增加值在全省均处于较高水平，许昌

第二产业增加值和南阳第三产业增加值在全省均居前列，表明河南省建立以郑州为中心辐射洛阳、南阳和许昌等的五大产业圈已初见成效。第一产业增加值较高的城市位于河南省东部和西南部，也是河南省的主要产粮区域。

从2022年各城市细分行业增加值来看，郑州农林牧渔业增加值较低，其余行业增加值在全省均为最高。洛阳农林牧渔业增加值偏低，其余行业的增加值均较高；南阳农林牧渔业增加值为全省最高，工业和建筑业增加值偏低，其余行业的增加值均较高。

从国家级战略新兴产业集群的地区分布来看，河南省共有4个国家级产业集群，分别是郑州市信息服务业产业集群、郑州市下一代信息网络产业集群、许昌市节能环保产业集群和平顶山市新型功能材料产业集群。从制造业头雁企业和农业产业化龙头企业在全省的地域分布来看，制造业头雁企业数量较多的城市为郑州、洛阳和新乡，其余城市也都分布有制造业头雁企业，但是数量偏少；河南省农业产业化龙头企业数量排名前三的城市为信阳、南阳和商丘（见表2）。

表2 河南省各城市制造业头雁企业和农业产业化龙头企业数量分布情况

单位：家

城市	制造业头雁企业	农业产业化龙头企业
郑州	21	55
开封	2	40
洛阳	13	51
平顶山	6	73
安阳	3	45
鹤壁	2	28
新乡	11	66
焦作	8	60
濮阳	5	47
许昌	5	48
漯河	2	32
三门峡	2	26

续表

城市	制造业头雁企业	农业产业化龙头企业
南阳	9	99
商丘	1	87
信阳	4	132
周口	2	81
驻马店	2	84
济源	2	13

数据来源：河南省工业和信息化厅公布的2024年河南省制造业头雁企业拟定名单和河南省人民政府公布的农业产业化龙头企业名单。

（四）新兴产业持续发力，战略引领效果凸显

河南省陆续出台制造业强省的方案和计划，着力培育重点产业链，并以培育产业集群和重点产业链为抓手，加快推进新型工业化。在河南省委、省政府的重视和引导下，河南省战略性新兴产业增加值始终保持增长趋势，2024年上半年增加值增速在8%左右（见图6）。2022年，河

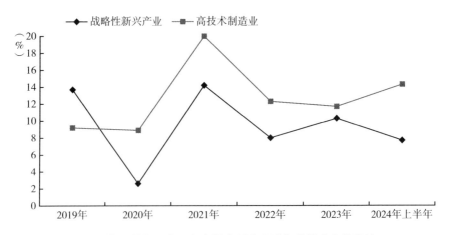

图6　战略性新兴产业和高技术制造业增加值增速变化趋势

数据来源：河南省统计局统计月报。

南省发布第一批省战略性新兴产业集群名单，战略性新兴产业集群分布在郑州、南阳、洛阳、平顶山、鹤壁、新乡、焦作、濮阳、许昌、三门峡、商丘、周口和济源，其中郑州和南阳分别具有两个战略性新兴产业集群，其余11个城市各拥有战略性新兴产业集群1个，战略性新兴产业主要集中在装备制造、电子电器、生物医药和新材料领域（见表3）。

表3 河南省第一批战略性新兴产业集群名单的地域分布情况

城市	集群名称	数量
郑州	新能源及智能网联汽车产业集群	2
	高端装备产业集群	
南阳	生物医药产业集群	2
	光电信息产业集群	
洛阳	智能制造装备产业集群	1
平顶山	智能制造装备产业集群	1
鹤壁	电子核心产业(电子电器)集群	1
新乡	生物医药产业集群	1
焦作	锂离子电池新材料产业集群	1
濮阳	新型功能材料产业集群	1
许昌	硅碳新材料产业集群	1
三门峡	金属新材料产业集群	1
商丘	高新区生物医药产业集群	1
周口	生物降解材料产业集群	1
济源	纳米新材料产业集群	1

数据来源：河南省发展和改革委员会公布的河南省战略性新兴产业集群名单。

未来产业是具有战略性、引领性、颠覆性和不确定性的前瞻性新兴产业，是引领科技进步、带动产业升级、培育新质生产力的战略布局领域。河南省为把握新一轮科技革命和产业革命，颁布了《河南省"十四五"战略性新兴产业和未来产业发展规划》。2023年，河南省建设了中原量子谷，加快在量子计算、量子通信、量子测量、量子材料、量子芯片等产业领域的技术攻关，推进相关技术应用成果在河南落地转化与产业化。与此同时，宇通客车发布行业首家氢燃料电池客车产品公告，河南电池研究院与同济大学合作建成年产500台套（40千瓦）的氢燃料电池堆示范线。腾讯研究院和清华大学联合发布的《数字化转型指数报告2023》，使用集聚度、活跃度、成长性和多样性四个指标衡量了各省份未来产业发展情况，河南省在未来产业活跃度和多样性指标中分别排第14位和第15位。

河南省提出加快构建"底座牢固、资源富集、创新活跃、应用繁荣、治理有序"的现代化大数据产业体系，积极完善产业配套。2024年上半年，河南省大数据产业规模突破1600亿元，增长率超过25%；数据交易规模进一步扩大，上架数据产品和服务超1500个，交易额突破15亿元。按照《河南省大数据产业发展行动计划（2022—2025年）》的目标，到2025年，河南省大数据产业规模突破2000亿元，产业规模居全国第一方阵。《中国大数据产业发展指数报告（2024版）》显示，河南省大数据产业发展总指数在全国排第10位，其中，大数据产业水平、产业创新和产业环境分别排第13位、第8位和第7位，尤其是产业创新较上年提升7个位次。

（五）优质企业基数不足，但数量呈递增趋势

中国企业联合会、中国企业家协会发布了2024年中国企业500强名单，河南省入围企业有13家，入围企业数量在全国排第11位，与河南经济全国第五的地位不相称，与广东、山东、浙江、江苏等经济大省相比差距较大。2024年中国制造业企业500强名单中河南企业有24家，相比2023年减少1家；2024年中国服务业企业500强名单中河南企业有11家。总体而言，河南省优势企业数量不多，但是优势企业的数量呈现递增趋势。中国服务业企业500强入围企业数量增长速度最快，从2015年没有企业入围，到2024年有11家企业入围（见图7）。

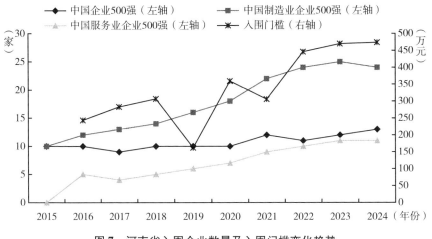

图7 河南省入围企业数量及入围门槛变化趋势

数据来源：中国企业联合会和中国企业家协会在2015~2024年发布的中国企业500强、中国制造业企业500强和中国服务业企业500强名单。

二 河南省产业发展所面临的突出问题

（一）三次产业融合发展不足

河南省在三次产业融合发展方面存在的主要问题表现为各产业间的协作机制尚不健全，融合深度与广度有待提升。从第一产业和第二产业的融合来看，农产品加工的附加值提升不够显著，高附加值产品占比不高。从第一产业与第三产业的融合来看，农业与第三产业的融合也面临挑战，休闲农业、乡村旅游等新型业态虽然有所发展，但仍存在规模较小、品牌影响力有限、旅游专业人才不足、旅游配套基础设施不完善等问题，未能充分带动农民增收和农村经济发展。从第二产业和第三产业的融合来看，2022年《河南统计年鉴》数据显示，河南省信息传输、软件和信息技术服务业，科学研究和技术服务业增加值占地区生产总值的比重分别为6.07%和2.00%，占比相对偏低。河南省在生产性服务业，特别是现代服务业、金融业、信息技术

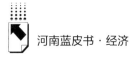

服务业等领域的发展不充分，与国内发达地区相比存在较大差距，尚未完全释放对先进制造业的强大赋能作用。

（二）工业转型升级任重道远

河南省作为全国原材料大省，煤炭、钢铁、有色金属等传统产业占比较高。从重工业和轻工业的占比来看，2024 年 1~7 月，河南省规模以上重工业和轻工业增加值占规模以上工业增加值的比重分别为 70.9% 和 29.1%，重工业占比较高，轻工业发展相对滞后。这种结构导致能源和原材料消耗大，而高附加值、高技术含量的产品较少。从高能耗行业和能源原材料工业来看，2024 年 1~7 月，河南省高耗能行业和能源原材料工业增加值占规模以工业增加值的比重分别为 35.5% 和 48.4%，这意味着全省工业仍然以传统制造业和能源原材料工业为主。从代表产业技术升级的战略性新兴产业和高技术制造业的发展情况来看，2024 年 1~7 月，全省战略性新兴产业和高技术制造业增加值占规模以上工业增加值的比重分别为 23.7% 和 12.1%，占比相较于上年均有所回落。总体而言，战略性新兴产业和高技术制造业的增长较为缓慢，且与传统的高能耗行业相比不占优势，这意味着河南省产业升级的后备支撑力量仍有待加强。

（三）产业布局有同质化倾向

河南省在产业布局上存在一定程度的同质化倾向。从各城市重点发展的行业来看，多个产业领域存在项目重复建设问题。在制造业领域，河南省内有 15 个城市在政府工作报告中提出要重点发展新材料产业，有 14 个城市提出要重点发展装备制造业，有 14 个城市提出要重点发展新能源产业和新能源汽车产业，有 13 个城市提出要重点发展生物医药产业，有 13 个城市提出要重点发展食品产业，有 13 个城市提出要重点发展电子信息产业（见表4）。不同地区在产业规划上的同质化，不利于形成较强的产业集群。以新能源汽车产业的发展为例，河南省内多个城市都在积极布局新能源汽车产业链，如郑州、许昌等地均有新能源汽车项目落地。河南省内新能源汽车企业的数量增长迅速，市场争夺也愈发激烈，但是部分企业的产能利用率并不高。

表4　河南省各城市2024年产业规划详情

城市	重点发展产业
郑州	电子信息、新能源汽车及电池、装备制造、新材料、生物医药、元宇宙、人工智能、量子信息、区块链、氢能、高端服务业
开封	新能源汽车、新材料、现代家居、纺织服装、新能源(储能)装备、高端装备、生物医药、绿色(装配)建筑、集成电路与智能传感器
洛阳	装备制造、石油化工、电子显示材料、新能源(锂电池、氢能)、生物医药、智能传感器
平顶山	新材料、装备制造、新能源储能、轻工纺织、绿色食品、生物医药、节能储能、电子信息
安阳	装备制造、化工、新材料、食品、纺织、新能源(风电、光电、氢电)、电子信息
鹤壁	电子信息、化工、绿色食品、新材料(镁基)、生物医药、商业航天及卫星
新乡	生物医药、新能源(锂电池、氢能)、电子信息、化工、新材料、装备制造、食品
焦作	化工、食品、装备制造、汽车零部件、新能源、新材料、生物医药、节能环保、电子信息
濮阳	新材料(聚碳、生物可降解)、新能源和半导体(光伏及风电、氢能、多晶硅)、装备制造、节能环保、信息技术、轻纺、绿色食品
许昌	新材料(硅碳、超硬材料、再生塑料)、新能源汽车、生物芯片、智能电力装备、航天
漯河	食品、新材料、智能装备制造
三门峡	新材料(铜基、铝基)、生物医药、化工、高端装备制造(新能源装备)、精密量仪产业、新能源(锂电池)、电子信息、食品
南阳	装备制造、绿色食品、新材料、生物医药、新能源汽车、轻工纺织、电子信息
商丘	纺织服装制鞋、食品、新能源汽车、新能源(光电、锂电)、新材料、电子信息、生物医药
信阳	茶产业、食品、纺织服装、钢铁材料、绿色家居、生物医药、新能源、节能环保、装备制造、电子信息
周口	食品、纺织服装、新材料(生物基)、装备制造、电子信息、生物医药
驻马店	食品、轻工纺织、装备制造、节能环保、生物医药、新材料、电子信息
济源	有色金属及深加工、钢铁、化工、装备制造、纳米材料、电子信息、新能源

数据来源：各城市2024年政府工作报告。

（四）研发投入水平有待提升

2023年，河南省研发投入强度超过2%，但是仍低于2023年同期全国平均研发投入强度 2.64%。2023 年全省财政科技支出达到 463.8 亿元，技术合同成交额达到 1367.4 亿元，同比增长 33.4%，跑出了建设国家创新高地的"加速度"，但是与全国其他省份相比，投资力度仍有待加大。从高技术产业企业办研发机构情况来看（见表 5），河南省 2022 年共有 526 家企业拥有研发机构，企业办研发机构数量为 620 家，2022 年河南省企业办研发机构的研发人员数量为 28690 人，企业办研发机构的研发经费支出为 889921 万元。高技术产业作为技术变革的领导者，是科研创新能力的重要标识，目前河南省不论是在研发机构人员数量上，还是研发经费支出上均有待提升。

表 5　2022 年全国 31 个省份高技术产业企业办研发机构情况

	有研发机构的企业数量（家）	研发机构数量（家）	研发机构人员数量（人）	研发经费支出（万元）
北　京	218	261	26423	1956713
天　津	124	169	15898	850970
河　北	429	567	16718	747844
山　西	160	174	14749	346137
内蒙古	39	49	1929	74814
辽　宁	109	158	8853	315042
吉　林	53	59	4513	251476
黑龙江	52	64	3398	87208
上　海	215	231	24156	1945542
江　苏	2974	3539	167778	7903897
浙　江	2924	3120	177080	7300859
安　徽	1000	1228	39990	1658469
福　建	350	428	45642	2459695
江　西	1279	1391	51376	1898303
山　东	886	1365	68296	2770126
河　南	526	620	28690	889921
湖　北	676	825	42227	2115715
湖　南	520	592	32447	950835
广　东	7640	8621	466003	18961621
广　西	100	109	5098	146173
海　南	27	29	1740	128053

	有研发机构的企业 数量(家)	研发机构 数量(家)	研发机构人员 数量(人)	研发经费 支出(万元)
重　庆	387	443	22987	978030
四　川	461	561	42542	1628130
贵　州	91	104	8185	417389
云　南	85	94	4237	159430
西　藏	2	2	39	2967
陕　西	130	167	14560	623071
甘　肃	34	59	2288	91829
青　海	6	6	477	27648
宁　夏	33	37	2673	219928
新　疆	12	12	439	11452

数据来源：2023年《中国高技术产业统计年鉴》。

（五）各类企业发展大而不强

河南省企业发展存在大而不强的问题，主要表现在企业数量不断增加，规模不断扩大，但是企业盈利能力却有待提升。截至2023年12月底，全省市场主体总量1094.03万户，较2022年底增长5.75%，居全国第4位。从全省规模以上工业企业的营业收入和利润情况来看，2024年以来，全省规模以上工业企业的营业收入及利润均保持增长趋势。2024年7月，全省规模以上工业企业累计营业收入为26178.8亿元，排全国第9位；累计利润总额为1048亿元，排全国第14位。从全省规模以上服务业企业营业收入及利润增长情况来看，截至2022年末，全省规模以上服务业企业累计营业收入为7689.4亿元，排全国第11位；累计利润总额为437.8亿元，排全国第12位。

三　推动河南省产业高质量发展的若干建议

2024年以来，河南深入实施"十大战略"，扎实推进"两个确保"，在

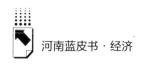
中国式现代化河南实践的征程中迈出了坚实步伐。全省上半年经济运行整体向好，创新能力和产业升级步伐明显加快，内生动力持续增强。展望未来，河南产业发展仍将面临机遇与挑战并存的局面。为此，全省上下必须强化顶层设计，完善政策引导，增强内生激励，优化发展环境，以促进产业的转型升级，实现经济的高质量发展。

（一）强化顶层设计，促进三产融合发展

充分发挥河南省委、省政府在产业规划与促进产业发展工作中的统筹作用，是促进产业融合、提升经济发展水平、实现高质量发展的关键。一是强化组织领导。河南省委、省政府应成立专门的产业规划与发展领导小组，负责统筹协调全省的产业规划与发展工作。通过制定科学合理的产业发展政策，明确产业发展方向和目标，确保各项政策措施得到有效执行。同时，加强部门间的协同合作，形成合力。二是设立三产融合发展基金。三产融合发展基金不仅可以用于支持三产融合项目的实施和推进，还可以通过基金的投入和引导，促进农业、工业、服务业等产业深度融合，推动产业链、价值链的延伸和升级。三是重点推进服务业与制造业等其他产业融合发展。通过加强服务业与制造业等产业的互动和融合，推动形成产业链上下游协同发展的良好局面。同时，注重提升服务业的质量和效益，为制造业等产业提供更加优质、高效的服务支持。

（二）完善政策引导，助力工业转型升级

推动河南产业转型升级发展，需要不断优化产业政策，强化产业发展的政策支撑。一是强化对战略性新兴产业的政策扶持。围绕新一代信息技术、高端装备制造、生物医药、新能源、新材料及节能环保等产业，运用税收、补贴和奖励等多种政策手段，培育和引进一批技术含量高、发展潜力大、带动能力强的战略性新兴产业龙头企业。二是推动传统产业转型升级。产业政策不仅要引导企业竞逐新产业赛道，而且也应该鼓励并支持传统优势产业向高端化、智能化、绿色化方向转型升级，引导并激励企业通过技术创新、模

式创新等手段，提升传统产业竞争力，确保其继续做大做强。三是重视对工业链主企业的培育。政府应该在促进产业集聚的过程中，综合使用财政和税收政策加大对工业链主企业的支持力度，增强链主企业在产业集聚过程中的聚合带动作用，以促进工业转型升级。

（三）加强政策协同，优化产业空间布局

政策协同能够打破地域壁垒，引导资源高效配置，是优化产业布局、促进区域经济协调发展的关键驱动力。一是加强各城市产业规划与省级产业规划的对接。各城市需深入理解省级产业规划的战略意图，结合自身资源禀赋和发展实际，制定与地方特色相契合的产业发展规划，确保地方规划与省级规划在方向和目标上的一致性，形成上下联动、协同推进的良好局面。二是加强不同城市之间产业规划协作。通过建立跨区域产业协作机制，打破行政壁垒，促进城市间资源共享、优势互补，形成错位发展、协同共赢的产业格局。三是加强对各城市间产业政策协同性的评价。建立科学的评价体系，定期评估各城市间产业发展的协同程度，及时发现问题并调整规划，确保产业空间布局的合理性和有效性。

（四）增强要素保障，提升企业创新能力

产业竞争力的提升、产业的转型升级、新质生产力的发展均需要要素禀赋的强力支撑。一是营造有利于创新的外部环境。创新是企业发展的生命力，政府要营造良好的创新环境，加强知识产权保护，完善知识产权服务体系，激发企业的创新活力，促进科技成果的转化和应用。二是加大资金投入并优化资源配置。政府应该增加用于研发的财政预算，同时对企业的科研支出进行税收减免。企业应该优化科研资金配置，确保每一笔资金都用在刀刃上，支持最具潜力的研发项目。三是强化人才队伍建设与培养。企业应加大对科研人才的引进和培养力度，建立激励机制，激发人才的创新活力，同时加强内部培训，提升整体科研水平，为企业的持续创新提供坚实的人才保障。

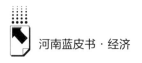

参考文献

《2024年河南省制造业头雁企业拟定名单暨2024年河南省制造业重点培育头雁企业拟定名单公示》,河南省工业和信息化厅网站,2024年7月4日,https：//gxt. henan. gov. cn/2024/07-04/3017463. html。

《河南省人民政府关于公布农业产业化省重点龙头企业名单的通知》,河南省人民政府网站,2023年1月5日,https：//www. henan. gov. cn/2023/01-05/2667861. html。

《河南启动建设中原量子谷》,《河南日报》2023年8月10日。

《河南省人民政府关于印发河南省"十四五"战略性新兴产业和未来产业发展规划的通知》,河南省人民政府网站,2022年1月24日,https：//www. henan. gov. cn/2022/01-24/2387551. html。

腾讯研究院、清华大学二十国集团产业研究中心：《数字化转型指数报告2023——子报告2：未来产业发展指数》,2023年7月,https：//research. tencent. com/report？ id = DWm4。

《河南省工业和信息化厅 河南省发展和改革委员会 河南省科学技术厅 河南省通信管理局 关于印发2024年河南省大数据产业发展工作方案的通知》,河南省工业和信息化厅网站,2024年7月3日,https：//gxt. henan. gov. cn/2024/07-03/3016792. html。

北京大学北京大数据研究院：《2024中国大数据产业发展指数重磅发布》,2024年9月21日,http：//www. bibdr. org/nd. jsp？ fromColId = 241&id = 322#_ np = 241_ 700。

《河南省人民政府办公厅关于印发河南省大数据产业发展行动计划（2022—2025年）的通知》,河南省人民政府网站,2022年9月21日,https：//www. henan. gov. cn/2022/09-21/2610744. html。

赵义文：《河南省乡村旅游高质量发展研究》,《合作经济与科技》2024年第3期。

《全省研发投入快速增长 创新活力持续提升》,河南省统计局网站,2024年1月28日,https：//tjj. henan. gov. cn/2024/01-26/2893306. html。

郭铁成：《从科技投入产出看2022—2023年中国创新发展》,《国家治理》2024年第5期。

《总量居全国第4位 河南实有经营主体1034.5万户》,大河网,2023年3月2日,https：//yshj. dahe. cn/2023/03-02/1196383. html。

B.6
2024~2025年河南省固定资产投资分析与思考

朱方政[*]

摘　要： 2024年1~8月，河南省固定资产投资稳定增长，重大项目投资支撑效应显著，工业投资较快增长、稳中求进，基础设施投资持续稳步推进，社会民生投资稳健增长，民间投资回暖趋势明显，区域投资亮点频现。2025年，随着政策环境的逐步优化、市场需求的持续回暖以及市场主体信心的进一步回升，河南省固定资产投资形势有望持续改善，增速预计保持在7%以上。未来，需要进一步强化重大项目引领，加强基础设施投资，继续鼓励民间投资，不断加大创新领域投入，持续提升投资效率，努力实现河南省固定资产投资质效双升。

关键词： 固定资产投资　民间投资　投资结构

　　2024年，河南省牢固树立"项目为王"鲜明导向，扎实推进"三个一批"项目建设活动，全省上下掀起了抓项目、强投资、增动能的热潮，固定资产投资保持了较快增长态势。随着投资环境的持续优化与投资政策的精准落地，河南省构建了一个更加开放、透明、高效的投资生态体系，极大地增强了市场主体的投资信心，涌现了一批具有战略意义与引领作用的重大项目，为实现中原崛起、河南振兴的宏伟目标奠定了更加坚实的基础。

---

　　* 朱方政，博士，河南省社会科学院经济研究所助理研究员，主要研究方向为公司金融。

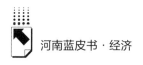

一 2024年1~8月河南省固定资产投资总体态势

（一）重大项目投资支撑效应显著

2024年以来，河南省牢固树立"项目为王"理念，把项目建设作为稳经济、扩增量的重要抓手，持续深化"三个一批"项目建设活动，重大项目投资快速推进。图1显示了2024年1~8月河南省亿元及以上项目投资增速趋势。1~2月，全省亿元及以上项目投资增速达16.0%，10亿元及以上项目投资增速更是高达21.5%。这一强劲增长态势，不仅为全省固定资产投资奠定了坚实的基础，还使1~2月全省固定资产投资同比增速达到了5.6%，较2023年全年增速加快了3.5个百分点，彰显了河南省在重大投资布局上的前瞻性和执行力。1~3月，尽管面临季节性调整，全省亿元及以上项目投资仍保持9.1%的稳健增长，其中10亿元及以上项目投资增速为6.3%，继续展现了良好的发展韧性。这一趋势在随后的1~4月得到延续，亿元及以上项目投资增速提升至14.6%，有力推动了全省固定资产投资同比增长7.0%，超出全国平均水平2.8个百分点。随着时间轴推进至1~5月，全省亿元及以上项目投资增速稳定在10.5%，重大投资项目的拉动效应愈发显著，对全省固定资产投资增长的贡献达到6.4个百分点，贡献率高达92.5%，成为支撑经济增长的关键力量。回顾2024年上半年，重大项目投资的较快增长态势得以保持，亿元及以上项目投资增速维持在10.1%，对全省固定资产投资增长的拉动作用达到6.1个百分点，有效发挥了重大投资项目的压舱石作用。1~7月，重大投资项目的支撑作用持续显现，亿元及以上项目投资增长9.7%。1~8月，全省亿元及以上项目投资增速虽略有放缓至9.4%，但仍拉动全省固定资产投资增长了5.8个百分点，贡献率高达88.2%，凸显了重大项目在稳定经济增长、优化产业结构、提升区域竞争力方面的关键作用。

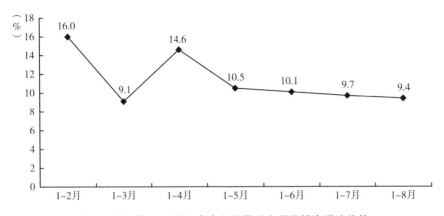

图1　2024年1~8月河南省亿元及以上项目投资增速趋势

数据来源：作者根据河南省统计局网站数据整理所得。

（二）工业投资较快增长、稳中求进

2024年以来，河南省不断优化营商环境，简化审批流程，提高政府服务效率，有效激发了工业投资的活力。图2显示了2024年1~8月河南省工业投资增速趋势。1~2月，随着一批产业类项目的开工投产达效，全省工业投资增速高达19.7%，不仅较2023年全年加快了10.8个百分点，还显著超出了全国平均水平7.8个百分点，彰显了强劲的增长动力。1~3月，工业投资增长势头得以延续，全省工业投资增速为11.4%，虽略有放缓，但仍较2023年全年加快了2.5个百分点。1~4月，工业投资进一步加速，增速攀升至23.3%，其中制造业投资与工业整体投资增速同步，达到23.3%，较第一季度大幅提升了14.4个百分点。这一阶段，电力、热力、燃气及水生产和供应业也实现了27.5%的增长，共同推动了工业投资的整体扩张。1~5月，工业投资的高速增长态势继续保持，全省工业投资增速为21.0%。值得注意的是，制造业投资继续引领增长，增速达23.2%，而采矿业投资则出现了8.3%的同比下降，形成了一定程度的拖累。回顾2024年上半年，全省工业投资持续保持两位数增长，增速达18.4%。进入下半年，1~7月，全省工业投资增速进一步提升至21.7%，较上半年加快了3.3个百分点，高

于全国平均水平9.2个百分点。在这一阶段，采矿业投资实现了2.2%的同比增长，扭转了此前的下降趋势，而制造业投资继续高歌猛进，增速达25.0%。1～8月，河南省工业投资保持两位数快速增长，同比增速达21.5%，充分展示了河南省工业投资的强劲增长势头。其中，食品制造业和专用设备制造业投资分别实现了43.2%和30.9%的显著增长，成为推动工业投资增长的重要力量。

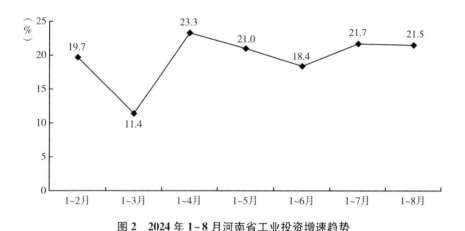

图2　2024年1～8月河南省工业投资增速趋势

数据来源：作者根据河南省统计局网站数据整理所得。

在总量快速增长的同时，河南省工业投资也呈现结构不断优化、新动能持续培育的良好态势。一方面，新领域投资成为工业投资增长的重要引擎。特别是在高技术制造业领域，投资增长尤为迅猛。2024年上半年，全省高技术制造业投资增速达到8.4%，其中计算机及办公设备制造业、医药制造业投资分别实现了38.9%和29.6%的高速增长，凸显了河南省在新兴产业领域的布局和投入力度。进入下半年，这一趋势得以延续并加强，1～7月，全省高技术制造业投资增速提升至12.8%，航空航天器及设备制造业、计算机及办公设备制造业、医疗仪器设备及仪器仪表制造业投资分别实现了1.7倍、40.8%和39.8%的显著增长。1～8月，全省高技术制造业投资虽然有所放缓，但依然保持了12.6%的增速，进一步彰显了河南省在创新驱动发展战略下的投资方向和决心。另一方面，河南省在加快发展新质生产力、培育新动能方面取得了积极进展。这主要体现在技改投资的力度明显加大，成为推动工业投资结构优化和产业升级的重要力量。2024年1~4月，全省工业技改投资增长11.1%，其中制造业技改投资增长更是达到17.7%，表明企业在技术创新和升级改造方面的积极态度。这一良好态势得到保持，1~5月、1~6月以及1~7月，工业技改投资均实现了稳定增长，且制造业技改投资增长始终保持在较高水平，为河南省工业投资的结构优化和产业升级提供了有力支撑。

（三）基础设施投资持续稳步推进

2024年，在政策有力引导、重大项目高效推进以及市场需求强劲的驱动下，河南省基础设施投资保持了较快增长势头。尽管下半年增速有所放缓，但依然实现了正增长，呈现稳步推进的状态。图3显示了2024年1~8月河南省基础设施投资增速趋势。1~2月，河南省基础设施投资增速显著加快，全省基础设施投资增长率达到18.2%，较2023年全年加快了13.6个百分点，并高出全国平均水平11.9个百分点，彰显了河南省在基础设施投资上的强劲动力。尤为突出的是，交通运输和邮政业投资实现了51.0%的显著增长，信息传输业紧随其后，投资增长了33.1%，两者共同构成了河南省基础设施投资增长的主要驱动力。1~3月，全省基础设施投资增速虽有所放缓，但仍保持高于全国平均水平的增长态势，增长率为9.5%，高出全国平均3.0个百分点。在细分领域中，道路运输业、交通运输和邮政业、信息传输业的投资增速则分别达到了16.0%、21.4%和32.0%，成为稳定增长的重要支柱。1~4月，基础设施投资继续保持平稳增长态势，全省增长率稳定在8.1%，信息传输业投资实现了50.2%的快速增长。这一稳健增长趋势在1~5月得以延续，基础设施投资增长率维持在8.1%。2024年上半年，全省基础设施投资增长率为6.1%，其中信息传输业，水利、环境和公共设施管理业的投资分别增长了30.6%和13.4%。这一数据表明，河南省在基础设施投资领域正在加速推进信息化建设，并注重提升公共设施水平。

进入下半年，基础设施投资增速开始有所回落。1～7月，全省基础设施投资增长率降至2.2%，较上半年回落了3.9个百分点，但水利、环境和公共设施管理业的投资仍保持了10.1%的同比增长。1～8月，全省基础设施投资增长率降至1.1%，这一变化反映了在持续推进基础设施建设的同时，河南省也面临着投资结构调整的挑战和经济增长压力。

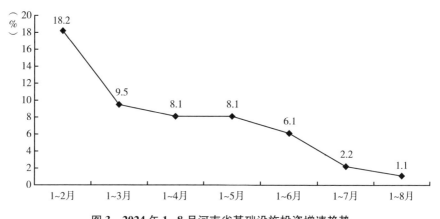

图3　2024年1～8月河南省基础设施投资增速趋势

数据来源：作者根据河南省统计局网站数据整理所得。

（四）社会民生投资稳健增长

近年来，河南省持续推进精准施策与资源高效配置，切实增进民生福祉，促进经济与社会发展的同频共振，教育、医疗、文化、体育、环境等社会民生领域投资的潜力和活力不断释放。2024年1～2月，教育投资以及水利、环境和公共设施管理业投资率先发力，分别实现了20.8%与19.6%的显著增长，为后续投资增长奠定了坚实基础。1～3月教育领域的投资增速进一步提升至24.5%，显示了教育作为民生之基的重要地位得到了进一步强化。进入第二季度，教育投资增长势头不减，与水利、环境和公共设施管理业的投资一同构成了社会民生领域投资的双轮驱动。1～4月，教育投资增速攀升至31.7%，水利、环境和公共设施管理业也实现了15.2%的稳健增长。1~5月，社会民生领域的整体投资增速达到12.4%，其中教育投资与生态保护和环境治理业投资分别实现了32.1%与27.9%的高速增长，凸显了政府在提升公共服务质量和生态环境保护方面的决心。回顾2024年上半年，社会民生领域投资呈现较快的回升态势，整体增长8.3%，较第一季度回升了12.5个百分点，教育投资保持了24.5%的稳健增长，成为拉动社会民生领域投资回升的重要力量。2024年1~7月，全省社会民生领域投资增速提升至9.8%，教育投资与生态保护和环境治理业投资继续保持稳定增长，增速分别为20.9%与15.6%。这一趋势在1~8月得到了延续，1~8月全省社会民生领域投资增长9.7%，其中教育投资增速虽有所放缓但仍保持15.7%的较高水平。同时，水利、环境和公共设施管理业投资增速达到了13.1%，生态保护和环境治理业投资增速更是高达29.1%，这既是对前期投资政策的积极响应，也是对未来可持续发展战略的深入布局。

（五）民间投资回暖趋势明显

2024年，随着市场需求回暖以及优惠政策实施，民间投资在多个领域展现强劲的增长势头，说明全省民间投资者信心在回升，有效推动了河南省经济稳步增长和高质量发展。图4显示了2024年1~8月河南省民间投资增速趋势。1~2月，全省民间投资实现了由负转正的关键性转变，增速达到2.5%，这一转折不仅标志着民间投资活力的复苏，也预示着全省投资环境的逐步改善。值得注意的是，民间制造业投资增长尤为突出，增速达14.5%，反映了制造业领域民间资本的活跃度和投资信心的提升。1~3月，民间投资恢复态势得以延续，全省民间投资增速稳定在1.8%，不仅保持了正增长的趋势，还高于全国平均水平1.3个百分点。1~4月，全省民间投资增速提升至7.3%，高于全国平均水平7.0个百分点，这一显著增长不仅彰显了民间投资活力的持续释放，也反映了政府对民间投资的引导和支持政策效应逐渐显现。1~5月，民间投资的恢复速度进一步加快，全省民间投资增长率达到了10.3%，实现了2024年以来首次两位数增长。从2024年上半年的整体表现来看，民间投资保持恢复性增长，全省民间投资增速稳定在

9.0%，这一稳定增长态势不仅增强了市场信心，也为全省经济稳健发展提供了有力支撑。1~7月，全省民间投资增速略有加快，达到了9.8%，连续四个月快于全部投资增速。1~8月，全省民间投资增速保持在9.8%，与1~7月持平。这一优异表现不仅彰显了民间投资在全省固定资产投资中的重要地位，也预示着未来民间投资有望继续保持稳健增长。

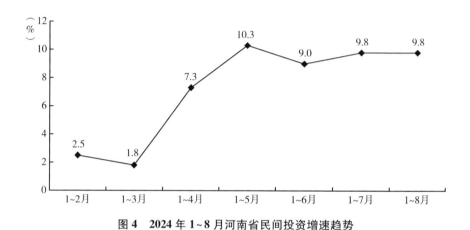

图4 2024年1~8月河南省民间投资增速趋势

数据来源：作者根据河南省统计局网站数据整理所得。

（六）区域投资亮点频现，呈多元化发展新貌

固定资产投资是反映经济社会发展的"晴雨表"。2024年以来，河南省各地市在固定资产投资方面展现了诸多亮点，不仅增速快，而且质量高，呈现多元化、特色化的发展态势。2024年1~7月，全省有12个地市的固定资产投资增速超过了10%，显示了强劲的增长动力。其中，新乡市以固定资产投资同比增长12.4%的优异表现，居全省首位。这一成就的背后，是项目投资拉动的显著作用。1~7月，新乡市项目投资增长高达19.8%，彰显了项目投资在推动地方经济发展中的重要作用。除了新乡市，濮阳市的固定资产投资也保持了较快增长。在河南赛能硅业有限公司硅烷法多晶硅项目、河南信德新材料有限公司负极前驱体新材料项目等重点建设项目的引领下，2024年1~7月，濮阳市固定资产投资同比增长了12.0%，较全国平均水平

高 8.4 个百分点。特别是制造业投资同比增长了 52.9%，增速位居全省第一。作为国家中心城市和河南省的省会，郑州市在重点领域的投资表现尤为亮眼。在现代综合立体交通网、现代能源保障网、现代水网体系等基础设施建设的强力推动下，郑州市基础设施投资保持两位数高速增长态势。同时，郑州市固定资产投资的质量也在迅速提升，全市航空航天器及设备制造业、医药制造业、医疗仪器设备及仪器仪表制造业等创新投资领域呈现迅猛增长态势，2024 年 1~7 月，这三类产业的投资分别同比增长 484.8%、135.8% 和 93.5%。洛阳市在高技术制造业投资方面也取得了显著进展。2024 年 1~7 月，洛阳市医疗仪器设备及仪器仪表制造业投资增长了 1 倍，电子及通信设备制造业投资增长了 96.9%，而航空航天器及设备制造业投资增长更是达到了 2.2 倍。

二 2024~2025年河南省固定资产投资趋势展望

2025 年是"十四五"收官之年，也是河南省经济发展迈向新台阶、寻求新突破的关键之年。固定资产投资不仅是经济增长的重要引擎，更是推动产业结构优化升级、提升经济综合竞争力的关键力量。进一步促进全省固定资产投资规模增长，是深入贯彻新发展理念、推动经济高质量发展的关键举措，对于加快构建新发展格局、实现"两个确保"奋斗目标具有重要意义。在全球及国内经济环境面临诸多不确定性的背景下，河南省凭借其坚实的经济基础、活跃的市场主体和不断优化的营商环境，为固定资产投资提供了良好的外部环境，预计 2025 年全省固定资产投资增速将保持在 7% 以上。

（一）2025年河南省固定资产投资增长的有利条件

1. "三个一批"项目建设活动持续推进，重大项目支撑基础良好

面临多种不利因素，随着国家稳经济一揽子政策的逐步落地，河南经济展现了一定的韧性，固定资产投资持续增长，尤其是重大项目带动效应明显，2024 年 1~8 月，亿元及以上项目投资增速为 9.4%，对全省投资增长的

贡献率达88.2%。这表明河南省在推动产业升级和重大项目建设方面取得了显著成效，为固定资产投资持续增长奠定了坚实基础。展望2025年，"三个一批"项目建设活动将持续推进，通过实施项目滚动推进机制，确保重大项目不断档、投资增长有支撑，预计亿元及以上项目对全省投资增长的贡献率继续保持在较高水平，将直接拉动河南省固定资产投资快速增长，并通过产业链带动效应，促进相关配套产业的发展，有利于进一步扩大投资规模。

2. 升级转型步伐加快，投资结构不断优化

未来几年，河南省将更加注重投资的质量和效益，加大对制造业等领域的投资力度，投资结构的优化升级有助于提升河南省经济的整体竞争力和可持续发展能力，对于2025年实现固定资产投资进一步增长具有重要意义。一方面，制造业是河南省经济的重要支柱，近年来，河南省围绕"先进制造业强省"目标，实施制造业重点产业链高质量发展行动，聚焦新材料、新能源汽车、电子信息、先进装备等七大先进制造业集群和28个重点产业链，推动产业向高端化、智能化、绿色化转型。另一方面，随着高新技术产业加速崛起，高新技术产业成了河南省经济转型升级的重要引擎。近年来，河南省加大对高新技术产业的投资力度，支持关键技术研发和产业化应用，推动产业链向价值链高端攀升。2025年，随着中原科技城、中原量子谷以及河南省科学院北龙湖创新基地的建设，一批标志性科技成果的产出和转化将带动更多高新技术项目落地，从而推动全省投资结构不断优化升级。

3. 新兴领域前景广阔，投资潜力逐步显现

随着河南省加快数字化转型步伐和推动绿色低碳转型战略的实施，未来几年，数字经济、新能源、新材料等新兴领域的投资将为河南省固定资产投资注入新的活力。《河南省"十四五"数字经济和信息化发展规划》明确提出，加快推动数字产业化、产业数字化，做大做强数字经济，建设数字河南，推动全省经济社会高质量发展，这为数字经济领域的投资提供了强有力的支持，吸引了大量社会资本进入该领域。近年来，数字经济在河南省的应用场景已经渗透制造业、服务业、农业等多个领域，推动了这些领域的数字化转型和智能化升级。随着政策激励和应用场景的渗透，河南省在5G网络、数据中心、云计算等领域加速布局，以满足日益增长的数字化需求。据统计，截至2024年7月底，河南省5G基站总数达21.05万个，全省4.5万个行政村全部实现5G网络联通。同时，数据中心和云计算平台的建设也将迎来高潮，为数字经济领域的投资提供广阔空间。此外，近年来河南省在新能源与新材料领域亦保持了快速增长态势，成为固定资产投资的重要组成部分。展望2025年，河南省还将致力于培育新材料产业链，特别是超硬材料、新型高温材料等先进制造业集群的培育与壮大，预示着新材料领域的投资规模将进一步扩大。

4.第三产业投资稳固，持续增长动力强劲

在经济持续迈向高质量发展的征途中，第三产业已成为拉动河南省经济增长的关键力量。2024年上半年，全省第三产业显示了强大的发展活力和增长潜力，规上服务业平稳增长，新兴服务业快速增长，全省铁路旅客、货物运输量分别增长19.3%、8.4%，机场旅客、货物吞吐量分别增长11.4%、28.9%。虽然第三产业投资增长速度相较于第二产业较为平缓，但随着河南省服务业不断升级以及需求不断增加，第三产业固定资产投资有望在未来实现稳步增长。一方面，随着居民收入水平的提高和消费结构的升级，消费者对高品质、个性化服务的需求日益增长，特别是健康养老、文化旅游、教育培训等领域，将成为未来投资的热点。另一方面，以人为本的新型城镇化战略的实施，将促进人口向城市集聚，带动住房、交通、教育、医疗等基础设施和服务设施的完善，为第三产业发展提供有力支撑。2025年，河南省金融服务、文化旅游、健康养老、现代物流等第三产业投资将稳步增长，市场潜力巨大。

5.民间投资继续回暖，投资活力日益增强

过去几年，河南省民间投资经历了波动与挑战，但在政府一系列稳增长、促改革、调结构、惠民生政策的推动下，民间投资环境不断优化，投资信心逐步增强。2024年1~7月，全省民间投资实现较快增长，增速达到

9.8%。截至2024年4月底，全省经营主体数量超过1100万户，稳居全国第4位，其中超九成为民营经济主体。这表明河南省民营经济持续向好，民间投资信心持续恢复。2024年，河南省出台了《关于促进民营经济发展壮大的实施意见》，提出了包括持续破除市场准入壁垒、全面落实公平竞争政策制度、完善社会信用激励约束机制等在内的31条政策举措，为助力民营经济发展送上"大礼包"。此外，河南省还持续推进"万人助万企"活动，出台"一揽子"助企惠企政策，积极助企纾困并扶持企业做大做强，努力激活民营经济发展"一池春水"。可以预见，随着各类政策的落地和精准实施，加上经济社会的持续发展和市场环境的不断改善，2025年河南省民间投资潜力将进一步得到激发。

6. 政策调整加快，房地产投资有望触底回弹

经历了几年的深度调整，随着政策环境的逐步优化与市场需求的回暖，河南省房地产投资可能出现触底反弹的态势。从市场数据来看，河南省房地产投资已经出现了一定的触底迹象。2024年1~8月，全省房地产投资同比降幅比1~7月收窄0.2个百分点，新建商品房销售面积、销售额降幅均比1~7月收窄1.0个百分点。从政策层面来看，2024年9月26日，中共中央政治局会议明确强调要促进房地产市场止跌回稳，为房地产行业健康有序发展注入了信心和动力，也为河南省房地产投资的触底反弹带来了积极信号。同时，河南省明确要求全力打赢"保交楼"攻坚战，积极推进保障性住房规划建设、城中村改造和"平急两用"公共基础设施建设，健全合规房地产项目"白名单"制度，确保"应进尽进、应贷尽贷"，并通过提高公积金贷款额度、降低首付比例等措施，提升居民购房意愿。一方面，各项政策持续精准落地，城市居民对住房的刚性和改善型需求得到有效释放。另一方面，河南省加大了对老旧小区改造、租赁住房建设、保障性住房建设等民生工程的投入力度，形成了房地产投资新的增长点。这些因素的叠加效应推动了房地产市场回暖，为2025年河南省房地产投资触底反弹提供了有力支撑。

（二）2025年河南省固定资产投资增长的制约因素

1.基础设施投资出现下滑迹象

尽管2024年1~2月河南省基础设施投资增速显著加快，但1~7月全省基础设施投资增长率降至了2.2%，在随后的1~8月全省基础设施投资增长率更是降至1.1%。基础设施投资的具体领域，如铁路运输业、道路运输业等也出现不同程度的增速放缓甚至下滑迹象。基础设施投资下滑的原因复杂多样。一方面，基础设施投资较为依赖财政资金投入，河南省财政实力相对较弱是基础设施投资下滑的重要原因之一。河南省统计局统计月报显示，2024年1~8月河南省一般公共预算收入增速和税收收入增速分别为-6.8%、-6.1%，分别排全国第30位、第28位。展望2025年，受财政收入的限制，河南省在基础设施投资方面的资金分配可能显得捉襟见肘。另一方面，基础设施投资过程存在较多堵点。部分基础设施项目在投资决策、执行和监管过程中仍然存在不足，导致资源配置效率低下、重复建设、项目延期及成本超支等问题频发，投资回报不明显，影响后续项目跟进。在诸多因素的综合作用下，河南省基础设施投资增长较为乏力，这也成为制约2025年全省固定资产投资增长的重要因素。

2.全球经济不确定性提升

近年来，世界银行和国际货币基金组织（IMF）发布的《世界经济展望》频繁提及全球经济面临不确定性因素，包括地缘政治冲突加剧、贸易保护主义抬头、金融市场波动等。受多种不确定性因素影响，IMF在7月的报告中预测2025年全球经济增长仅为3.3%。其中，发达经济体为1.8%，新兴市场和发展中国家为4.3%。展望2025年，全球经济不确定性提升可能增加供应链中断风险，影响河南省企业的正常生产和运营，导致投资者对河南经济未来增长前景持谨慎态度，进而降低投资意愿和信心。在全球经济不确定性提升的背景下，金融市场波动还可能增加企业的融资成本，特别是金融机构可能更加谨慎地评估贷款风险，导致企业难以获得足够的资金支持。显然，在全球经济发展存在诸多不确定性因素且主

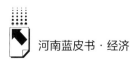
要经济体增速预期依然不足的背景下，2025年河南省固定资产投资增长将面临更加复杂的挑战。

3.投资效率仍有待进一步提高

不断提升投资效率是扩大固定资产投资的关键途径，为实现2025年固定资产投资较快增长，河南省固定资产投资效率仍有较大的提升空间。从项目储备和实施情况来看，虽然河南省牢固树立"项目为王"的鲜明导向，但全省项目建设工作仍存在一些不足，如重大项目谋划生成不足、储备数量不多、质量不高、成熟度不够等，已成为河南省项目建设的明显短板。从投资审批流程、要素保障、进展调度等方面来看，河南省在优化投资环境、提升投资效率等方面仍有较大提升空间。尽管政府已采取了一系列措施，如推进"并联办理+协调机制"、重塑再造投资审批流程等，但与国内一些先进地区相比，投资效率的提升仍需更多实质性改革和创新。同时，受制于永久基本农田保护、群众集体利益赔付等诸多复杂因素，一些项目难以落地，特别是新增占压基本农田的部分高速公路附属设施、省道、铁路专用线项目等难以办理用地预审手续。从资金来源和融资结构来看，尽管河南省政府积极拓宽融资渠道支持企业投资，但资金利用效率不高的问题依然存在。一方面，部分企业在获得资金后未能有效规划和使用，导致资金闲置或浪费；另一方面，一些地区在分配和使用财政资金时缺乏科学性和透明度，导致资金未能充分发挥投资效益。总之，在投资效率方面存在的种种制约因素，可能对2025年河南省固定资产投资增长产生重大不利影响。

三　2024~2025年河南省固定资产投资对策建议

（一）强化重大项目引领，稳固投资支撑基础

为进一步提升固定资产投资效率与质量，应继续强化"项目为王"战略导向，将重大项目作为拉动经济增长、促进产业升级的关键引擎，并依托大数据、云计算等现代信息技术手段，建立全省统一的重大项目信息库。该

信息库需涵盖项目储备、进度跟踪、绩效评价等多个维度，对入库项目实施分类指导、分级管理，确保资源要素能够精准、高效地向优质项目倾斜，避免资源浪费与低效投资。在此基础上，全省应进一步深化实施"三个一批"项目建设活动，形成项目梯次推进、滚动实施的良性循环。对于签约阶段的项目，需进一步加强前期论证与风险评估，确保项目符合河南省产业发展方向与战略规划，吸引更多高质量、高效益的项目落户河南。对于开工阶段的项目，要强化要素保障，优化施工环境，确保项目能够顺利推进，早日形成实物工作量。对于投产阶段的项目，要注重达产达效，通过政策扶持与市场引导，推动项目尽快发挥经济效益与社会效益。此外，为确保重大项目顺利实施，还需继续深化"放管服"改革，持续优化营商环境。通过简化审批程序、提高服务效率、降低企业成本等措施，激发市场活力与社会创造力，为重大项目提供便捷、高效的服务环境。

（二）加强基础设施投资，筑牢发展基石

基础设施投资是稳经济、扩内需、增动能的关键抓手。应立足河南省交通区位优势和产业发展潜力，以基础设施建设为先导，推动固定资产投资向高质量、高效益转变。在投资方向上，应聚焦通信网络、交通物流、能源水利等重点领域，特别是要加快5G网络、高速铁路、城市地铁、新能源等新型基础设施建设，形成传统与新型基础设施协同发展的格局，为河南省的数字化转型和绿色发展奠定坚实基础。在通信网络方面，应持续推进5G网络深度覆盖和广度延伸，加快数据中心、云计算中心等新型信息基础设施建设，构建高效、安全、泛在的信息通信网络体系，为数字经济和智慧城市发展提供强大支撑。在交通物流方面，应充分利用河南省作为全国重要交通枢纽的地理优势，加快高速铁路、城际铁路、高速公路和城市地铁等交通基础设施建设，形成内联外通、高效便捷的综合交通网络。同时，要加强物流园区、冷链物流、智慧物流等新兴物流基础设施建设，提升物流效率和服务水平，打造具有国际影响力的枢纽经济。在能源水利方面，应加快新能源和可再生能源项目建设，推动能源结构优化升级，提高能源安全保障能力。同

时，要加强水利基础设施建设，提高防洪排涝、水资源调配和节水灌溉能力，为农业生产和生态安全提供有力保障。此外，还应注重传统基础设施与新型基础设施的融合发展，通过数字化、智能化技术改造提升传统基础设施的效率和效益，形成传统基础设施与新型基础设施相互促进、协同发展的良好局面。

（三）继续鼓励民间投资，不断增强市场活力

民间投资作为经济活动的重要驱动力，对于促进经济增长、优化资源配置以及激发市场活力具有不可替代的战略地位。在投资环境方面，应着力于打造公平透明、可预期的投资环境。通过简化行政审批流程，实施"一网通办""最多跑一次"等便民措施，进一步降低制度性交易成本，让民间投资者在轻松便捷的环境中感受到政府的支持与诚意。同时，要坚决打破民间投资的市场准入壁垒，消除"玻璃门""弹簧门"等现象，确保各类市场主体在公平竞争中茁壮成长。在资金流向方面，应积极探索并建立政府与社会资本合作的长效机制。要精心筛选一批有市场、有潜力、有回报的 PPP 项目，加强项目监管和绩效评价，确保民间资本的投资回报得到合理保障，有效激发民间资本的投资热情与创新活力，形成政府引导、市场主导、社会参与的多元化投资格局，为河南省的固定资产投资注入新动力。在融资渠道方面，应充分利用金融市场工具，创新固定资产投资融资方式，为民间投资者提供更加多元和便捷的融资渠道。一方面，要积极发展股权融资、债券融资等直接融资方式，降低民间投资者的融资成本；另一方面，要加强金融市场的监管和风险防范，确保融资活动的合规性和安全性，为民间投资者创造稳定、可靠的融资环境。

（四）不断加大创新领域投入，驱动投资结构优化升级

加大创新驱动领域固定资产投资力度，不仅是响应国家创新驱动发展战略的必然要求，更是实现河南省经济高质量发展的关键举措。首先，应进一步强化创新平台建设，提升科研基础设施投资水平。推动中原科技城、中原

量子谷及河南省科学院北龙湖创新基地等高端创新载体建设，加大对高校科技成果转化和技术转移基地、校企共建研发中心的支持力度，构建产学研深度融合的创新生态系统。其次，应加大对工业技改投资的支持力度，推动传统产业向高端化、智能化、绿色化迈进。一方面，加大对制造业企业的技改投资补贴与税收优惠力度，鼓励企业采用新技术、新工艺、新设备对传统生产线进行升级改造。另一方面，设立专项技改基金，重点支持关键共性技术突破、产业链关键环节提升及资源节约型、环境友好型技术的推广应用。最后，还应积极发展耐心资本，充分利用耐心资本的优势，引导资金投资周期长、风险高但潜力巨大的创新项目。积极发展耐心资本，不仅是对河南省创新驱动领域投资策略的深化，也是构建长期稳定创新生态系统的必然选择。应通过政策引导和市场机制，鼓励社会资本设立专注于科技创新的长期投资基金，为初创期、成长期的高科技企业及科研项目提供持续的资金支持，并不断优化"募投管退"全链条制度，增强资本参与创新投资的积极性和可持续性。

（五）持续提升投资效率，避免低效重复建设

在经济发展新形势下，不断提升投资效率，减少低效重复建设项目，可以避免资源浪费和错配，确保每一笔投资都能发挥最大的经济效益和社会效益，这不仅是应对经济下行压力的有效手段，更是推动经济结构优化、增强发展后劲的关键举措。针对提升投资效率的目标，河南省在实践中已经积累了一些宝贵的经验，通过科学谋划、精准施策，一批高质量、高效益的项目得以顺利实施，为全省经济社会发展注入了强劲动力。未来，为进一步提升投资效率，应不断加强项目规划和审批的严谨性，完善项目评估体系，对拟建项目进行全面的可行性分析和风险评估，并强化政府部门的监管职责，加大对违规建设项目的查处力度，确保每一个项目都能符合地区发展战略需求，避免盲目跟风和短期行为。同时，还应进一步加强与周边省份及省内各地区的协同联动，通过签订区域合作协议、共建产业园区等方式，实现资源共享、优势互补。特别是在基础设施建设、新兴产业布局等重点领域，加强

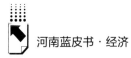
规划对接，依托郑州都市圈、洛阳与南阳副中心城市建设，围绕"一主两副、一圈四区多节点"的城镇空间格局，优化产业布局，促进产业链上下游协同，减少同质化竞争，避免盲目投资与重复建设，形成区域间错位发展、协同发展的新格局。

参考文献

梁慧歆、宋宇：《有效提升固定资产投资质量》，《宏观经济管理》2023 年第 12 期。

李天健：《重大投资项目发挥带动作用的时空逻辑》，《中国软科学》2024 年第 5 期。

牛嘉玮：《我国固定资产投资演变特征、基本经验和发展建议》，《西南金融》2024 年第 1 期。

《2024 年 8 月份全省经济运行情况》，河南省统计局网站，2024 年 9 月 18 日，https：//tjj. henan. gov. cn/2024/09-18/3063979. html。

B.7

2024~2025年河南省消费市场
形势分析与展望[*]

石 涛[**]

摘　要： 2024年，河南省消费市场呈现良好的发展态势，消费规模明显扩大，增速持续加快。从区域来看，河南各地市消费市场差异明显，集中度略有下降；河南省消费市场在中部六省中保持规模优势，消费增速明显快于其他地区。从结构来看，河南省限额以上商品消费中，品质类商品消费增速明显加快、基本生活用品类商品消费保持快速增长、出行类商品消费保持稳定，餐饮收入增速快于商品零售收入增速、农村地区消费增速快于城镇地区，消费需求结构变化明显。随着国家扩大内需政策发力，2025年河南省消费市场发展将面临机遇和挑战，预计全年社会消费品零售总额规模持续扩大，增速保持在6.5%左右。

关键词： 消费品　社会消费品零售　河南省

2024年，在全球经济复苏放缓、国内经济压力仍然存在的客观现实下，河南省锚定"两个确保"，扎实推进"十大战略"，全力推进扩需求、转动能、培育新质生产力，全省消费市场呈现良好的发展态势。2025年，国内外经济形势及地缘政治格局变化较大，在推进中国式现代化建设实践的背景

* 基金项目：本文得到"中原英才——中原青年拔尖人才计划"、河南省博士后科研经费项目的支持。

** 石涛，博士后，河南省社会科学院经济研究所副所长，副研究员，主要研究方向为金融风险与金融监管、大数据治理与公共政策、区域经济。

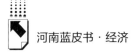
下，河南省消费市场面临机遇与挑战。分析 2024 年河南省消费市场发展的客观现实，展望 2025 年河南省消费市场发展的主要趋向，对于保持河南省消费市场良好发展态势，释放河南消费动力，具有重要的现实意义。

一　2024年河南省消费市场总体态势分析

2024 年，河南省消费市场保持稳中向好、持续增长的发展态势，1～8 月，全省社会消费品零售总额绝对值达到 17451.96，同比增长 5.7%，高于全国同期增速 2.3 个百分点。同时，河南省不同地市之间消费市场差异依然突出，河南省在中部六省中消费市场规模优势持续凸显。

（一）河南省消费市场发展态势分析

总体上，2024 年河南省消费市场保持稳中有进、整体向好的发展态势。河南省消费市场规模持续扩大。2024 年 1～8 月，河南省社会消费品零售总额绝对值为 17451.96 亿元，较上年同期增加 944.95 亿元，消费规模持续扩大（见图 1）。同时，河南省社会消费品零售总额绝对值占全国的比重为 5.59%，较 2023 年同期提高了 0.13 个百分点，这表明河南省消费市场规模

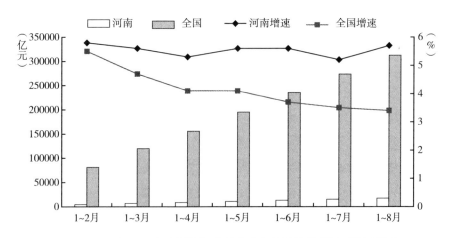

图 1　2024 年 1~8 月全国及河南社会消费品零售总额绝对值及增速

占全国的比重稳步上升，消费市场重要性增强。河南省消费市场增速持续加快。2024年1~8月，河南省社会消费品零售总额增速为5.7%，高于上年同期0.7个百分点；高于全国同期2.3个百分点，河南省消费市场增速明显加快，并高于全国平均水平。

（二）河南省地市消费市场发展情况分析

如图2所示，2024年河南省17个省辖市和济源示范区的消费市场总体保持较好发展态势。从总体发展走势看，2024年1~7月，河南省18个地市社会消费品零售总额绝对值、同比增速均值分别为848.14亿元、5.90%，消费规模稳中有升，增速明显加快。从地区消费市场规模看，2024年1~7月，郑州、洛阳、南阳、周口、商丘五个地市社会消费品零售总额保持在全省前五，这五个地市消费规模集中度为53.4%，明显低于2022年同期，表明全省消费市场规模有发散迹象。从地区消费市场增速看，2024年1~7月，许昌、驻马店、信阳、周口、鹤壁五个地市社会消费品零售总额增速位居全省前五，这五个地市同比增速均值为6.8%，高于全省同比增速0.9个百分点，明显高于2022年水平。

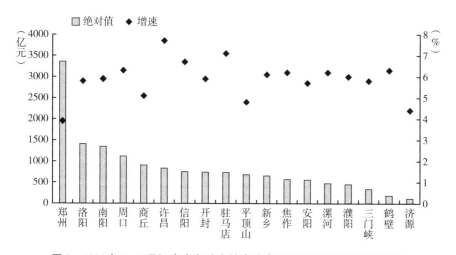

图2　2024年1~7月河南省各地市社会消费品零售总额绝对值及增速

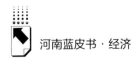

（三）中部六省消费市场发展情况分析

对比分析2024年1~6月中部六省消费市场情况，如表1所示。一是消费市场规模稳步扩大。2024年上半年，中部六省社会消费品零售总额达到57092.0亿元，比上年同期增加2695.57亿元，消费品市场规模持续扩大；同比增速均值为4.7%，低于上年2.0个百分点，消费增速略微收窄。二是河南省在中部六省中保持消费规模优势。2024年上半年，河南省、湖北省、湖南省、安徽省、江西省、山西省的社会消费品零售总额分别为13244.17亿元、11346.12亿元、10169.9亿元、11996.9亿元、6462.8亿元、3872.1亿元，分别较上年同期增长708.6亿元、588.7亿元、547.7亿元、468.5亿元、299.5亿元、82.6亿元，河南省消费规模增加值最高，其次是湖北省和湖南省，与2023年上半年情况基本相同。同时，2024年上半年，河南省社会消费品零售总额绝对值较湖北省、湖南省、安徽省、江西省、山西省同期分别高出1898.05亿元、3074.27亿元、1247.27亿元、6781.37亿元、9372.07亿元，较2023年同期差距分别扩大119.7亿元、160.8亿元、240.0亿元、409.0亿元、625.9亿元，这充分说明河南省消费市场规模优势持续迸发。三是河南省消费增速明显加快。2024年上半年，河南省、湖北省、湖南省、安徽省、江西省、山西省的社会消费品零售总额同比增速分别为5.6%、5.5%、5.7%、4.1%、4.9%、2.2%，河南省增速分别高出湖北省、安徽省、江西省、山西省同期增速0.1个百分点、1.5个百分点、0.7个百分点、3.4个百分点，低于湖南省0.1个百分点。总体上，2024年上半年中部六省消费市场保持了良好的发展态势，河南省保持消费市场规模优势，消费增长态势明显。

表1　2024年上半年中部六省消费市场发展情况

地区	总额（亿元）	规模差（亿元）	增速（%）	增速差（百分点）
河南省	13244.17	—	5.6	—
湖北省	11346.12	1898.05	5.5	0.1
湖南省	10169.90	3074.27	5.7	−0.1

地区	总额(亿元)	规模差(亿元)	增速(%)	增速差(百分点)
安徽省	11996.90	1247.27	4.1	1.5
江西省	6462.80	6781.37	4.9	0.7
山西省	3872.10	9372.07	2.2	3.4

注：规模差以河南省总额为基准值，增速差以河南省增速为基准值。

二 2024年河南省消费市场运行特点分析

2024年1~8月，河南省限额以上单位商品零售消费整体保持稳定发展态势，餐饮收入增速快于商品零售收入增速、农村地区消费增速快于城镇地区，消费需求结构变化明显。

（一）商品消费普遍快速增长

2024年1~8月，河南省限额以上15种商品中，有12种商品消费实现同比正向增长，限额以上商品消费增长面快速扩大，整体呈现快速增长态势。具体来看，品质类商品消费增速明显加快。2024年1~8月，河南省限额以上品质类商品中，金银珠宝、通信器材类商品零售额分别增长21.5%、34%，明显快于其他商品。值得注意的是，金银珠宝类商品零售额连续5个月保持20%以上的增速，增速明显快于其他商品。基本生活用品类商品消费增速保持较快增长态势，2024年1~8月，河南省限额以上基本生活用品类商品中，粮油食品、饮料、烟酒、日用类商品零售额分别增长17.6%、17.1%、13.6%、10.7%（见图3），且上述商品增速连续6个月保持稳定。出行类商品保持稳定增长。2024年1~8月，限额以上石油及制品类商品零售额为1526.08亿元，同比增速基本稳定在12%左右，保持较为稳定的发展态势。

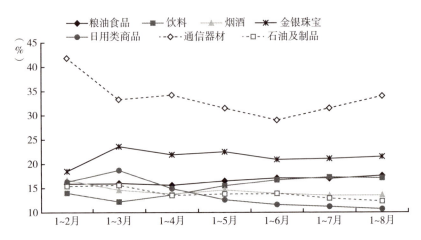

图3 2024年1~8月河南省限额以上主要商品增速趋势

（二）餐饮收入增速快于商品零售收入增速

总体上，河南省限额以上商品零售收入高于餐饮收入，餐饮收入增速高于商品零售收入增速，如图4所示。从规模上看，2024年1~8月，河南省限额以上商品零售收入为4196.63亿元，餐饮收入为276.89亿元，商品销售收入增加值较上年略有收窄。从增速上看，2024年1~8月，河南省限额以上商品零售收入增速及餐饮收入增速分别为7.0%、8.2%，较

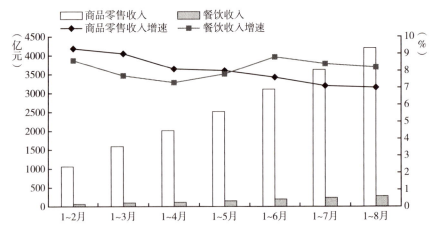

图4 2024年1~8月河南省限额以上商品零售收入及餐饮收入趋势

上年同期分别提高 0.7 个百分点、3.3 个百分点，商品零售收入增速及餐饮收入增速持续加快，餐饮收入增速明显快于商品零售收入增速。从结构上看，2024 年 1~8 月，河南省限额以上商品零售收入及餐饮收入占限额以上商品零售额的比重分别为 93.8%、6.2%，商品零售收入比重有所下降，餐饮收入比重略有上升。

（三）城乡消费变中趋稳

河南省城镇地区限额以上商品零售额持续高于农村地区，农村地区限额以上商品零售额增速持续快于城镇地区。从规模来看，2024 年 1~8 月，河南省城镇地区限额以上商品销售额为 4199.42 亿元，相应地农村地区限额以上商品销售额为 274.1 亿元。同时，城镇地区限额以上商品销售额与农村地区限额以上商品销售额的比值为 15.3，较 2023 年同期有所下降，表明河南省城镇地区与乡村地区的消费市场规模差距有收窄迹象。从增速来看，2024 年 1~8 月，河南省城镇地区和农村地区限额以上商品销售额增速分别为 6.8%、12.1%，农村地区增速明显快于城镇地区（见图 5）。

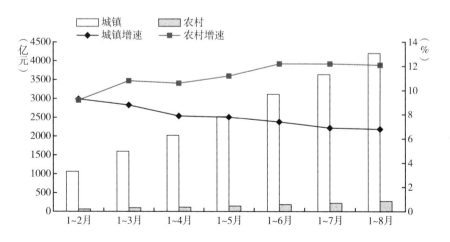

图 5　2024 年 1~8 月河南省城乡限额以上商品消费发展趋势

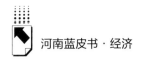

三 2024年河南省消费市场的重要影响因素

2024年，河南省经济发展呈现稳中向好态势，城乡居民收入和消费支出逐步提高，为稳固全省消费市场夯实了基础。但是，受全球宏观经济压力等多种因素影响，2024年河南省消费市场潜力尚未完全释放。

（一）河南省消费市场发展的支撑因素

2024年，河南省城乡居民收入持续提升，居民消费价格指数总体平稳，电子商务交易规模保持稳定增长态势，经济运行向好态势凸显，夯实了全省消费市场良好发展态势的基础。

1. 城乡居民收入和支出稳步增长

2024年上半年，河南省居民人均可支配收入为14962元、人均消费支出为10835元，较上年同期分别增加806元、506元，同比增速分别为5.7%、4.9%，全省人均可支配收入及消费支出持续提升，保持稳定的增长态势，为全省消费市场的持续扩容提供了有效支撑。

2. 居民消费价格指数保持平稳

2024年8月河南省居民消费价格指数同比上涨1个百分点，略高于全国平均水平0.4个百分点，1~8月河南省居民消费价格指数稳定在100左右，全省消费价格指数基本稳定。分类型来看，2024年8月河南省食品烟酒类、衣着类、居住类、生活用品及服务类、交通和通信类、教育文化和娱乐类、医疗保健类、其他用品和服务类商品消费价格指数分别为102.1、100.6、99.9、99.9、97、101.9、104.2、104，除了医疗保健类及其他用品和服务类商品消费价格指数同比增速较快，其他种类商品消费价格指数持续处于温和波动状态，与全国相应种类商品消费价格指数波动基本一致。可见，河南省居民消费价格指数整体处于温和波动的态势，为全省消费市场发展提供了良好的价格环境。

3. 电子商务交易额稳步增长

2024年上半年，河南省服务类和商品类电子商务交易额达到6638.2亿元，继续稳居全国第十位，保持稳步增长的发展态势。一是交易额稳步提升。2024年上半年，河南省商品类、服务类电子商务交易额分别达到4996.0亿元、1642.2亿元，较上年同期增长10.3%、13.0%，交易规模持续扩大，保持了较快增长态势。二是网上零售额保持快速增长势头。2024年上半年，河南省网上零售额为2236.3亿元，较上年同期增加17.8%，快于社会消费品零售总额增速12.2个百分点。三是跨境电商进出口额持续增长。2024年上半年，河南省跨境电商进出口额达到1321.0亿元，较上年同期增加96.3亿元，交易规模持续扩大。四是电子商务交易平台数量持续增加。2024年上半年，河南省电子商务平台达到79个，郑州有30个，电子商务平台载体持续扩容。①

4. 经济运行保持向好态势

一是工业保持较快增长态势。2024年上半年，河南省40个工业行业大类中有34个行业实现同比正增长，其中，河南省规模以上制造业增加值同比增长8.9%，汽车及零部件、电子信息产业增加值分别增长36.6%、18.7%，保持了较快增长态势，为稳固全省消费市场提供了坚实的经济基础。二是服务业持续恢复。2024年上半年，河南省10个服务业行业中有7个行业实现同比正增长，其中，租赁和商务服务、文体和娱乐业分别增长18.1%、19%，持续迸发消费活力。三是固定资产投资呈现快速增长态势。2024年上半年，在"三个一批"项目建设活动的支持下，河南省固定资产投资同比增长6.5%，全省亿元以上项目、制造业技改投资、信息传输业、民间投资同比增长10.1%、15.1%、30.6%、9.0%，为全省消费市场发展提供了有效支撑。

---

① 《2024年上半年河南电子商务稳定增长》，河南省统计局，2024年8月9日，https：//tjj. henan. gov. cn/2024/08-09/3034137. html。

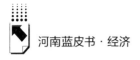

（二）河南省消费市场发展的制约因素

2024年全省经济稳中承压，居民消费趋向谨慎及部分消费品类消费偏弱，在一定程度上制约了河南省消费市场潜力挖掘。

1.经济发展压力持续加大

2024年上半年，河南省地区生产总值为31231.44亿元，同比增长4.9%，较上年同期提高了1.1个百分点，仍低于全国同期水平0.1个百分点。同时，2024年8月河南省限额以上商品中仍然有3种商品零售额同比处于负增长。此外，2024年前8个月河南省房地产投资等指标继续收窄。因此，虽然2024年上半年河南省经济发展取得了明显进步，但发展压力仍然存在，在一定程度上对全省消费市场发展起到了抑制作用。

2.消费趋向仍显谨慎

2024年以来，受全球经济发展形势的影响，国内消费趋向仍然谨慎，突出表现为储蓄增加、消费降级等现象，制约了河南省消费潜力释放。《2024年第二季度城镇储户问卷调查报告》显示，受访的2万户城镇储户中，倾向于"更多储蓄"、"更多消费"和"更多投资"的比例分别为61.5%、25.1%、13.3%，可见偏好储蓄是当前城镇储户的主要倾向，消费倾向相对保守。同时，麦肯锡发布的2024中国消费趋势调研数据显示，2024年，预期消费增长率为2.2%~2.4%，消费潜力未完全释放。此外，中国人民银行郑州中心支行的统计数据显示，2024年1~8月，河南省人民币存款余额增加5860.8亿元，其中，住户存款增加额达到5754亿元，增幅较大。可见，居民消费偏谨慎、储蓄意愿增强，在一定程度上制约了2024年河南省消费市场发展。

3.建材类、汽车类等消费偏弱

国家和河南省出台了一系列消费刺激政策，2024年1~8月，河南省消费市场强劲反弹，品质类、日用类商品增长较快，文化办公用品类、汽车类、建材类商品增长较慢，1~8月汽车类商品消费增速逐月收窄，在一定程度上制约了2024年河南省消费规模的扩大。

四 2025年河南省消费市场运行态势分析

2025年是河南省锚定"两个确保"、推进"十大战略"的重要年份，也是"十四五"收官之年，继续保持全省消费市场良好发展态势，是加快推进中国式现代化河南实践的有力之举。在全球经济持续承压、国家加大扩大内需政策力度的现实背景下，河南省消费市场将保持较好发展态势，预计2025年河南省社会消费品零售总额增速将保持在6.8%，明显高于2024年。

（一）2025年河南省消费市场发展的支撑条件

1.消费环境持续优化

2024年7月，《国务院关于促进服务消费高质量发展的意见》（国发〔2024〕18号）发布，该政策主要从挖掘基础型消费潜力、激发改善型消费活力、培育壮大新型消费、增强服务消费动能四个方面，提出了17条消费政策，持续优化服务供给，刺激消费潜力。2024年7月，国家发展改革委财政部印发《关于加力支持大规模设备更新和消费品以旧换新的若干措施》，明确了汽车、家电等消费品以旧换新的具体政策，以真金白银刺激消费，为2025年河南省消费市场环境优化提供了良好条件。

2.消费引导更加有力

2024年以来，河南省持续加强对消费市场潜力的挖掘，先后出台了《河南省推动消费品以旧换新实施方案》（豫商运〔2024〕12号）、《河南省加力支持大规模设备更新和消费品以旧换新实施方案的通知》，支持农业机械、新能源汽车、汽车报废、乘用车置换、家装消费、设备更新贷款等发展，更加有力地指导全省2025年消费潜力挖掘。

3.消费政策更加立体

2024年，河南多项政策共同发力、形成组合拳。河南省明确2024年作为消费促进年，持续搭建"4+10+18+N"活动框架，围绕重要时间节点举办系列消费活动，推进"一城一活动一IP"消费活动培育行动，全面推进

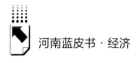
网络、国潮、首发新品、展会、特色街区及夜消费等消费活动。2024 年下半年，河南省人民政府发布《关于印发扎实推进 2024 年下半年经济稳进向好若干措施的通知》（豫政办〔2024〕37 号），明确提出要抓住"十一"假期等旅游黄金期，丰富"演出+旅游"等新业态，出台 144 小时过境旅游激励办法，遴选发布老品牌焕新、开发运营示范标杆企业，不断提高消费服务供给质量，挖掘消费潜力。河南省出台的各项政策为 2025 年消费市场健康发展提供了立体有效的政策支持。

（二）2025年河南省消费市场发展的制约因素

1. 全球经济形势依然承压

2025 年，地缘政治风险仍然存在，全球主要发达经济体经济复苏进程偏缓，通货膨胀上行风险持续增加，全球经济形势依然复杂。国际货币基金组织发布的《世界经济展望》预测，2025 年全球经济增长 3.3%，其中，美国经济增速 2024 年下调至 2.6%、2025 年放缓至 1.9%，中国经济增速 2024 年上调至 5%、2025 年下调至 4.5%，拉丁美洲和加勒比地区经济增速持续下调，全球主要经济体预期增速有所下降，全球经济持续承压，将通过价格机制传导，给 2025 年河南省消费市场发展带来一定影响。

2. 房地产消费不振

近年来，国家及河南省先后出台了一系列调控房地产市场的政策，但是，房地产市场消费仍然不足。2024 年 1～8 月，河南省房地产市场开发投资同比下降 9.2%，新建商品房销售面积、销售额分别下降 17.3%、20.7%，房地产市场消费仍然未有触底迹象。在国内房地产消费整体走弱的客观现实下，2025 年河南省房地产市场发展将持续面临压力，对建材类等与房地产市场相关的商品消费形成制约。

3. 消费环境仍需优化

2024 年以来，河南省持续优化消费环境，提高商品和服务供给质量和水平，消费环境持续改善，但是，新形势下消费环境仍然需要持续优化。从河南省各地市"12315"消费维权数据来看，2024 年上半年，全省重要节假日消费维权数量明显增加，消费投诉的热点问题主要集中在价格监督、食品安全、商品质量、网约运营纠纷、教育机构退费等，特别是节假日酒店入住环境及价格存在偏差，以及部分商家涉嫌诱导消费及虚假宣传等问题较为集中。有序、健康的消费环境是河南省消费市场加快发展的重要条件，消费环境问题会在一定程度上制约2025年河南省消费市场发展。

参考文献

国际货币基金组织：《世界经济展望》，2023年7月。

中国人民银行：《2024年第二季度城镇储户问卷调查报告》，2024年8月。

《2024年8月份全省经济运行情况》，河南省统计局网站，2024年9月18日，https：//tjj. henan. gov. cn/2024/09-18/3063979. html。

《2024年8月份全省社会消费品零售总额增长6.7%》，河南省人民政府网站，2024年9月19日，https：//www. henan. gov. cn/2024/09-19/3064761. html。

《2024年上半年河南电子商务稳定增长》，河南省统计局网站，2024年8月9日，https：//tjj. henan. gov. cn/2024/08-09/3034137. html。

B.8
2024~2025年河南对外贸易形势分析与展望

陈 萍 杜丽霞*

摘 要： 2024年1~8月，河南对外贸易形势最明显的特征是进出口额增速大幅下降又逐渐回升，外商投资企业进出口额大幅下滑，进出口产业结构不断优化升级，积极拓展开放新空间，传统经贸格局正在悄然改变。河南实施换道领跑战略，正处在产业结构转型升级的阵痛期，外贸结构优化升级、经济发展方式加速转变的新趋势将会改变出口产品结构和经贸格局。展望2025年，河南外贸在前期进出口大幅下滑的基础上，以换道领跑战略前瞻布局未来产业，在新兴产业抢滩占先，在传统产业高位嫁接，重塑产业竞争力，河南将以新的产品结构培育外贸发展新动能，改变对外贸易发展失速的现状，带动外贸整体回升。要实现这一目标，河南对外贸易发展要持续推动进出口产品结构优化升级，深化外商投资管理体制改革，深度推进"四路协同"，以跨境电商提升全要素生产率。

关键词： 河南省 对外贸易 跨境电商

2024年7月发布的《中共中央关于进一步全面深化改革 推进中国式现代化的决定》（以下简称《决定》）提出完善高水平对外开放体制机制。河南省委十一届七次全会深入学习党的二十届三中全会精神，特别是习近平总

---

* 陈萍，河南省社会科学院区域经济研究中心副研究员，研究方向为区域经济；杜丽霞，河南省社会科学院区域经济研究中心研究实习员，研究方向为产业经济。

书记发表的重要讲话，提出坚持以开放促改革，深入实施制度型开放战略，构建更高水平内陆开放体制机制，充分彰显了河南坚定不移扩大高水平开放的决心。2024年1～8月，河南外贸进出口额经历了大幅下降又逐渐回升。但从进出口产品结构来看，河南转型发展开始发力，进出口产品结构正在悄然变化，以新的产品结构培育外贸发展新动能，将改变外贸发展失速的现状，走出低谷。

一 河南对外贸易形势分析

（一）进出口大幅下滑又逐渐回升，痛失中部地区进出口第一的宝座

2024年1～8月，河南省外贸进出口总额4609.4亿元，比上年同期下降6.3%。其中，出口2816.3亿元，下降12.3%；进口1793.1亿元，增加4.9%；贸易顺差1023.2亿元[①]。与2023年相比，河南被安徽、天津、辽宁、广西等超越，进出口总额在全国居第12位。从中部六省来看，2024年1～8月，河南外贸进出口总额第一次被安徽超越，痛失"中部外贸第一省"的宝座。

河南省外贸失速，出口波动较大。河南出口与富士康的手机产品深度绑定。2021～2023年，河南手机出口额从2727.2亿元下滑至2406.2亿元，占河南出口总额的比重从54.3%下滑至45.6%。2024年1～6月，手机出口额占比进一步下滑至28.1%。2024年1～7月，河南省手机出口量为1869.6万台，同比下降38.5%；出口额为747.13亿元，同比下降了41.3%。此外，河南出口额较高的产品，如农产品、汽车零配件、服装及衣着附件、纺织纱线、织物及其制品等也出现下降。这也体现在月度数据中，2024年1～6月，河南进出口总额与出口额同比增速都为负值，1月进出口总额为323.3亿元，同比增速大幅下降了66.8%，下降趋势持续到6月，导致上半年进出口

---

① 数据来源：郑州海关网站，http://zhengzhou.customs.gov.cn/。

总额较低。随着富士康手机业务的回归，河南省进出口总额 7 月开始回升。2024 年 1 月和 2 月河南省进出口总额同比下降，但 3 月、4 月和 5 月转为正增长；7 月河南省进出口总额同比增长 14.1%，其中出口增长 6.1%，进口增长 31%；8 月，进出口总额同比增长 21.1%，其中出口增长 17.3%，进口增长 26.6%7 月和连续两个月实现正增长，并且增长幅度较高，可见河南省外贸已经走出了低谷（见图 1）。

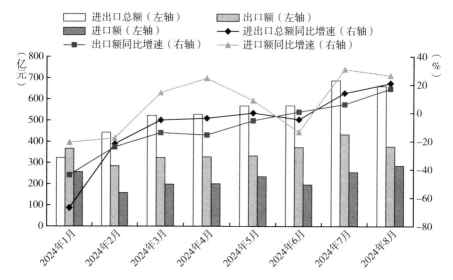

图 1　2024 年 1~8 月河南进出口总额、进口额、出口额及增速变化情况

数据来源：郑州海关网站，http://zhengzhou.customs.gov.cn/。

（二）"新三样"走俏海外，进出口产品结构正在优化升级

从主要出口产品看，2024 年 1~8 月，汽车、铝材出口快速增长。1~8 月汽车出口总额 201 亿元，同比增长 21%，占全省出口总额的比重 7.1%。以电动汽车（电）、锂电池（锂）、太阳能光伏产品（光）为代表的"新三样"产品走俏海外，成为河南省外贸出口的最大"黑马"。2024 年 1~8 月"新三样"产品出口额为 70.3 亿元，同比增长 12.5%，其中电动汽车出口表现较为出色，2024 年 1~8 月出口额快速增长，同比增速达 61.6%。近两

年，河南处于产业结构转型阵痛期，虽然汽车等出口暂时难以取代手机出口，但是随着汽车产业规模的不断扩大，高技术、高附加值、引领绿色转型的"河南制造"成为出口新增长极，将不断推进外贸结构优化升级、经济发展方式加速转变（见表1）。

表1　2024年1~8月河南省主要出口产品

单位：亿元，%

	金额	占比	同比增速
机电产品	1597.2	56.7	-20.4
其中手机出口	857.2	30.4	-36.5
其中汽车出口	201.0	7.1	21.0
劳动密集型产品	207.4	7.4	-4.0
铝材	164.3	5.8	38.8
发制品	129.5	4.6	-1.0
"新三样"产品	70.3	2.5	12.5
其中电动汽车	46.5	1.6	61.6

数据来源：郑州海关发布的《2024年8月河南出口主要商品量值表》。

从主要进口产品看，2024年1~8月，音视频设备的零件、集成电路、平板显示模组进口额为802.3亿元，三项合计占全省进口额的44.7%。金属矿砂、能源产品、农产品进口增速较快，其中，进口金属矿砂420.1亿元，同比增长20.1%，占全省进口额的23.4%；进口能源产品94.2亿元，同比增长12.8%，占全省进口额的5.3%；进口农产品89.4亿元，同比增长6.8%，占全省进口额的5%。从进口产品结构来看，2024年1~8月，机电产品进口额占全省的54%，处于较高水平，手机产业对产业链上下游的带动较强，但是其他机电产品均属于加工贸易，仍以初级形式为主，而且产品加工流程较短，组装环节的增值不高，对中上游的带动作用较小（见表2）。

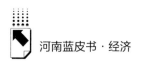

表 2 2024 年 1~8 月河南主要进口产品

单位：亿元，%

	金额	占比	同比增速
机电产品	969.0	54.0	-2.7
其中集成电路	387.1	21.6	2.6
其中音视频设备的零件	303.7	16.9	-7.7
其中平板显示模组	111.5	6.2	29.3
金属矿砂	420.1	23.4	20.1
能源产品	94.2	5.3	12.8
农产品	89.4	5.0	6.8

数据来源：郑州海关发布的《2024 年 8 月河南进口主要商品量值表》。

（三）民营企业进出口成绝对主力，外商投资企业进出口大幅下滑

2024 年 1~8 月，河南省不同性质企业中，民营企业进出口额所占比重最大，在同期河南省进出口总额中占比高达 75.89%（见图 2），进出口额达 3498 亿元，同比增长 24.5%；与民营企业进出口额增长相比，外商投资企业进出口额为 719.0 亿元，同比降幅达 54.8%，占河南省进出口总额的比重为 15.60%。2024 年 1~8 月，河南省不同性质企业，民营企业出口额占比高达 86.46%，外商投资企业出口额同比降幅为 84.5%；民营企业进口额占比为 59.27%，国有企业进口额同比降幅为 31.2%。

（四）积极拓展开放新空间，传统经贸格局正在悄然改变

2024 年 1~8 月，河南省前十大贸易伙伴为东盟、美国、欧盟、韩国、中国台湾、印度、澳大利亚、日本、俄罗斯、中国香港（见表 3）。河南省与 APEC 深度对接，打通与东盟国家的贸易往来，2024 年 1~8 月，东盟第一次超越美国，成为河南第一大贸易伙伴。美国是河南第二大贸易伙伴，2024 年 1~8 月河南省对美国进出口额为 590.18 亿元，同比下降 36%，在河南省进出口总额中所占比重也由 2023 年的 18.73% 下降到 12.8%。除此之外，河南省对传统贸易伙伴韩国、日本的进出口额增速都有不同程度下降。在当前地缘政

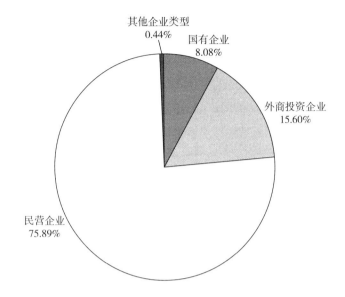

图2　2024年1~8月不同性质企业进出口额占比情况

数据来源：郑州海关网站，http：//zhengzhou.customs.gov.cn/。

治冲突加剧和全球供应链中断风险加大的背景下，河南省努力改变传统贸易伙伴的影响，拓展对外开放新空间，传统经贸格局正在发生改变。比如，与印度的进出口额同比大幅增长34.1%。土耳其地处亚欧交界处，也是最早支持共建"一带一路"倡议的国家，且土耳其正在实施的"中间走廊"计划也在积极与共建"一带一路"倡议寻求对接。土耳其与河南省在面积、经济总量、产业结构等多个方面都有相似之处，双方互联互通具有很大的可行性，2024年1~8月，双方进出口额同比大幅增长31.9%。

表3　2024年1~8月河南对不同国家和地区进出口情况

单位：万元，%

国家/地区	进出口额	同比增速	占全省进出口总额的比重
东盟	6847860.382	2.0	14.86
美国	5901785.274	-36.0	12.80
欧盟	5728812.704	4.5	12.43

国家/地区	进出口额	同比增速	占全省进出口总额的比重
韩国	3423619.71	-20.5	7.43
中国台湾	3175172.138	6.7	6.89
印度	1866377.686	34.1	4.05
澳大利亚	1578882.068	1.9	3.43
日本	1559402.637	-21.5	3.38
俄罗斯	1351170.047	8.0	2.93
中国香港	1296536.581	-24.0	2.81

数据来源：郑州海关发布的《2024年8月河南进出口商品国别（地区）总值表》。

（五）加工贸易占比进一步下降

2024年1~8月，河南省一般贸易进出口额为2131.8亿元，占河南省进出口总额的46.25%，保持适度增长。其中，进口贸易607.4亿元，同比增长5%；出口贸易1524.4亿元，同比增长3.6%。河南省加工贸易进出口额为1407.2亿元，占河南省进出口总额的比重为30.5%，所占比重进一步下降。一般贸易相比加工贸易产业链更长、附加值更高，所以一般贸易占比提升对河南优化贸易方式和商品结构具有重要意义（见表4）。

表4 2024年1~8月河南不同贸易方式进出口情况

单位：万元，%

	进出口		出口		进口	
	1~8月		1~8月		1~8月	
	金额	增速	金额	增速	金额	增速
进出口总额	46093485.6	-6.3	28162678.0	-12.3	17930807.6	4.9
一般贸易	21317760.4	4.0	15243921.7	3.6	6073838.7	5.0
加工贸易	14072356.3	-38.7	3765521.8	-70.9	10306834.5	2.8
保税物流	10525769.4	97.9	9015689.2	120.4	1510080.2	22.9
其他	177599.4	-54.7	137545.3	-60.1	40054.1	-14.8

数据来源：郑州海关发布的《2024年8月河南省进出口商品贸易方式总值表》。

（六）"四路协同"持续发力，内陆开放高地取得新突破

首先，空中丝绸之路快速发展。2024年1~8月，郑州机场旅客吞吐量为1924.5万人次，同比增长超10%。截至2024年9月，在郑运营的货运航空公司有27家，开通货运航线54条，通航26个国家的58个城市，构建起横跨欧美亚三大经济区、覆盖全球主要经济体的枢纽航线网络。2024年新增国际知名航空公司9家，新增货运航线10余条。2024年1~9月，郑州机场累计货运量达57.1万吨，同比增长33.2%。货运量大幅提升，不仅体现了郑州机场在国际货运领域的重要地位，也为货运行业的发展提供了新的动力。其次，网上丝绸之路爆发式增长。跨境电商货物种类繁多，既有服饰、箱包、化妆品等小件日用品，又有轮椅、儿童推车等大件商品，每天有300吨来自全国各地的跨境电商货物从郑州机场飞往美国、德国、土耳其、墨西哥等多个国家和地区。借助郑州机场强大的货运网络，通过规划调整分区、优化保障流程、增加安检设备等措施，构建了强大的国际快件保障能力，郑州已经成为跨境电商商品集聚地。随着跨境电商的快速发展，郑州机场与国际大型快递公司和电商平台的合作逐步加深，2024年1~8月，郑州跨境电商交易额约960亿元，同比增长超6%。截至2024年9月，郑州机场国际快件中心跨境电商出口货物量约6万吨，同比增长187%。再次，路上丝绸之路发展保持全国前列。2024年1~8月，中欧班列（中豫号·郑州）国际业务遍及40余个国家和地区的140多个城市，共开行1452班，运送货值32.8亿美元，货物量达157.2万吨，形成辐射欧洲、中亚、东盟、亚太等地27个境外直达站点、8个出入境口岸的国际物流网络。最后，海上丝绸之路稳定增长。得益于郑州港国际代码，陆海联动、铁海直运模式在郑州落地，常态化开行郑州至青岛等港口的铁海联运班列，2024年1~8月，郑州铁海联运业务完成超3.5万标箱，铁海联运业务实现稳定增长，进出口货物覆盖全球主要经济体。

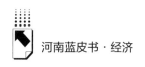
二　河南对外贸易发展面临的国内外环境分析

对外贸易的发展与国内外经济形势紧密相关。河南外贸发展面临的世界经济形势复杂，主要经济体增速放缓、差异较大，但外贸发展的国际环境整体好于预期；国内经济则稳中有进，一系列重磅宏观金融政策将发力稳定经济增长；河南省在总量增长、转型发展上为外贸发展提供了良好的支撑。

（一）世界主要经济体经济表现差异较大，外贸发展的国际环境整体好于预期

2024 年，地缘政治冲突、产业链供应链重构这些问题仍然持续，同时也是"超级选举年"，全球货币政策可能出现重大调整，但全球经济发展走势向好。从世界经济发展总量来看，2024 年 9 月经济合作与发展组织（OECD）发布新一期经济展望报告，将 2024 年世界经济增长预期上调至3.2%，比 5 月发布的预测提高 0.1 个百分点，2025 年世界经济增长预期则维持在 3.2%不变。从主要经济体的短期增长情况来看，差异较大。截至2024 年 7 月，美国政府债务突破 35 万亿美元，创下新高。OECD 将 2024 年日本经济增长预期由增长 0.5%下调至−0.1%，将 2025 年增长预期由增长1.1%上调至 1.4%。此外，巴西、印度和印度尼西亚等二十国集团国家保持增长，包括德国在内的一些经济体的经济表现仍然疲软，而阿根廷 GDP 则出现萎缩。

（二）国内经济稳中有进，宏观经济政策发力稳定经济增长

2024 年 1~8 月，全国规模以上工业增加值同比增长 5.8%，装备制造业和高技术制造业增长较快。服务业持续恢复，生产指数同比增长 4.9%。1~8 月，全国社会消费品零售总额 312452 亿元，同比增长 3.4%；全国网上零售额 96352 亿元，同比增长 8.9%。1~8 月，全国固定资产投资（不含农户）329385 亿元，同比增长 3.4%；全国居民消费价格指数同比上涨 0.2%。

总的来看，国内主要经济指标稳中趋优，消费延续恢复态势，国内经济总体平稳，呈现稳中有进的发展态势。2024年9月24日，中国人民银行、金融监管总局、中国证监会同时推出多项重磅政策，降低存款准备金率，降低存量房贷利率，创设新的货币政策工具支持股市，共同发力支持经济稳定增长。从投资来看，重磅金融政策将释放更多流动资金，扩大投资规模。从消费来看，多地出台扩内需促消费政策，有望不断优化消费环境，创新消费场景，有助于进一步释放政策效能，形成推动经济发展的合力，消费有望继续扩容提质。尽管外部环境复杂严峻，国内有效需求不足等问题仍然存在，但我国经济运行总体平稳，支撑高质量发展的要素条件不断累积增多，为应对各种风险挑战提供了有力支撑。同时，新质生产力加快培育和发展，新业态和新模式展现较强的潜力和活力，逐渐成为新的经济增长点。随着新兴领域发展潜能不断释放，新优势不断得到塑造巩固，经济发展空间将进一步延伸拓展。

（三）河南全省经济发展之"质"有效提升，转型之"效"显著增强，增长之"量"持续扩大

首先，河南经济稳的基础在不断夯实，增长之"量"持续扩大。2024年上半年，河南GDP同比增长4.9%，是经济大省中唯一增速加快的省份。经济运行稳中向好、趋优向新，2024年上半年河南省规上工业增加值增长7.8%，高于全国1.8个百分点；固定资产投资增长6.5%，高于全国2.6个百分点；社会消费品零售总额增长5.6%，高于全国1.9个百分点，这些数据，凸显了河南经济"稳"的基础不断夯实。

其次，产业结构不断优化，转型之"效"显著增强。河南近年来前瞻布局未来产业，不断优化产业结构。一是大力发展电子信息、新能源汽车等主导产业，引进比亚迪等国内汽车巨头、宁德时代等产业链上下游龙头企业，富士康科技集团也同河南省政府签署战略合作协议，明确将在郑州航空港经济综合实验区（以下简称"航空港区"）重点布局电动车试制中心、固态电池等项目。2024年上半年，河南在新能源汽车产业上取得突破，产

销量增长均超过 360%，战略性新兴产业、高技术制造业增加值分别增长 7.7%、14.3%。这些项目作为高新技术制造业的代表，不仅可以推动传统产业转型升级、培育壮大新兴产业，也可以加快新旧动能转换，加速发展新质生产力，高科技产业已经成为河南经济增长的重要引擎。二是打造新产业链，抓住新一代信息技术革命和产业变革的机遇。2024 年 3 月，河南省发布《加快制造业"六新"突破实施方案》，计划到 2025 年，制造业增加值占地区生产总值的比重、战略性新兴产业占规模以上工业增加值的比重均超过 30%，壮大 7 个先进制造业集群和 28 个重点产业链，先进制造业综合实力进入全国前列，以此推动新一轮技术革命和产业变革。

最后，持续布局创新平台，经济发展之"质"有效提升。以中原科技城、中原医学科学城、中原农谷为核心的三足鼎立科技创新大格局已全面形成，创新驱动正成为河南经济持续攀升的关键力量。

2024 年 1~8 月，在全球主要经济体经济表现存在差异的大环境下，中国发布重磅金融政策刺激投资规模扩大，消费有望继续扩容提质，支撑对外贸易高质量发展的要素条件不断累积增多。展望 2025 年，河南省在前期进出口大幅下滑的基础上，以"换道领跑战略"在未来产业前瞻布局，在新兴产业抢滩占先，在传统产业高位嫁接，重塑产业竞争力，河南省将以新的产品结构培育外贸发展新动能，改变对外贸易发展失速的现状，带动外贸整体回升。

三 加快河南省对外贸易发展的对策建议

结合河南省外贸发展新形势和存在问题，聚焦《决定》提出的重点改革任务，按照河南省委十一届七次全会要求，实现河南对外贸易在 2025 年持续稳定发展要持续推动进出口产品结构优化升级，深化外商投资管理体制改革，深度推进"四路协同"，以跨境电商提升全要素生产率，培育发展新质生产力。

（一）持续推动进出口产品结构优化升级，引领全省经济高质量发展

要改变河南外贸发展过度依赖手机出口的现状，必须持续优化进出口产品结构，而产品结构优化升级包括贸易对象、贸易方式、贸易渠道、贸易手段等发生深刻改变，建立与新的产品结构相适应的开放平台是当务之急。一是要打造能够吸引新质生产要素的高能级平台。如贸易形态数字化的跨境电商平台，融合了数字交付贸易（即数字服务贸易、数字技术贸易、数字产品贸易）等，使数字贸易具有国际竞争力。这些贸易形式的变化也催生了产业变革与产业创新，数字化、智能化技术改变了全球贸易供应链体系，推动了社会劳动分工、专业化协作、国际经贸规则和政府监管体系等方面的一系列深刻变化，需要完善的适合数字要素发展的平台机制。二是要促进自贸区与其他区域的整合发展，为产业转型升级创造良好的环境。推动自贸区与航空港区、各类开发区融合发展，破解现有片区（区块）碎片化、资源分散、产业规模小、管理协调难等问题，在更大范围内共享政策要素资源，为各类新形态产品发展创造条件。同时，要将自贸区先进的政策与产业发展实际紧密结合，并以培育发展新质生产力为动力，加强新贸易形态研究创新和包括法律、法规、规划、标准等在内的制度创新，创造良好的环境。

（二）深化外商投资管理体制改革，稳定和扩大外资规模

2024年1~8月，河南外商独资企业投资占比大幅下滑，外商投资是推动经济发展的重要力量。2024年8月30日，河南省政府办公厅印发了《河南省进一步优化外商投资环境加大吸引外商投资力度若干措施》，以期通过优化营商环境来吸引外资，稳定和扩大外资规模，提高利用外资质量。一是要加强财税、金融、产业、贸易等政策衔接，部门联动配合，持续提升贸易便利化水平，加快培育外贸新动能。从加强投资提供资金支持、鼓励外商投资企业境内再投资、落实外商投资企业税收优惠政策、强化产业基金对外资项目引导作用四个方面，加强外资利用政策的贯彻落实，促进外资利用提质

增量。二是要更大力度吸引利用外资。深入研究优化外商投资环境、加大吸引外商投资的相关政策举措力度，在市场准入、营商环境等方面采取更有效的措施。对负面清单做"减法"，保障外资企业的国民待遇，让外资企业放心投资河南。三是要完善对外投资促进和保障体制机制，支持更多河南企业"走出去"参与国际竞争与合作。

（三）深度推进"四路协同"，全面提升河南枢纽的经济能级和开放通道优势

河南省已经形成的陆上、空中、网上和海上四条丝绸之路，在全国独具特色，发展潜力巨大，也是河南建设内陆开放高地的重要举措。要深度推进"四路协同"。加快推进多式联运制度创新、模式创新，推进航空港区空港、铁路港、公路港、出海港"四港联动"，一体化打造大通道、大口岸、大物流、大产业，高标准建设现代化、国际化、世界级物流枢纽。构建"空—公"无缝衔接体系，探索空铁联运新模式，推广铁海直运模式，打造国际公路运输河南集结中心。在陆上丝绸之路建设方面，要全面提升中欧班列运行效率与规模，进一步开通郑州到欧洲其他国家与东南亚各国的新线路，推动国际化融资模式创新，支持探索"开发性金融+出口信保+企业+项目"协同融资机制，提高全省经济与沿线国家的相互融合度。在空中丝绸之路建设方面，扩充郑州航空港区货运领先优势，搭建全球高端贸易桥梁。在网上丝绸之路建设方面，进一步创新体制机制，以"1210"模式进一步完善为支撑，力争让郑州"中大门"的政策开放红利惠及全省更多市县。在海上丝绸之路建设方面，要实现铁路与海运的深度融合。提升郑州的铁路、公路和水路运输基础设施建设，提升货物运输能力，包括扩建铁路和公路网，改善港口设施，加大对集装箱运输的支持和投资。优化物流组织，优化运输路线和交通组织，降低铁海联运的成本，考虑采用多式联运，将铁路、公路和水路运输结合起来，实现货物运输快速、便捷和经济。

（四）以跨境电商提升全要素生产率，培育发展新质生产力

从 2024 年河南外贸发展形势来看，跨境电商已经成为河南外贸增长的新动能，有效缓冲了因需求低迷及非市场因素风险造成的困难与挑战，成为稳外贸、促增长的"第二增长曲线"。跨境电商以技术与知识资本为主的投入，提升了劳动者、劳动工具、劳动对象的素质并使包括信息资源在内的各种市场要素资源得以优化配置。在此基础上，跨境电商企业又通过规模经济、专业化生产、供应链管理、品牌化经营等一系列低成本、特异化战略实现价值目标。因此，促进跨境电商产业进一步创新发展，一是要发挥跨境电商的枢纽性作用。跨境电商的属性要求其具有全球供应链管理能力，是一个公共数字化平台，要从现有的"自营品牌+平台、托管、代运营"等模式逐渐升级，并以此来推动相匹配的现代服务业体系升级，让跨境电商平台发挥枢纽性作用。二是要优化跨境电商发展环境。应该从各个方面优化跨境电商所需要的内部条件和外部条件，为跨境电商发展创造有利环境。三是要对接国内重大战略，改善跨境电商产业布局。人才、数据、市场、平台、市场容量、新产业生态圈等会成为跨境电商发展的重要考量条件，要与国内重大发展战略对接，从新科技革命推动新质生产力发展的视角，对产业进行优化布局，促进跨境电商快速发展。

参考文献

任婉婉、林天汉、郝宇倩：《"丝路电商"合作与中国对外贸易增长》，《国际贸易问题》2024 年第 9 期。

马连华：《跨境电商助郑州培育外贸新动能》，《河南经济报》2024 年 9 月 10 日。

成燕、孙婷婷、郭家栋：《郑州跨境电商综试区位列全国前十》，《郑州日报》2024 年 9 月 3 日。

佟家栋、张千：《中国对外贸易新比较优势的初步形成》，《中国发展观察》2024 年第 8 期。

孙科、郭爽爽：《提升"带货力" 河南跨境电商咋发力》，中国网，2024 年 6 月 28 日，http：//henan. china. com. cn/2024-06/28/content_ 42844161. htm。

陈学桦、肖遥、范坤鹏：《向"新"图强》，《河南日报》2024 年 5 月 23 日。

张毅力：《河南郑州：营造跨境电商"新蓝海"》，《科技日报》2024 年 5 月 21 日。

李萧伶：《河南自贸区开封片区实现外资外贸双增长》，《河南工人日报》2024 年 3 月 26 日。

B.9
2024~2025年河南省物流业运行分析及展望

李 鹏 秦华侨*

摘 要： 2024年以来，河南省物流业运行呈现稳中向好、稳中提质、稳中蓄势的良好态势。预计2025年，随着大规模设备更新和以旧换新、降低全社会物流成本和加快枢纽经济发展等政策效果持续显现，河南省物流业仍将延续增量提质发展态势，并呈现七大特征：政策支撑体系更加完善、物流需求规模持续扩张、物流运行质效持续提升、枢纽经济引领不断增强、内河航运短板加快补齐、低空经济加快创新发展、智能化绿色化转型升级。

关键词： 物流业 河南省 枢纽经济

一 2024年以来河南省物流业总体运行趋好

2024年以来，河南省全力以赴拼经济、促发展，持续深入实施"十大战略"，深化物流业发展是推动产业升级和经济提质提速发展的重要抓手，聚焦政策设计、设施完善、创新赋能、环境优化等重点领域和薄弱环节集中发力，不断增强物流业对实体经济的支撑能力，推动现代物流业高质量发展取得突破性进展。

---

* 李鹏，河南省物流与采购联合会副会长兼秘书长、高级物流师；秦华侨，河南省物流与采购联合会现代物流信息中心副主任。

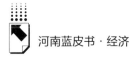

（一）社会物流需求规模持续扩张

2024 年以来，随着河南省经济不断恢复发展，物流需求延续稳定恢复态势，尤其是经济结构不断调整优化，带动物流需求加快由规模扩张向存量结构调整转型。如图 1 所示，2024 年上半年，河南省社会物流总额为89042.1 亿元，按可比价格计算，增长 5.6%，增速高于上年同期 0.7 个百分点，低于全国平均水平 0.2 个百分点。2024 年上半年河南省社会物流总额及构成情况如表 1 所示。

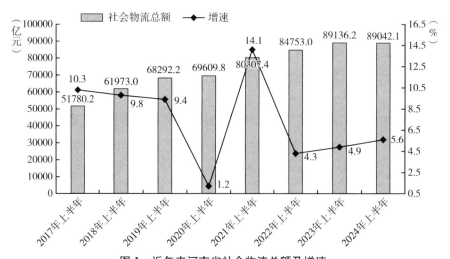

图 1　近年来河南省社会物流总额及增速

数据来源：河南省物流与采购联合会。

注：增速按可比价格计算。

表 1　2024 年上半年河南省社会物流总额及构成情况

单位：亿元，%

	物流总额	增长	占比
社会物流总额	89042.1	5.6	100.0
其中:农产品物流总额	5429.2	4.6	6.1
工业品物流总额	74576.1	6.1	83.8
进口货物物流总额	1244.9	−2.8	1.4

	物流总额	增长	占比
再生资源物流总额	71.0	10.2	0.1
单位与居民物品物流总额	357.2	14.0	0.4
外省流入物品总额	7363.8	6.7	8.3

数据来源：河南省物流与采购联合会。

1. 工业物流拉动作用明显

河南省推动"7+28+N"重点产业链群规模持续壮大，制造业支撑作用进一步加强，设备制造相关行业增长动能强劲，带动工业物流需求较快增长。新动能增长引擎作用继续显现，高新技术产业、战略性新兴产业保持较快增长，拉动全省工业物流加快转型升级。2024年上半年，河南省工业品物流总额为74576.1亿元，同比增长6.1%，增速高于上年同期1.0个百分点，对社会物流总额的贡献率为83.8%，带动物流需求增长的引擎作用继续显现。

2. 农业物流需求平稳增长

河南省全力抓生产、保供给、提效益，农业生产形势总体向好，夏粮生产丰收增量、畜牧业生产总体稳定、经济作物生产形势较好，农产品物流需求延续平稳增长态势。2024年上半年，河南省农产品物流总额为5429.2亿元，增长4.6%，增速高于上年同期0.5个百分点，占社会物流总额的6.1%，占比较上年同期提高0.3个百分点。

3. 民生消费物流恢复较快

河南省积极落实大规模设备更新和消费品以旧换新等有利政策，积极出台促消费相关措施，精心组织开展形式多样的促销活动，不断优化服务消费环境，全力推动服务业转型升级，内需消费潜能进一步释放。2024年上半年，河南省限额以上通信器材、新能源汽车商品零售额分别增长29.0%、23.0%，分别高于河南省限额以上商品零售额增速21.4个、15.4个百分点，成为拉动消费增长的新亮点；体验式消费需求火爆，2024年上半年河南省共接待国内游客1443.4万人次，旅游收入64.5亿元，分别增长14.0%、16.2%；线上消费蓬勃发展，直播带货、即时配送等消费新模式不断涌现，2024年上半年河南省网上零售额为2236.3亿元，增长17.8%，带动河南省单位与居民物品物流总额和外省流入物品物流总额分别达357.2亿元、7363.8亿元，同比分别增长14%、6.7%，占社会物流总额的比重较去年同期分别提高0.3个、0.5个百分点。

（二）物流业运行质效持续提升

河南省把物流提质降本增效作为推动物流业转型升级、产业结构优化、实体经济健康发展的重要抓手，聚焦制约物流降本增效的难点、堵点、痛点问题，聚力完善物流业管理体制机制，着力降低制度性交易成本和社会物流运行成本，物流业发展效益不断增强。如图2所示，2024年上半年，河南省社会物流总费用为4316.1亿元，增长5.1%，社会物流总费用占GDP的比重为13.8%，低于去年同期0.2个百分点，低于全国平均水平0.4个百分点。

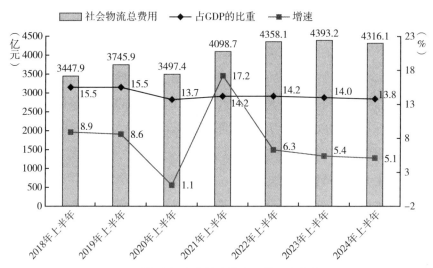

图2　近年来河南省社会物流总费用变化情况

数据来源：河南省物流与采购联合会。

注：因统计口径调整，部分年份增速与按图中数值计算不符。

从物流各环节的费用看,2024 年上半年,运输费用为 2459.9 亿元,增长 5.4%,占总费用的 57%,占比较上年同期上升 0.2 个百分点;保管费用为 1333.8 亿元,增长 4.2%,占总费用的 30.9%,占比较上年同期下降 0.1 个百分点;管理费用为 522.4 亿元,增长 4.6%,占总费用的 12.1%,占比较上年同期下降 0.1 个百分点(见表 2)。

表 2 2024 年上半年河南省社会物流总费用及构成

单位:亿元,%

	费用总额	增速	占比
社会物流总费用	4316.1	5.1	100.0
其中:运输费用	2459.9	5.4	57.0
保管费用	1333.8	4.2	30.9
管理费用	522.4	4.6	12.1

数据来源:河南省物流与采购联合会。

(三)物流市场主体不断壮大

受物流需求变化影响,物流企业不断提升自身服务能力和适应能力,进一步深度融入供应链产业链,助力经济循环畅通、物流服务质量和结构进一步优化。2024 年上半年,河南省物流业总收入达 3912.1 亿元,增长 5.4%(见图 3),其中运输环节收入 2624.6 亿元,增长 5.5%;保管环节收入 1287.5 亿元,增长 4.5%。交通物流基础设施建设稳步推进,河南省交通运输、仓储和邮政业固定资产投资增长 1.0%,其中铁路运输业固定资产投资增长 328.5%。截至 2024 年 6 月底,河南省 A 级以上物流企业数量达到 356 家,较 2023 年底新增 18 家(见图 4),其中 3A 级及以上物流企业 323 家,占总量的 90.7%;5A 级企业 16 家,占总量的 4.5%。双汇物流、华鼎供应链等 9 家企业入选全国冷链物流百强企业名单(见图 5),总量位居全国前列;驻马店市恒兴运输有限公司连续两年入选全国民营物流企业 50 强榜单。

(四)货运需求快速增长

随着实体经济发展持续恢复向好,供应链上下游活力不断增强,尤其是

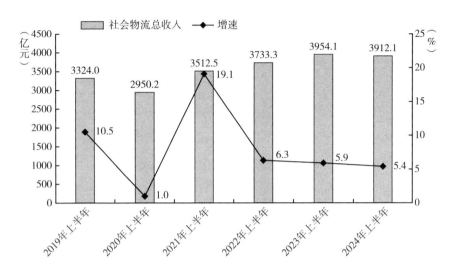

图3 近年来河南省社会物流总收入及增速

数据来源：河南省物流与采购联合会。

注：因统计口径调整，部分年份增速与按图中数值计算不符。

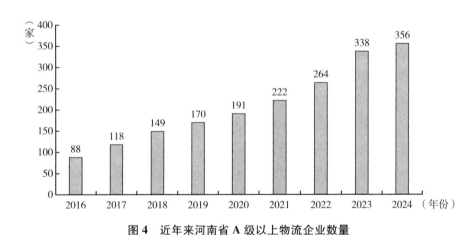

图4 近年来河南省A级以上物流企业数量

数据来源：中国物流与采购联合会发布的《关于发布第三十八批A级物流企业名单的通告》（物联评估字〔2024〕125号）。

宏观政策与物流政策协同发力，减税、降成本、助企纾困政策效果不断显现，河南省货运量企稳回升，物流服务范围持续扩大，为推动经济回升向好提供了有力支撑。

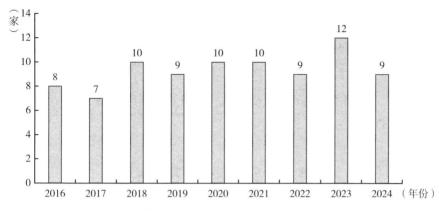

图5 近年来河南省入选全国冷链物流百强企业数量

数据来源：中国物流与采购联合会、国家农产品现代物流工程技术研究中心、万纬冷链编《中国冷链物流发展报告（2024）》，中国财富出版社有限公司，2024。

1. 货运量平稳增长

2024年上半年，河南省货运量为13.962亿吨，增长2.0%，增速高于上年同期12.5个百分点。其中，铁路货运量增长8.4%，高于上年同期12.5个百分点；公路货运量增长0.8%，低于上年同期12.7个百分点；水运货运量增长15.2%，高于上年同期14.0个百分点；航空货运量增长28.9%，高于上年同期45.1个百分点（见表3）。

表3 2024年上半年河南省货运量

单位：亿吨，%

运输方式	货运量	增速	占比
铁路	0.56	8.4	4.01
公路	12.36	0.8	88.53
水运	1.04	15.2	7.45
航空	0.002	28.9	0.01
总计	13.962	2.0	100.00

数据来源：河南省统计局。

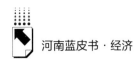

2.周转量较快增长

2024 年上半年，河南省货物周转量为 6115.38 亿吨公里，增长 7.0%。其中，铁路货物周转量下降 4.2%，低于上年同期 13.5 个百分点；公路货物周转量增长 8.5%，高于上年同期 1.2 个百分点；水运货物周转量增长 18.3%，高于上年同期 17.8 个百分点；航空货物周转量增长 24.6%，高于上年同期 37.5 个百分点（见表 4）。

表 4　2024 年上半年河南省货物周转量

单位：亿吨公里，%

运输方式	货物周转量	增速	占比
铁路	1116.42	−4.2	18.26
公路	4251.55	8.5	69.52
水运	744.91	18.3	12.18
航空	2.50	24.6	0.04
总计	6115.38	7.0	100.00

数据来源：河南省统计局。

（五）中欧班列扩线增量

郑州国际陆港航空港片区启用、专用铁路通车，实现了"通车即运营"；中欧班列新增塞尔维亚贝尔格莱德、荷兰赫伦、阿塞拜疆巴库和土耳其伊斯坦布尔等境外站点；中欧班列南通道"跨两海"线路正式开通运行，串联起了里海、黑海等沿线国家和地区，并辐射欧洲各国；豫鲁"郑日韩"铁海快线班列正式启程，中原城市群和山东半岛城市群加快协同发展；中老班列（万象—河南）国际货运专列实现双向对开、常态化运营，基本形成河南与万象之间的物流通道、商贸枢纽融合发展新格局。境外直达站点和出入境口岸分别增加至 27 个、9 个。2024 年上半年，河南省共开行中欧班列 975 列（自然列），同比增长 20.2%，高于上年同期 27.5 个百分点（见图 6），发送货物 105722 标箱。其中，郑州开行 898 列（自然列），同比增长 65.0%。

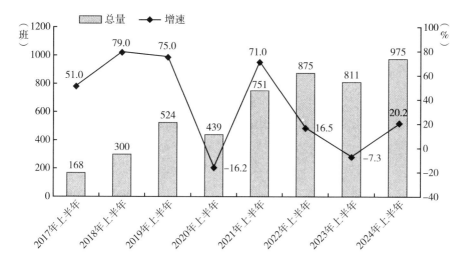

图6 近年来河南省中欧班列开行情况

数据来源：河南省物流与采购联合会。

（六）航空货运较快增长

2024年以来，河南省持续深化郑州—卢森堡双枢纽战略，航空货运需求迅猛恢复。郑州新开通至法兰克福（德国）、芝加哥（美国）、亚特兰大/达拉斯（美国）、大阪（日本）、克拉克（菲律宾）等10余条货运航线，空中丝绸之路辐射范围不断扩大。郑州航空口岸出口跨境电商货物3.4万余吨，超过2023年全年水平；郑州机场跨境电商包机突破1000架次，同比实现大幅增长。2024年上半年，河南省机场货邮吞吐量达35.2万吨，同比增长28.9%，高于上年同期45.1个百分点（见图7）。其中，郑州机场货邮吞吐量35.1万吨，同比增长28.9%，高于上年同期45.2个百分点，货邮吞吐量居中部地区第二位；南阳机场货邮吞吐量348.5吨，同比增长58.6%，高于上年同期86.2个百分点；洛阳机场货邮吞吐量404.2吨，同比增长34.4%，高于上年同期34.3个百分点。

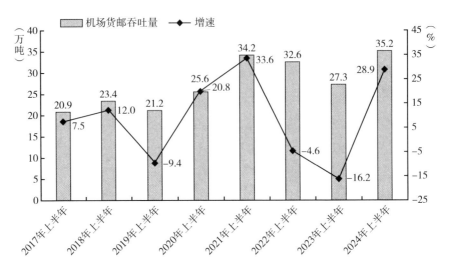

图7 近年来河南省机场货邮吞吐量及增速

资料来源：河南省统计局。

（七）内河航运加快发展

河南省持续深化内河航运"11246"工程，聚焦强枢纽、畅通道、育产业，加快构建从西北内陆到长三角世界级港口群的中原出海新通道。周口港新开通至海口港、扬州港、泰国林查班港、菲律宾马尼拉港4条集装箱航线，集装箱航线增至28条；沙颍河周口至省界航道疏浚工程全部完工；益海（周口）粮油公司码头顺利交工验收；河南省首座千吨级船闸——周口市沈丘县航运枢纽船闸实现通航。2024年上半年，周口港完成货物吞吐量1770.0万吨，占河南省港口货物吞吐量的86.9%；完成集装箱装卸58826标箱，同比增长27.6%。信阳港·淮滨中心港区完成集装箱23000余标箱。

（八）电商快递物流加快增长

一是快递物流迅猛增长。2024年上半年，河南省快递业务量为40.6

亿件（见图8），居全国第7位，同比增长40.0%，高于上年同期16.2个百分点，高于全国平均水平16.9个百分点；快递业务收入250.6亿元（见图9），居全国第7位，同比增长25.1%，高于上年同期2.5个百分点，高于全国平均水平10个百分点。其中，同城快递业务量37062.2万件，同比增长39.2%；异地快递业务量367674.6万件，同比增长36.2%；国际/港澳台快递业务量1245.1万件，同比增长0.6%。二是跨境电商物流较快增长。2024年上半年，河南省跨境电商进出口额达1321.0亿元（含快递包裹），同比增长7.9%（见图10）。其中，出口额为960.6亿元，进口额为360.4亿元。

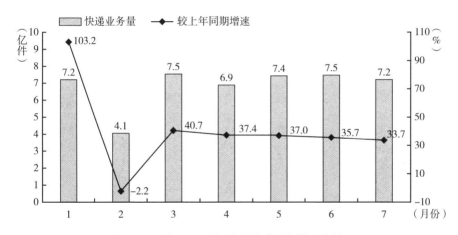

图8 2024年1~7月河南省快递业务量变化情况

资料来源：河南省邮政管理局。

（九）物流业保持活跃

受上下游需求持续恢复和降本增效等相关支持政策有力推动，河南省物流业延续平稳增长态势。整体来看，2024年上半年，河南省物流业景气指数（LPI）均值为51.7%，与去年同期持平，保持在50%以上景气区间。分指标来看，新订单（客户需求）、资金周转率、物流服务价格、主营业务利润、固定资产投资和从业人员指标平均值高于上年同期（见图11），表明

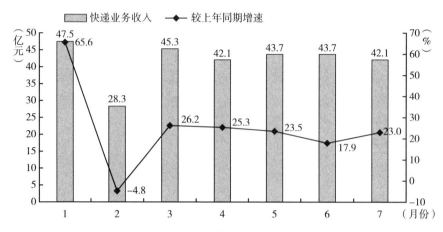

图9　2024年1~7月河南省快递业务收入变化情况

资料来源：河南省邮政管理局。

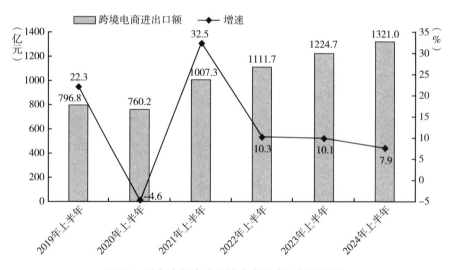

图10　近年来河南省跨境电商进出口额及增速

资料来源：郑州海关。

河南省物流业上下游保持活跃，市场需求持续恢复向好，物流企业发展效益有所改善，投资意愿增强，人才储备增加，企业对物流业未来发展的信心较强。

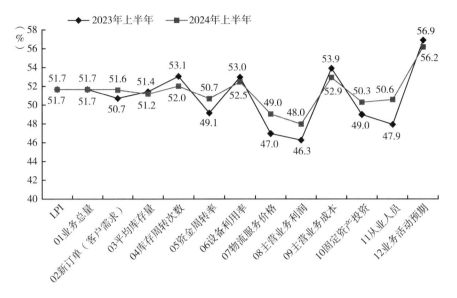

图11　2024年上半年河南省物流业景气指数及各指标平均值

资料来源：河南省物流与采购联合会。

二　2025年河南省物流业运行分析和预测

2025年及今后一段时期，经济持续恢复发展带动、大规模设备更新和以旧换新、降低全社会物流成本、现代物流运行体系建设、枢纽经济培育等一系列政策举措持续落地显效，河南省物流业仍将延续增量提质发展态势，具体呈现以下七个方面的特点。

（一）政策支撑体系更加完善

2024年以来，宏观政策与物流业相关政策协同发力，在提振物流需求的同时，物流业营商环境不断优化，助力物流供需衔接改善，进一步激发市场主体的活力。河南省先后以省委、省政府名义印发《关于加快现代物流强省建设的若干意见》《河南省"十四五"现代物流业发展规划》《支持现代物流强省建设

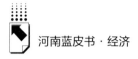

若干政策），又出台了《河南省加快实施物流拉动打造枢纽经济优势三年行动计划（2023—2025 年)》《关于建设高质量邮政快递物流体系助力乡村全面振兴的意见》《扎实推进 2024 年下半年经济稳进向好若干措施》等相关配套政策，持续推动破解物流发展过程中的堵点、卡点，物流强省建设的支撑保障不断增强。

（二）物流需求规模持续扩张

随着经济发展结构不断优化、超大规模市场内需潜力持续释放、新技术新模式加快演变、物流新质生产力加快培育、物流业与其他产业融合发展趋势不断增强，河南省产业供应链与物流供应链双链联动效应将持续增强，对高效、便捷物流服务的需求将持续增长。初步预计，2024 年河南省社会物流总额约 19.8 万亿元，同比增长 6% 左右；2025 年河南省社会物流总额约 21 万亿元，同比增长 7% 左右。

（三）物流运行质效持续提升

中央多个重要会议结合当前经济发展环境和发展目标任务，研究降低全社会物流成本，明晰了物流降成本的主要途径、具体措施等，为有效降低全社会物流成本指明了方向、规划了路线图。河南省深入贯彻落实国家决策部署，研究制定有效降低社会物流成本的政策措施，着力降低物流资源配置、物流全链条、物流运行体系、物流协同组织、物流企业要素等六大成本，打造物流成本洼地和物流产业发展高地，为增强产业核心竞争力、提高经济运行效率、加快建设现代化河南提供有力支撑。初步预计，2024 年河南省社会物流总费用约 8200 亿元，同比增长 5% 左右；2025 年河南省社会物流总费用约 8700 亿元，同比增长 6% 左右。

（四）枢纽经济引领不断增强

《"十四五"现代物流发展规划》提出将在全国布局建设 20 个左右国家物流枢纽经济示范区。2024 年初，河南省率先发布《河南省加快实施物流拉动打造枢纽经济优势三年行动计划（2023—2025 年)》，以实施物流拉动、提升交通优势、壮大枢纽产业、做强平台经济、打造消费中心为抓手，着力优化发展布局、加强载体建设、壮大市场主体、强化示范引领，促进"流量"变"留量"，全力推动枢纽经济提速提质发展，打造具有国际影响力的枢纽经济先行区。同时，河南省正研究建设枢纽经济先行区试点相关工作，支持基础条件好、发展潜力大的地区积极探索、先行先试，建立省级枢纽经济先行区，争取形成一批可复制、易推广的枢纽经济发展经验，为争创国家枢纽经济示范区奠定基础。

（五）内河航运短板加快补齐

作为内陆省份，河南省长期以来一直面临着高等级航道通航里程短、港口集疏运一体化运营水平不高、运营主体品牌效应不强等问题。为补齐内河航运短板，实现内陆省份通江达海，加快融入全国"丝路海运"，河南省政府办公厅先后印发了《关于加快内河航运高质量发展的意见》《河南省内河航道与港口布局规划（2022—2035年）》，规划了"一纵三横九支"的骨干航道网络，加快构建安全畅通、绿色经济、智能高效的现代化内河航运体系。2024年上半年，河南省内河水运完成投资52.9亿元，水运建设投资增幅达163%；《周口港中心港区总体规划》获批，明确了中心港区"两区两点、港产城协调、河海联动"的总体发展格局，助力构建中原出海新通道。预计到2025年，河南省规划航道通航里程达到2000公里以上，其中三级及以上航道达到200公里以上，将有力推动交通区位优势向枢纽经济优势转变。

（六）低空经济加快创新发展

郑州国家通航示范区成为全国首批26个国家级示范区之一，构建了"研发+制造+服务+应用"深度融合的无人机产业生态系统，吸引了三和航空、郑州海王、河南通航集团等通航领域领军企业集聚发展，中国飞龙总部及主运营基地已确定落地该区。2024年5月18日，首批3条无人机物流配送航线在郑州市正式启动，河南省物流行业迎来无人机同城配送新时代。

2024 年 7 月，河南省政府办公厅印发了《促进河南省低空经济高质量发展实施方案（2024—2027 年）》，着力完善基础设施和飞行服务保障体系，着力提升航空研发制造能力，着力推动场景应用与产业融合，加快高端要素集聚，构建低空经济产业生态，积极打造低空经济发展示范区，形成全国具有重要影响力的低空经济发展高地，为河南省加快低空经济布局发展提供了政策指引和保障。同时，郑州、安阳、洛阳等市积极出台相关扶持政策，助力低空经济"展翅高飞"。

（七）智能化绿色化转型升级

中央财经委员会第四次会议提出，加快产品更新换代是推动高质量发展的重要举措，要鼓励引导新一轮大规模设备更新和消费品以旧换新。2024 年 3 月，国务院印发《推动大规模设备更新和消费品以旧换新行动方案》，统筹扩大内需和深化供给侧结构性改革，结合各类设备和消费品更新换代差异化需求，围绕实施"四大行动"，系统部署 5 个方面 20 项重点任务。河南省积极落实相关要求，出台省级方案，围绕实施"十大工程"，系统部署 3 个方面 16 项重点任务。随着各项政策逐步落地见效，河南省物流行业设备实现更新换代，物流领域智能化、信息化、绿色化水平和物流业发展质量将大幅提升。

参考文献

《河南省人民政府办公厅关于印发河南省加快实施物流拉动打造枢纽经济优势三年行动计划（2023—2025 年）的通知》，河南省人民政府网站，2024 年 1 月 5 日，https：//www. henan. gov. cn/2024/01-05/2880244. html。

《河南省人民政府办公厅关于印发周口港中心港区总体规划的通知》，河南省人民政府网站，2024 年 1 月 12 日，https：//www. henan. gov. cn/2024/01-12/2884528. html。

《政府工作报告——2024 年 1 月 28 日在河南省第十四届人民代表大会第二次会议上》，河南省人民政府网站，2024 年 1 月 28 日，https：//www. henan. gov. cn/2024/02-

04/2898505. html。

《政府工作报告——在第十四届全国人民代表大会第二次会议上》，中国政府网，2024 年 3 月 5 日，https：//www. gov. cn/gongbao/2024/issue_ 11246/202403/content_ 6941846. html。

汪鸣：《物流枢纽经济区建设的意义与思路》，中国物流与采购网，2024 年 3 月 28 日，http：//www. chinawuliu. com. cn/xsyj/202404/22/630034. shtml。

《河南省人民政府关于印发河南省推动大规模设备更新和消费品以旧换新实施方案的通知》，河南省人民政府网站，2024 年 4 月 16 日，https：//www. henan. gov. cn/2024/04-16/2979779. html。

何黎明：《畅通物流供应链，赋能双循环 探索物流业降本增效与高质量发展之路》，中国物流与采购网，2024 年 7 月 15 日，http：//www. chinawuliu. com. cn/lhhzq/202407/16/635124. shtml。

《河南省人民政府办公厅关于印发扎实推进 2024 年下半年经济稳进向好若干措施的通知》，河南省人民政府网站，2024 年 7 月 23 日，https：//www. henan. gov. cn/2024/07-23/3025753. html。

《河南省人民政府办公厅关于印发促进河南省低空经济高质量发展实施方案（2024—2027 年）的通知》，河南省人民政府网站，2024 年 8 月 12 日，https：//www. henan. gov. cn/2024/08-12/3034467. html。

B.10
2024~2025年河南省居民消费价格走势分析

崔理想[*]

摘　要：　自2022年11月起河南省居民消费价格指数开始进入低位运行态势，偏离2%~3%的黄金区间。2024年1~8月，河南省居民消费价格指数同比上涨0.2%，呈现温和上涨态势；河南省居民消费价格指数同比、环比涨跌幅走势均与同期全国平均水平、中部地区其他省份以及国内部分发达省份基本一致。从分类构成看，2024年1~8月，河南省八大类商品及服务价格同比呈现"涨多跌少"态势。预计2024年河南省居民消费价格指数保持温和上涨态势，大概率仍低位运行和处于"0时代"；该温和上涨态势将大概率延续至2025年。

关键词：　居民消费价格指数　河南省　温和上涨　低位运行

居民消费价格指数（CPI）是度量居民生活消费品和服务价格水平随着时间变动的相对数，综合反映居民购买的生活消费品和服务价格水平的变动情况，也是衡量目标地区一个时期通货膨胀或者通货紧缩程度的关键指标。2024年是河南锚定"两个确保"、全面实施"十大战略"、奋力谱写中国式现代化河南实践出彩篇章的关键一年，深入分析河南当前及未来CPI走势变化，对河南更好稳物价、保民生、促消费等具有重要意义。

---

* 崔理想，河南省社会科学院经济研究所助理研究员，主要研究方向为国民经济、区域经济。

一 总体情况与比较分析

（一）总体情况

2024 年 1~8 月，河南省居民消费价格指数同比上涨 0.2%。自 2022 年 11 月起河南省居民消费价格指数开始进入低位运行态势，偏离 2%~3% 的黄金区间，如图 1 所示。

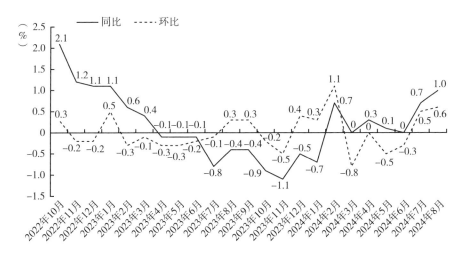

图 1 2022 年 10 月~2024 年 8 月河南省居民消费价格指数涨跌幅情况

数据来源：国家统计局河南调查总队。

从分类构成看，2024 年 1~8 月，河南省城市居民消费价格指数同比上涨 0.1%，农村居民消费价格指数同比上涨 0.6%。2024 年 1~8 月，河南省八大类商品及服务价格同比呈现"涨多跌少"态势，其中，食品烟酒同比下跌 1.3%，衣着同比上涨 0.7%，居住同比持平，生活用品及服务同比上涨 0.4%，交通和通信同比下跌 1.3%，教育文化和娱乐同比上涨 1.9%，医疗保健同比上涨 3.9%，其他用品及服务同比上涨 4.0%。

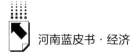

从月度累计走势看，2024年1~8月，河南省居民消费价格同比涨跌幅呈现"平稳运行有微升"态势，仍处于"0时代"，如图2所示。

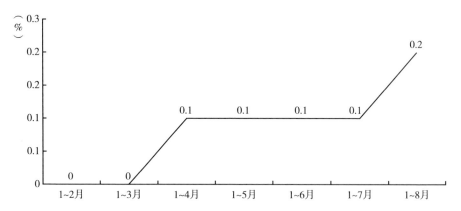

图2　2024年1~8月河南省居民消费价格指数累计同比涨跌幅走势情况

数据来源：国家统计局河南调查总队。

（二）比较分析

与全国平均水平相比较，2024年1~8月，河南省居民消费价格指数同比上涨0.2%，与全国平均水平持平。分月份看，同比方面，2024年1~8月，河南居民消费价格指数呈现"温和上涨"态势和"涨多跌少"特征，与同期全国平均水平的态势基本一致，如图3所示；环比方面，2024年1~8月，河南省居民消费价格指数的变化趋势同全国平均水平的变化趋势基本一致，如图4所示。从月度累计走势看，2024年1~8月，河南省居民消费价格指数累计同比涨跌幅走势同全国平均水平走势大致一样，均呈现"平稳运行有微升"态势，仍处于"0时代"，如图5所示。

与中部地区其他省份相比较，同比方面，2024年1~8月，河南省居民消费价格指数同比涨跌幅在中部六省中整体居倒数第二位（整体好于山西省；个别月份除外，如8月河南居第二位）；2024年1~8月，中部六省居民消费价格指数同比涨跌幅走势基本一致，整体呈现"温和上涨"态势，如图6所示。环比方面，2024年1~8月，中部六省居民消费价格指数环比涨跌幅走势基本一致，整

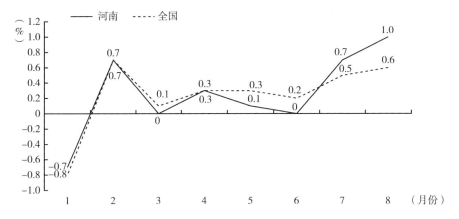

图3　2024年1~8月河南及全国居民消费价格指数同比涨跌幅情况

数据来源：国家统计局、国家统计局河南调查总队。

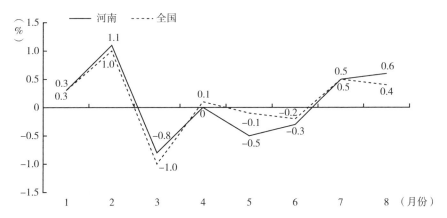

图4　2024年1~8月河南及全国居民消费价格指数环比涨跌幅情况

数据来源：国家统计局、国家统计局河南调查总队。

体相对温和（个别月份相对剧烈，如2月、3月），如图7所示。

　　与国内部分发达省份相比，同比方面，2024年1~8月，河南省居民消费价格指数同比涨跌幅在1月、7月、8月表现较好，整体处于低位运行，且与样本发达省份的走势基本一致，呈现"温和上涨"态势，如图8所示。环比方面，2024年1~8月，河南省居民消费价格指数环比涨跌幅走势与样本发达省份的走势基本一致，呈现"涨多跌少""整体温和"等特征，如图9所示。

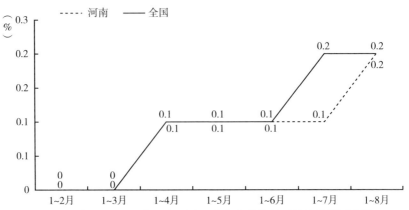

图5 2024年1~8月河南及全国居民消费价格指数累计同比涨跌幅情况

数据来源：国家统计局、国家统计局河南调查总队。

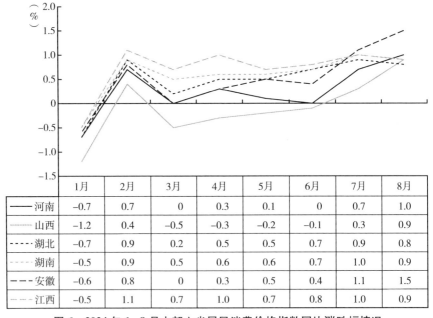

	1月	2月	3月	4月	5月	6月	7月	8月
河南	-0.7	0.7	0	0.3	0.1	0	0.7	1.0
山西	-1.2	0.4	-0.5	-0.3	-0.2	-0.1	0.3	0.9
湖北	-0.7	0.9	0.2	0.5	0.5	0.7	0.9	0.8
湖南	-0.5	0.9	0.5	0.6	0.6	0.7	1.0	0.9
安徽	-0.6	0.8	0	0.3	0.5	0.4	1.1	1.5
江西	-0.5	1.1	0.7	1.0	0.7	0.8	1.0	0.9

图6 2024年1~8月中部六省居民消费价格指数同比涨跌幅情况

数据来源：国家统计局中部六省调查总队。

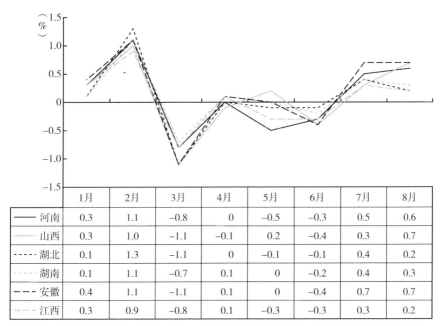

	1月	2月	3月	4月	5月	6月	7月	8月
河南	0.3	1.1	−0.8	0	−0.5	−0.3	0.5	0.6
山西	0.3	1.0	−1.1	−0.1	0.2	−0.4	0.3	0.7
湖北	0.1	1.3	−1.1	0	−0.1	−0.1	0.4	0.2
湖南	0.1	1.1	−0.7	0.1	0	−0.2	0.4	0.3
安徽	0.4	1.1	−1.1	0.1	0	−0.4	0.7	0.7
江西	0.3	0.9	−0.8	0.1	−0.3	−0.3	0.3	0.2

图7 2024年1~8月中部六省居民消费价格指数环比涨跌幅情况

数据来源：国家统计局中部六省调查总队。

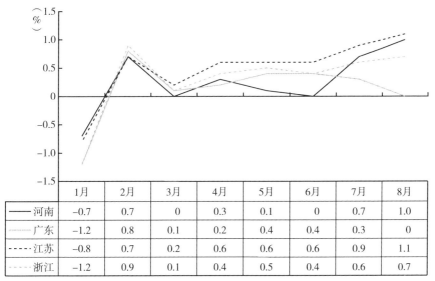

	1月	2月	3月	4月	5月	6月	7月	8月
河南	−0.7	0.7	0	0.3	0.1	0	0.7	1.0
广东	−1.2	0.8	0.1	0.2	0.4	0.4	0.3	0
江苏	−0.8	0.7	0.2	0.6	0.6	0.6	0.9	1.1
浙江	−1.2	0.9	0.1	0.4	0.5	0.4	0.6	0.7

图8 2024年1~8月河南及部分发达省份居民消费价格指数同比涨跌幅情况

数据来源：国家统计局河南、广东、江苏、浙江调查总队。

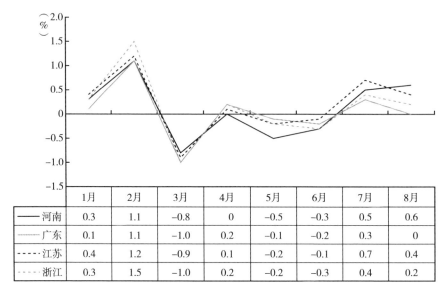

	1月	2月	3月	4月	5月	6月	7月	8月
河南	0.3	1.1	−0.8	0	−0.5	−0.3	0.5	0.6
广东	0.1	1.1	−1.0	0.2	−0.1	−0.2	0.3	0
江苏	0.4	1.2	−0.9	0.1	−0.2	−0.1	0.7	0.4
浙江	0.3	1.5	−1.0	0.2	−0.2	−0.3	0.4	0.2

图9　2024年1~8月河南及部分发达省份居民消费价格指数环比涨跌幅情况

数据来源：国家统计局河南、广东、江苏、浙江调查总队。

二　影响因子分析

（一）内部因子

农村CPI同比上涨幅度高于城市CPI，有效拉动CPI上涨。据国家统计局河南调查总队数据，分月度看，2024年1~8月，河南省农村CPI同比涨跌幅分别为−0.1%、1.1%、0.6%、0.8%、0.3%、0.2%、0.8%、1.1%，1~8月累计同比上涨0.6%；河南省城市CPI同比涨跌幅分别为−1.1%、0.5%、−0.3%、0.1%、0.0%、−0.1%、0.6%、0.9%，1~8月累计同比上涨0.1%。较之城市CPI，农村CPI的"涨多跌少"特征更显著，成为拉动全省居民消费价格指数同比上涨的主力，而城市CPI的平稳但低位运行，难以有效拉动全省居民消费价格指数上涨。

食品烟酒价格同比下跌，显著拖累 CPI 上涨。据国家统计局河南调查总队数据，分月度看，2024 年 1~8 月，河南省食品烟酒价格同比涨跌幅分别为 -3.2%、0.1%、-2.2%、-2.1%、-2.4%、-2.6%、-0.1%、2.1%，1~8 月累计同比下跌 1.3%。其中，1~8 月食用油价格同比下跌 6.5%、畜肉类价格同比下跌 0.2%（其中猪肉价格同比上涨 8.5%、牛肉价格同比下跌 14.8%、羊肉价格同比下跌 7.1%）、蛋类价格同比下跌 8.0%、鲜果价格同比下跌 7.5%。猪肉价格同比上涨对居民消费价格指数的拉动作用小于牛羊肉、蛋类、鲜果等价格同比下跌的拖累程度。

PPI 同比跌幅有所收敛，仍拖累 CPI 上涨。据国家统计局河南调查总队数据，分月度看，2024 年 1~8 月，河南工业生产者出厂价格每月同比涨跌幅分别为 -2.8%、-2.9%、-3.3%、-3.1%、-1.6%、0.3%、0.5%、-0.3%，1~8 月累计比上年同期下跌 1.7%；河南工业生产者购进价格每月同比涨跌幅分别为 -6.0%、-5.4%、-5.7%、-5.1%、-2.7%、-1.0%、-0.1%、-0.8%，1~8 月累计比上年同期下跌 3.4%。2024 年 1~8 月，CPI-PPI 同比剪刀差波动式收窄，反映了当前制造业中上游商品涨价乏力，且下游行业出厂价格也明显承压，而 PPI 对 CPI 具有明显的传导效应，导致短期内 CPI 上涨态势受阻。

（二）外部因子

河南省 GDP 同比增速低于全国平均水平。根据国家及河南省统计局数据，2024 年上半年，河南省地区生产总值（GDP）为 31231.44 亿元，按不变价格计算，同比增长 4.9%，增速低于全国平均水平 0.1 个百分点。这意味着河南省在经济增长方面仍面临困境。同期河南 CPI 持续低位运行，与当前河南面临的国内外宏观经济环境依然严峻复杂、经济恢复基础尚不稳固、政策手段有效发挥不足、区域及城乡经济发展不平衡、企业经营效益有所下滑等因素紧密相关。

河南省居民收入水平低于全国平均水平。根据国家及河南省统计局数据，2024 年上半年，河南省居民人均可支配收入 14962 元，低于全国平均水平5771元。其中，城镇居民人均可支配收入20975元，低于全国平均水平6586元，同比增长4.6%，增速与全国平均水平持平；农村居民人均可支配收入9285元，低于全国平均水平1987元，同比增长6.8%，增速与全国平均水平持平。河南居民收入持续低于全国平均水平，导致支撑居民消费需求的能力不足，拖累全省CPI上涨。

河南省居民消费支出能力低于全国平均水平。根据国家和河南统计局数据及测算，2024年上半年，河南省居民人均消费支出累计值为10835元，低于全国平均水平2766元，差距较上年同期扩大302元。其中，城镇居民人均消费支出累计值为13157元，低于全国平均水平3623元，差距较上年同期扩大409元；农村居民人均消费支出累计值为8642元，低于全国平均水平555元，差距较上年同期扩大127元。河南居民消费支出水平低于全国平均水平，且差距呈扩大态势，抑制了全省CPI上涨。

三　走势分析与对策建议

（一）走势分析

2024年1~8月河南省CPI涨跌幅处于低位运行态势，物价相对平稳。当前，河南推动CPI上涨的因素和抑制CPI上涨的因素并存，且推动作用整体略大于抑制作用。预计2024年河南省CPI将保持"温和上涨"态势，大概率将低位运行，仍处于"0时代"，且该温和上涨态势大概率会延续至2025年。

推动CPI上涨的因素有以下两个方面。一是经济运行保持稳中向好、持续向好态势。随着河南省全力以赴推政策、扩需求、育新质、转动能，工业、投资、消费等主要经济指标保持良好增长态势，为物价温和上涨奠定良好基础。二是消费市场持续扩大。据国家统计局河南调查总队数据，2024年上半年，河南省社会消费品零售总额同比增长5.6%；粮油食品、饮料、烟酒、石油及制品、金银珠宝、通信器材等商品需求快速增长，分别同比增长17.1%、16.7%、13.9%、13.9%、20.9%、29.0%，城乡居民消费潜力的有效释放，显著刺激了全省物价温和上涨。

抑制CPI上涨的因素有以下两个方面。一是商品和服务供给能力整体保持稳定，但居民可支配收入水平、消费支出水平偏低，且显著低于全国平均水平，该水平短期内难以得到有效改变，进而抑制相关产品及服务价格上涨，拖累全省CPI上涨。二是河南工业生产者出厂价格和工业生产者购进价格同比下跌态势短期内难以转变，PPI-CPI传导效应将一定程度上抑制河南省CPI上涨。

（二）对策建议

一是巩固和增强经济回升向好态势。聚焦经济高质量发展目标任务，坚持稳中求进总基调，勇于破除经济发展的瓶颈制约，大力激发市场活力和内生动力，进一步激活有效益的投资、有潜能的消费，促进投资和消费良性循环，以畅通经济大循环之"进"，助力发展大局之"稳"，为河南省物价温和上涨夯实基础。

二是统筹提升居民收入和消费能力。聚焦居民收入水平和消费水平双提升，通过扩大就业、增加居民财产性收入、减轻居民支出负担等路径提高居民收入水平，通过持续推进消费品以旧换新政策、培育消费新场景、保障消费新供给等路径提高居民消费水平，保障和实现消费有效拉动河南省物价温和上涨。

三是着力促进供需平衡和物价稳定。认真落实中央保供稳价的政策措施，加强统筹协调，促进物价趋于平稳，回归2%～3%黄金区间。丰富调控手段，提升调控能力，畅通生产、流通、消费等多个环节，施行以预调、微调为主，"调高"与"调低"并重的价格调控体系，有效促进河南市场供需平衡和物价平稳运行。

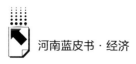

参考文献

崔理想：《2023~2024年河南省居民消费价格走势分析》，载王承哲、完世伟、高璇主编《河南经济发展报告（2024）》，社会科学文献出版社，2023。

河南省社会科学院课题组：《回升向好显韧性　向新求变强动能——2024年上半年河南经济形势分析暨全年展望》，《河南日报》2024年7月12日。

专题研究篇

B.11
河南新质生产力水平测度
与提升路径分析

陆文涛*

摘　要：　新质生产力是推动经济高质量发展的内在要求和重要着力点。本文从创新、协调、绿色、开放、共享五个维度构建新质生产力测度指标体系，采用熵值法赋权，结合线性加权法，评估河南省及各地级市在2013~2023年的新质生产力发展水平。结果显示，2023年河南省新质生产力综合得分比2013年提升了近两倍，发展成效明显、未来提升空间大，整体呈"中间多两端少"的橄榄型分布特征。分区域来看，豫中地区郑州发展最快，豫西地区洛阳也表现出强劲的增长势头，而豫东和豫南地区相对滞后，形成了"西高东低、北高南低"的空间格局。河南新质生产力发展受经济基础、产业结构、人才资源、政策支持及地理位置等因素制约，需要深化科研体系建设，优化资源均衡配置，推动生态文明建设，加强区域协同创新，完善资源共享机制，持续提升河南新质生产力水平。

---

* 陆文涛，博士，河南省社会科学院经济研究所助理研究员，主要研究方向为区域经济。

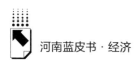

关键词： 新质生产力　指标体系　河南

进入新时代，我国社会经济面临重大发展机遇，同时也面临挑战，传统的生产模式已经难以适应新时代经济高质量发展的需求。习近平总书记深刻指出，高质量发展需要新的生产力理论来指导，而新质生产力已经在实践中形成并展示出对高质量发展的强劲推动力、支撑力①。新质生产力作为生产力发展的新形态，正成为推动经济社会高质量发展的关键力量。新质生产力以其创新驱动、数字赋能和绿色引领的显著特征，摆脱了传统生产力的增长路径，更加符合新时代高质量发展的要求。新质生产力的提出，是对传统生产力理论的一次重要拓展和深化，旨在打破传统生产力发展的路径依赖，推动经济社会实现更高质量、更有效率、更加公平、更可持续的发展。新质生产力的核心在于创新驱动，通过科技创新和交叉融合突破，形成新的生产力增长点，为经济社会发展提供强大动力。河南作为中部地区的重要省份，正处于传统生产力向新质生产力演化的战略机遇期，测度河南省新质生产力水平，是评估省内经济社会发展质量的重要依据。通过构建科学、合理的测度指标体系，全面、客观地反映河南省新质生产力的发展状况，揭示不同区域、不同行业之间的发展差异和不平衡性，为河南省在新发展阶段优化生产力布局、推动区域协调发展提供重要参考和有力的决策支持。

一　新质生产力测度指标体系构建的逻辑梳理

（一）新质生产力的理论基础与当代价值

马克思在其经典著作《资本论》及其手稿中，对生产力的本质及其发展规律进行了深刻剖析，为理解新质生产力奠定了坚实的理论基础。马克思指

---

① 《发展新质生产力是推动高质量发展的内在要求和重要着力点》，《求是》2024年第11期。

出，"生产力，即生产能力及其要素的发展，是随着科学和技术的不断进步而发展的"①。这一论断不仅揭示了生产力发展的内在动力，也强调了科学技术在推动生产力进步中的核心作用。生产力，作为人类改造自然、创造物质财富的能力，是历史前进的基础和动力源泉，它不仅是经济活动的基石，更是社会结构、文化形态乃至政治制度的决定性因素。在马克思的理论框架下，生产力的构成要素主要包括劳动者、生产资料和生产关系三个方面。劳动者是生产力的主体，是创造社会财富的直接承担者；生产资料是劳动者进行生产活动所必需的物质条件，包括劳动工具和劳动对象；生产关系是指人们在生产过程中结成的社会关系，它反映了人与人之间在物质资料生产过程中的地位和相互关系。② 马克思强调，只有将劳动者与生产资料有效结合，并在适宜的生产关系下，才能实现现实的生产活动，推动生产力不断发展。③

新质生产力作为生产力理论在新时代的创新发展，不仅继承了马克思关于生产力发展的基本理论，还针对当前经济社会发展的新特征和新趋势，赋予了生产力新的内涵和价值。在全球化和信息化快速推进的背景下，传统的生产模式已难以满足经济社会高质量发展的需求。新质生产力正是在这一背景下应运而生，它通过充分整合科技创新和现有产业基础，推动要素治理和资源配置效率的提升，成为推动社会进步和经济发展的关键力量。

新质生产力与高质量发展高度契合。首先，在质的维度上，新质生产力以创新与提质为核心，其"新质"属性体现在质态的革新、形态的演变以及形式的多样化上。人工智能、大数据、云计算等技术的广泛应用，不仅改变了传统产业的生产方式和管理模式，还推动了新兴产业如智能制造、数字金融、远程医疗等的蓬勃发展，这些均与高质量发展的"质优"要求高度契合。实现高质量发展，关键在于强化科技创新、人才培养、基础设施升级及产业优化等，这与新质生产力的核心特征紧密相连。其次，在发展要求上，新质生产力与高质量发展保持高度一致。新质生产力注重资源的高效利用和环境

---

① 《1844 年经济学哲学手稿》，人民出版社，2014。

② 《资本论》（第一卷），人民出版社，2004。

③ 《资本论》（第二卷），人民出版社，2004。

的可持续发展。在全球资源环境约束日益增强的背景下，传统的粗放型发展模式已难以为继。新质生产力通过推动绿色低碳技术的应用和普及，提高了资源利用效率，降低了环境污染和生态破坏的风险。可见，绿色发展既是高质量发展的底色，也是发展新质生产力的本质意蕴。最后，在价值导向上，新质生产力与高质量发展具有相同的旨归。新质生产力强调人的主体地位，注重激发人的积极性、主动性和创造性，这与高质量发展致力于满足人民对美好生活向往的价值追求相吻合。高质量发展体现的是以人为本的发展理念，它强调发展为了人民、发展依靠人民、发展成果由人民共享，将人的全面发展作为经济社会发展的最终目标。通过发展新质生产力，推动教育、医疗、文化等公共服务均衡配置和优化升级，提高人民群众的生活水平和幸福感，促进实现社会公平正义。这种以人为本的发展理念反映了新质生产力理论与高质量发展在价值导向上的高度统一。

发展新质生产力核心任务在于调和并解决社会的基本矛盾，这一矛盾主要体现在生产力与生产关系之间的动态张力上。高质量发展核心任务在于有效应对并缓解阶段性矛盾，即人民群众日益增长的对美好生活的向往与当前发展不平衡、不充分现状之间的矛盾。二者之间既有相辅相成、互为支撑的紧密关系，又蕴含着决定与被决定的深层次逻辑。社会阶段性矛盾的妥善解决，在很大程度上依赖于对基本矛盾深刻理解与逐步解决；而阶段性矛盾的有效缓解，又促进了基本矛盾的进一步调和。

（二）新质生产力测度指标体系构建的根本目的

构建新质生产力测度指标体系首先要明确发展新质生产力的根本目标。习近平总书记强调，发展新质生产力是推动高质量发展的内在要求和重要着力点①，要牢牢把握高质量发展这个首要任务，因地制宜发展新质生产力②。可见，作为推动社会进步和经济发展的重要力量，新质生产力发展的根本目

---

① 《发展新质生产力是推动高质量发展的内在要求和重要着力点》，《求是》2024年第11期。
② 《习近平在参加江苏代表团审议时强调：因地制宜发展新质生产力》，中国政府网，2024年3月5日，https：//www.gov.cn/yaowen/liebiao/202403/content_6936752.htm？menuid=104。

标是为高质量发展提供推动力和支撑力。新质生产力测度指标体系的构建能够为我们提供一个清晰的量化框架，用于衡量和评价新质生产力的发展状况，应确保指标体系的设计紧密围绕高质量发展这一根本目的展开，避免偏离方向。高质量发展体现了新发展理念，是以创新为第一动力、协调为内生特点、绿色为普遍形态、开放为必由之路、共享为根本目的的发展。习近平总书记指出，新质生产力是创新起主导作用，摆脱传统经济增长方式、生产力发展路径，具有高科技、高效能、高质量特征，符合新发展理念的先进生产力质态。①

新发展理念是习近平新时代中国特色社会主义思想的重要组成部分②，为构建新质生产力测度指标体系奠定了重要的理论基础，为新质生产力的发展指明了方向。首先，新质生产力是符合新发展理念的先进生产力质态。新发展理念包括创新、协调、绿色、开放、共享等方面，强调的是高质量发展、创新驱动发展、人与自然和谐共生、全面开放以及社会公平正义等原则③。新质生产力正是体现了新发展理念这些原则的一种生产力形态。其次，新质生产力的发展是推动高质量发展的内在要求和重要着力点。新质生产力具有高科技、高效能、高质的特征，能够推动经济实现更高质量、更有效率、更加公平、更可持续的发展。发展新质生产力可以摆脱传统经济增长方式和生产力发展路径的束缚，实现经济的转型升级和可持续发展。最后，新质生产力的发展需要贯彻新发展理念，包括以创新驱动为核心，推动科技创新交叉融合突破，促进城乡区域协调发展，推动产业协同发展，推动绿色低碳循环发展，保护生态环境，推动更深层次、更高水平的对外开放，践行共享发展，促进社会公平正义，增进民生福祉。可见，新质生产力是新发展理念在生产力领域的具体体现和实践要求，新发展理念是引领和指导新质生产力发展的中心思想，因此在构建新质生产力测度指标体系时，必须充分体现新发展理念的要求。

---

① 《习近平在参加江苏代表团审议时强调：因地制宜发展新质生产力》，中国政府网，2024 年 3 月 5 日，https：//www.gov.cn/yaowen/liebiao/202403/content_ 6936752.htm？menuid=104。

② 《习近平谈治国理政》（第二卷），外文出版社，2018。

③ 《把握新发展阶段，贯彻新发展理念，构建新发展格局》，《求是》2021 年第 9 期。

（三）新质生产力测度指标体系构建的基本原则

新质生产力测度指标体系的构建是一个复杂而系统的过程，需要遵循科学性、系统性、强相关性、前瞻性、可操作性和平衡性等基本原则，以确保指标体系的科学性、合理性和有效性。

一是要遵循科学性原则。科学性是构建指标体系的首要原则。指标体系必须建立在科学的基础上，能够客观、真实地反映新质生产力的发展状况和水平。在选取指标时，应充分考虑指标的代表性和可度量性，确保指标能够准确反映新质生产力的核心要素和关键环节。

二是要遵循系统性原则。新质生产力是一个复杂的系统，涉及多个方面和环节。在构建指标体系时，坚持系统性原则，将新质生产力的各个方面和环节纳入考虑范围，形成一个有机联系的整体。指标体系应涵盖科技创新、新劳动者、新劳动资料、新劳动对象和要素优化组合等多个维度，以全面反映新质生产力的发展状况。

三是要遵循强相关性原则。构建指标体系时，应选择与新质生产力水平高度相关的指标，要能够直接或间接地影响新质生产力的发展，并在一定程度上反映新质生产力的核心竞争力和发展潜力。

四是要遵循前瞻性原则。新质生产力是一个不断发展的概念，随着科技和产业变革的深入，其内涵和外延也在不断变化，要充分考虑未来科技和产业变革的趋势和方向。选取具有前瞻性的指标以反映新质生产力的发展潜力和未来趋势，有助于引导关注新质生产力的发展方向和重点领域，推动新质生产力持续健康发展。

五是要遵循可操作性原则。构建指标体系时，还需要考虑指标的可操作性。指标数据应易于获取、计算，指标含义应易于理解，以便于在实际操作和分析。同时，指标体系的设计应简洁明了，避免过于复杂和烦琐，以提高实际应用效率和准确性。

六是要遵循平衡性原则。在构建指标体系时，还需要考虑"做大"与"做强"的平衡。既要关注新质生产力规模的扩大，也要关注其质量和效益的提升。因此，在选取指标时，要同时考虑反映规模的基础指标和反映强度和效率的强度指标，以确保指标体系能够全面反映新质生产力的发展状况。

二　河南新质生产力测度指标体系的设计

针对河南的具体情况，设计一套科学合理的新质生产力测度指标体系，是准确评估河南新质生产力发展水平、推动产业升级和经济高质量发展的关键。当前，学术界对于新质生产力的量化评估尚处于初步探索与理论构建阶段，尚未形成一套普遍认可的统一衡量标准。审视现有主流文献，可以发现新质生产力的测量体系主要沿两条路径展开：一是从新质生产力要素的角度出发，涵盖新劳动力、新劳动对象、新劳动资料及其优化组合等；二是侧重于数字生产力、科技生产力及绿色生产力等新兴维度。

习近平总书记指出，新质生产力是符合新发展理念的先进生产力质态[①]。新质生产力是一种和高质量发展所倡导的新发展理念高度契合的先进生产力形态，发展培育新质生产力的核心目的是为高质量发展提供强劲的动力支持与坚实支撑。这一特质决定了在构建新质生产力测度指标体系时，必须紧紧围绕支撑高质量发展的根本目标这一核心要义，必须基于新发展理念的创新、协调、绿色、开放、共享五个方面。但在具体指标的选取上，又与传统经济高质量发展指标体系要有所区别。指标体系要充分反映新发展阶段的多维要求、充分符合新质生产力的内涵本质、充分覆盖新发展理念的五大原则。同时，既要有反映河南新质生产力培育和发展规模变化的基础指标，也要有反映质量和效率的强度指标，从而全方位体现新质生产力的高科技、高效能、高质量特征。

立足前述指标体系构建的理论基础、根本目的和基本原则，本文构建的新质生产力测度指标体系在系统层上遵循了新发展理念的创新、协调、绿

---

① 《发展新质生产力是推动高质量发展的内在要求和重要着力点》，《求是》2024 年第 11 期。

色、开放、共享五个方面，在准则层上则贴合新质生产力的内涵特征，为新质生产力发展水平的量化评估提供新的视角与工具。

（一）指标体系构建

本文构建了包含 5 个一级指标（系统层）、15 个二级指标（准则层）、30 个三级指标（指标层）的新质生产力测度指标体系（见表1）。在系统层方面，选取新发展理念所倡导的创新、协调、绿色、开放、共享 5 个方面来反映河南新质生产力的发展水平。每个一级指标分别解构为 3 个二级指标，反映新质生产力的高科技、高效能、高质量特征。每个二级指标再划分为 2 个三级指标，反映新质生产力发展水平"增量"和"提质"强度。

表 1　新质生产力测度指标体系

系统层	准则层	指标层	单位	属性
创新系统	创新投入	每万人 R&D 活动人员全时当量	人年/万人	+
		R&D 经费投入强度	%	+
	创新产出	每万人发明专利拥有量	项/万人	+
		普通高等学校本科毕业生占比	%	+
	创新成效	新产品销售收入	万元	+
		全员劳动生产率	元/人	+
协调系统	区域协调	人均地区生产总值	元/人	+
		人口老龄化程度	%	−
	城乡协调	城乡从业人员比	—	+
		城镇化水平	%	+
	产业协调	泰尔指数	—	−
		第三产业增加值与第二产业增加值之比	—	+
绿色系统	生态家园	农村太阳能热水器利用面积	万平方米	+
		沼气池保有量占全市总户数比重	%	+
	资源集约	人均用电量	KWh/人	+
		一般工业固体废物综合利用率	%	+
	环境保护	万元 GDP 工业废水排放量	吨/万元	−
		污水处理率	%	+

系统层	准则层	指标层	单位	属性
开放系统	技术开放	技术市场成交合同数	项	+
		技术市场成交额占 GDP 比重	%	+
	市场开放	实际利用省外资金	万元	+
		外商直接投资（FDI）占 GDP 比重	%	+
	要素开放	国际互联网用户	万户	+
		电信业务总量占 GDP 比重	%	+
共享系统	资源共享	每万人高等学校拥有量	所	+
		人均教育经费	元/人	+
	成果共享	居民人均可支配收入	所	+
		城乡居民消费比	—	+
	服务共享	基本养老保险覆盖率	%	+
		基本医疗保险覆盖率	%	+

（二）指标说明

1. 创新系统

习近平总书记指出，科技创新是发展新质生产力的核心要素。[①] 新质生产力是以创新为主导的先进生产力质态，因此创新系统排新质生产力测度指标体系第一位。创新系统在准则层又分为创新投入、创新产出、创新成效，综合评价河南新质生产力创新维度的发展水平。

（1）创新投入体现的是高科技特征。具体关注在研究与试验发展（R&D）活动上的投入，包括每万人 R&D 活动人员全时当量和 R&D 经费投入强度两个三级指标，这两个指标分别反映科技创新的广度和深度，是高科技发展的重要驱动力。每万人 R&D 活动人员全时当量是指每万人中全时从事 R&D 活动的人员数量，是衡量一个地区或单位 R&D 活动规模的重要指

---

① 《习近平在中共中央政治局第十一次集体学习时强调：加快发展新质生产力 扎实推进高质量发展》，中国政府网，2024 年 2 月 1 日，https://www.gov.cn/yaowen/liebiao/202402/content_6929446.htm。

标，数值越大，说明该地区或单位在 R&D 活动上的投入越大，对创新的支持力度越大。R&D 经费投入强度指 R&D 经费支出占地区生产总值的比重，是衡量一个地区对科技创新活动投入力度的重要指标，数值越大，表明该地区对科技创新的重视程度越高、支持力度越大。

（2）创新产出体现的是高效能特征。高效的创新活动能够产生更多创新成果，提高经济发展的整体效能，选取每万人发明专利拥有量和普通高等学校本科毕业生占比两个三级指标，评估科技创新活动的直接产出和人才培养情况。每万人发明专利拥有量指地区或单位每万人拥有的有效发明专利数量，是衡量创新产出水平的重要指标，数值越大，表明该地区或单位的科技创新产出能力和活跃度越高。普通高等学校本科毕业生占比虽然不能直接衡量创新产出，但是衡量一个地区未来创新潜力的关键因素，占比高意味着该地区拥有更多具备创新能力和素质的人才资源。

（3）创新成效体现的是高质量特征。高质量的创新成果能够显著提升产品的市场竞争力和附加值，从而推动经济高质量发展。选取新产品销售收入和全员劳动生产率两个三级指标，反映创新活动转化为实际经济效益的情况。新产品销售收入直接反映了创新活动转化为实际经济效益的成效。新产品销售收入高，说明创新活动对经济增长的贡献大，创新成果转化率高。全员劳动生产率反映了劳动力整体的生产效率，劳动生产率往往与技术创新、管理创新等密切相关，是创新成效的重要体现。

2.协调系统

习近平总书记强调，协调是持续健康发展的内在要求。[①] 新质生产力既要求生产要素的优化组合，又要求产业间协同配合和发展的有效衔接，表现了突出的协调性。因此，新质生产力强调产业和地区的协调发展，产业和地区在结构和空间上的协调发展最终促进生产力与生产关系的协调发展。因此，新质生产力测度指标体系应重点考查协调系统。协调系统在准则层分为区域协调、城乡协调和产业协调，综合评价河南新质生产力协调维度的发展

---

① 《全党必须完整、准确、全面贯彻新发展理念》，《求是》2022 年第 16 期。

水平。

（1）协调维度在直接体现高科技特征方面虽然不如创新维度明显，但可以通过产业协调程度间接反映高科技产业的发展情况。新质生产力要求不同产业实现协调发展，通过优化产业结构、促进产业升级和转型，推动传统产业与新兴产业、高新技术产业与现代服务业的融合发展，形成产业协调发展的新格局。产业协调包括泰尔指数、第三产业增加值与第二产业增加值之比两个三级指标，反映了不同产业之间相互渗透、相互交叉、相互促进的程度。泰尔指数表征的是产业结构合理程度，反映各产业之间的协调性和资源配置的有效性，是衡量一个地区产业生态健康与否的关键指标。泰尔指数值越大，说明产业结构越不合理，供求偏差较大，因此是负向指标。第三产业增加值与第二产业增加值之比表征的是产业结构水平，用于反映产业结构由低级向高级转变的过程，包括从劳动密集型向知识技术密集型产业的转变。该指数越大，说明第三产业在地区经济中的地位越高，是经济增长的主要驱动力；该指数也反映了技术进步和产业升级的趋势。

（2）区域协调和城乡协调体现的是高效能特征。区域协调和城乡协调能够提升资源配置效率和经济运行效率。选取人均地区生产总值、人口老龄化程度、城乡从业人员比和城镇化水平作为三级指标，可以评估区域经济和社会发展的协调程度和效率。人均地区生产总值作为衡量一个地区经济发展水平的重要指标，直接反映地区人均经济产出，关注地区人均生产总值变化有助于了解区域间经济发展的平衡程度和差异情况。人口老龄化程度是负向指标，人口老龄化程度越高，社会劳动力供给越低，将造成创新人才短缺，进而影响区域新质生产力的培育与发展。城镇化水平反映了农村人口向城镇转移和集中的程度，是衡量城乡协调发展的重要指标。城镇化水平的提高有助于优化城乡资源配置，促进城乡经济社会的协调发展。城乡从业人员比则反映了城乡劳动力市场的协调程度，新质生产力以高科技为特征，更易在城市中形成和发展，城乡从业人员比越高，表明该地区新质生产力发展水平越高。

（3）协调系统的三个二级指标都能够间接体现地区新质生产力发展的

高质量特征。优化产业结构和促进城乡均衡发展，可以提高经济发展质量和可持续性。直接体现高质量特征的指标更多地体现在其他维度（如绿色系统和共享系统）中。

3.绿色系统

习近平总书记指出，新质生产力本身就是绿色生产力。① 新质生产力强调绿色引领，通过采用先进的环保技术和绿色生产方式，减少工业生产、能源消耗等过程中的污染物排放，从而降低对环境的负面影响。新质生产力在发展过程中，始终坚持绿色发展理念，重视提高自然资源的利用效率和改进资源利用模式，重视自然资源的循环使用。因此，"绿色"必须作为测度新质生产力发展水平的重要维度之一。绿色系统在准则层分为资源集约、环境保护和生态家园，综合评价河南新质生产力绿色维度的发展水平。

（1）生态家园和资源集约体现的是高科技特征。资源的高效集约利用，都是高科技推动绿色发展的重要体现。生态家园准则包括两个三级指标，农村太阳能热水器利用面积反映了农村地区可再生能源的利用情况，太阳能热水器的广泛应用有助于减少对传统能源的依赖和环境污染，是衡量农村地区绿色发展水平的重要指标。沼气池保有量占全市总户数比重衡量了农村地区沼气池的建设和使用情况，是评估农村生活污水和废弃物资源化利用水平的重要指标，沼气池的建设和使用有助于改善农村环境卫生和推动绿色生活方式的形成。资源集约包括两个三级指标，其中一般工业固体废物综合利用率指工业固体废物经过回收、加工、循环、交换等方式重新利用的比例，是衡量工业绿色发展水平的重要指标，提高一般工业固体废物综合利用率有助于减少环境污染和资源浪费。

（2）资源集约和环境保护体现的是高效能特征。新质生产力注重资源的集约利用和高效配置，通过科技创新和管理优化，提高资源利用效率，减少资源浪费。人均用电量是资源集约的三级指标，反映了地区人均电力资源

---

① 《习近平在中共中央政治局第十一次集体学习时强调：加快发展新质生产力 扎实推进高质量发展》，中国政府网，2024 年 2 月 1 日，https：//www.gov.cn/yaowen/liebiao/202402/content_ 6929446. htm。

的消耗情况，是衡量资源集约利用水平的重要指标，人均用电量的变化也体现了地区能源消费结构的合理性和可持续性。万元 GDP 工业废水排放量是环境保护的三级指标，衡量工业环境保护水平的重要指标，万元 GDP 工业废水排放量低表明工业生产过程中的环境管理较为严格，环境污染控制效果较好。

（3）环境保护体现了高质量特征。通过减少环境污染、提高资源利用效率和推动生态文明建设，可以显著提升经济发展的质量和生态环境质量。污水处理率是环境保护的三级指标，衡量城市环保水平和生态环境质量，提高污水处理率有助于改善城市环境和提升居民生活质量，也是新质生产力促进社会发展绿色化的体现。

4. 开放系统

习近平总书记强调，要扩大高水平对外开放，为发展新质生产力营造良好国际环境。① 开放有助于打破封闭状态，促进生产要素的跨国界、跨地区流动，企业、国家和地区之间可以共享创新资源、技术和人才，实现优势互补。在构建创新体系培育发展新质生产力的过程中，应加强多主体协同开放合作，借鉴先进地区科技创新成果，提升集成创新能力。开放系统在准则层分为技术开放、市场开放和要素开放，综合测度新质生产力开放维度的发展水平。

（1）技术开放体现的是高科技特征。技术市场的活跃程度和技术交易规模都是高科技发展水平和国际技术合作水平的重要体现。技术开放包括两个三级指标，其中，技术市场成交合同数反映了地区技术市场的开放程度和交易规模，是衡量技术开放水平的重要指标，技术市场成交合同数越多，表明该地区技术创新活跃度越高、技术转移和转化能力越强；技术市场成交额占 GDP 比重进一步衡量技术开放对经济增长的贡献度，比重越高，表明技术开放对地区经济发展的推动作用越显著。

---

① 《习近平在中共中央政治局第十一次集体学习时强调：加快发展新质生产力 扎实推进高质量发展》，中国政府网，2024 年 2 月 1 日，https：//www.gov.cn/yaowen/liebiao/202402/content_ 6929446. htm。

（2）市场开放和要素开放体现的是高效能特征。通过吸引外商直接投资、扩大对外贸易规模以及加强国际互联网和电信业务的开放合作，可以提高经济发展的国际竞争力和资源配置效率。市场开放包括两个三级指标，其中，外商直接投资（FDI）占 GDP 比重反映了地区吸引外资的能力和开放程度，外商直接投资的增加有助于引进先进技术和管理经验，促进地区经济的快速发展和产业升级；实际利用省外资金是衡量地区经济开放程度的重要指标，在一个开放的市场环境中，资本可以自由流动，寻找最优的投资机会，实际利用省外资金直接体现了本省市场对外来资本的接纳程度和开放水平。要素开放主要是指新质生产力最重视的非物质要素数据要素的开放程度，选取国际互联网用户和电信业务总量占 GDP 比重作为代表性指标。国际互联网用户反映了地区互联网普及程度和信息化建设水平，是衡量地区信息化开放程度的重要指标。国际互联网用户的增加有助于促进信息交流、知识共享和科技创新，推动地区经济社会的快速发展。电信业务总量占 GDP 比重衡量电信业对地区经济增长的贡献度，电信业务总量占 GDP 比重越高，表明电信业在地区经济发展中的地位越高，电信业的发展有助于推动地区信息化建设和数字经济发展。

（3）开放系统整体上体现了高质量特征。新质生产力强调创新驱动，而开放系统中的技术开放是创新驱动的具体实践，技术和管理经验的引进，直接提升了经济发展的技术含量和管理水平，是新质生产力高质量特征的重要体现。新质生产力的发展需要更加开放的市场环境，通过开放的市场环境，吸引更多外资进入，促进对外贸易的发展，拓宽经济发展的市场空间。多元化的市场结构也有助于分散经济风险、增强经济韧性，为经济高质量发展提供有力保障。要素开放则加强了经济主体之间的合作与交流，促进了信息共享、技术转移和人才流动。特别是数据要素的开放为技术创新和产业升级提供了强有力的支撑，企业可以获取更多创新灵感和市场信息，加速新产品、新技术的研发和应用。

5. 共享系统

习近平总书记指出，共享理念实质就是坚持以人民为中心的发展思想，体现的是逐步实现共同富裕的要求①。一方面，从新质生产力的价值逻辑来看，发展新质生产力的目的是解决人民日益增长的美好生活需要和不平衡不充分的发展之间的矛盾，实现全体人民的共同富裕。另一方面，只有促进共同富裕，提升人力资本，才能提高全要素生产率，为发展新质生产力提供强大动力。因此，"共享"作为新质生产力测度指标体系的最后一个维度，体现了发展新质生产力必须以发展依靠人民、发展为了人民、发展成果由人民共享为价值旨归。共享系统在准则层分为资源共享、成果共享、服务共享，综合测度新质生产力共享维度的发展水平。

（1）共享系统强调人才资源的共享与优化配置，通过搭建人才培养与交流的共享平台，促进高科技人才在不同领域、不同区域的流动与合作，形成人才聚集效应，提升整体科技创新能力，能够间接体现高科技特征。共享系统中资源共享选取每万人高等学校拥有量和人均教育经费两个三级指标衡量地区人才培养和交流平台的建设水平。每万人高等学校拥有量反映了地区高等教育资源的丰富程度和普及程度，是衡量教育资源共享水平的重要指标。增加高等学校数量有助于提供更多优质的教育资源，满足居民对高等教育的需求。人均教育经费是衡量教育投入力度和公平性的重要指标。人均教育经费越高，表明地区对教育的重视程度越高，为居民提供的教育服务更加优质。

（2）成果共享体现的是高效能特征。选取居民人均可支配收入和城乡居民消费比两个指标，反映了资源配置和利用效率，也能反映提供社会福利和社会服务的效率，从而综合体现地区新质生产力的高效能特征。居民人均可支配收入反映了地区居民的生活水平和收入状况，是衡量经济发展成果共享程度的重要指标。居民人均可支配收入高表明地区经济发展成果更多地惠及了居民，提高了居民的生活质量和幸福感。城乡居民消费比能够直观地反映城乡居民在经济发展中的受益程度。合理的城乡居民消费比意味着经济发展成果被城乡居民所共享，体现了经济发展的均衡性和包容性。当城乡居民

---

① 《习近平在省级主要领导干部学习贯彻党的十八届五中全会精神专题研讨班上的讲话》，新华网，2016 年 5 月 10 日，http：//www.xinhuanet.com//politics/2016-05/10/c_ 128972667_ 2. htm。

消费比趋于合理时，说明资源在城乡之间的配置更为均衡，整体经济的运行效率越高，新质生产力发展水平越高。

（3）服务共享体现的是高质量特征。服务共享通过提供基本的社会保障和公共服务，如养老保险、医疗保险等，直接提升了民众的生活质量和幸福感。同时，良好的社会保障和公共服务体系又能够吸引和留住高素质人才，为地区发展新质生产力提供人才支撑。这种以人为本的发展理念是新质生产力高质量特征的重要体现。基本养老保险覆盖率是衡量社会保障体系完善程度和居民基本生活保障水平的重要指标，基本养老保险覆盖率高表明地区社会保障体系健全，居民的基本生活得到了有效保障。基本医疗保险覆盖率与之类似，反映了地区基本医疗保险的普及程度和居民医疗保障水平，基本医疗保险覆盖率高有助于减轻居民医疗费用负担，提高居民的健康水平和生活质量。

（三）评价方法

采用熵值法赋权后的线性加权法测算 2013~2023 年河南新质生产力发展水平。熵值法的优势在于客观性强且对数据敏感性高，熵值法基于数据本身的离散程度来计算权重，减少了主观判断对测算结果的影响。在新质生产力水平的测算中，可使各个指标的权重分配更加客观公正，能够更真实地反映各指标对新质生产力发展的贡献程度。熵值法对数据的微小变化较为敏感，能够反映数据的细微差异，能够更精确地捕捉河南新质生产力在不同年份的细微变化，提高测算结果的准确性。将熵值法与线性加权法相结合有以下几个优点。一是有利于提高测算精度。将熵值法与线性加权法结合使用，可以充分发挥两者的优势。熵值法提供客观的权重分配，线性加权法则根据这些权重将各指标得分进行线性组合，从而得到更加精确的新质生产力水平测算结果。二是有利于增强结果的解释性。熵值法虽然能够给出客观的权重分配，但对结果不能直接解释，而线性加权法则通过简单的线性组合方式，使测算结果更易于理解和解释，结合使用这两种方法，可以在保证测算结果客观性的同时增强结果的可解释性。三是有利于促进决策科学性。线性加权法允许根据不同的需求和目标调整各指标的权重。基于熵值法赋权后的线性加权法测算得到的新质生产力发展水平数值，能够更准确地反映河南新质生产力的发展状况、趋势及存在的问题，从而制定更加科学、合理的政策措施来推动新质生产力的发展。

（四）数据来源

社会经济类数据来自 2013~2023 年《河南统计年鉴》，专利创新类数据来自河南省知识产权局，绿色发展类数据来自各地市生态环境局公布的环境公报以及固体废物污染环境防治公告。此外，人均类、占比类、比值类数据根据原始数据计算而得。

三 测算结果与分析

计算河南及其 18 个城市 2013~2023 年新质生产力水平，结果如表 2 所示。

表 2　2013~2023 年河南新质生产力水平测算结果

	2013 年	2014 年	2015 年	2016 年	2017 年	2018 年	2019 年	2020 年	2021 年	2022 年	2023 年
郑州	0.3332	0.3409	0.3533	0.3900	0.4145	0.4691	0.5005	0.5882	0.6171	0.6880	0.6935
许昌	0.1242	0.1315	0.1381	0.1560	0.1722	0.1860	0.1980	0.2112	0.2030	0.1967	0.2167
平顶山	0.1453	0.1557	0.1596	0.1744	0.1891	0.2144	0.2309	0.2568	0.2271	0.2442	0.2662
漯河	0.1097	0.1164	0.1233	0.1343	0.1528	0.1676	0.1747	0.1959	0.1938	0.1884	0.2026
开封	0.1129	0.1714	0.1462	0.1545	0.1664	0.1920	0.1968	0.2239	0.1788	0.1900	0.2111
商丘	0.1227	0.1227	0.1283	0.1413	0.1567	0.1875	0.2013	0.2285	0.1869	0.1848	0.2124
周口	0.0938	0.1118	0.1248	0.1281	0.1412	0.1703	0.1869	0.2100	0.1676	0.1661	0.1825
驻马店	0.0906	0.1166	0.1226	0.1342	0.1552	0.1784	0.1957	0.2325	0.1889	0.1870	0.2089
南阳	0.1241	0.1391	0.1450	0.1616	0.1688	0.2032	0.2304	0.2455	0.2397	0.2784	0.3098
信阳	0.1090	0.1103	0.1167	0.1254	0.1451	0.1793	0.1926	0.2075	0.1895	0.1868	0.2074
洛阳	0.1975	0.2054	0.2433	0.2629	0.2921	0.3198	0.3409	0.3665	0.3513	0.3527	0.3859

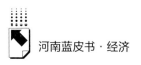

续表

	2013 年	2014 年	2015 年	2016 年	2017 年	2018 年	2019 年	2020 年	2021 年	2022 年	2023 年
三门峡	0.1320	0.1346	0.1399	0.1335	0.1579	0.1735	0.1918	0.2091	0.1924	0.1707	0.1770
新乡	0.1602	0.1721	0.1864	0.1993	0.2166	0.2536	0.2819	0.3036	0.2760	0.2841	0.3184
焦作	0.1333	0.1468	0.1549	0.1629	0.1861	0.2220	0.2407	0.2828	0.2575	0.2583	0.3114
鹤壁	0.0921	0.1055	0.1142	0.1243	0.1349	0.1567	0.1712	0.1997	0.1695	0.1635	0.1683
安阳	0.1226	0.1471	0.1494	0.1605	0.1607	0.1907	0.2166	0.2432	0.2018	0.2044	0.2281
濮阳	0.0729	0.0790	0.0812	0.0935	0.1124	0.1339	0.1622	0.1897	0.1545	0.1566	0.1746
济源	0.1436	0.1540	0.1603	0.1761	0.1887	0.2040	0.2141	0.2325	0.2108	0.2100	0.2194
河南省	0.1334	0.1478	0.1549	0.1674	0.1840	0.2112	0.2293	0.2571	0.2337	0.2395	0.2608

河南 2023 年新质生产力水平综合得分为 0.2608，是 2013 年得分的近两倍，近十年来发展成效显著。郑州、洛阳和新乡三市近十年以来新质生产力得分一直较高，全省领先，形成了相对稳定的新质生产力发展格局。为了更加清晰地反映各地新质生产力水平在省内所处的相对层次，根据综合得分情况，将河南各地新质生产力得分分为五个层次，当分值处于 [0，0.1) 时，新质生产力水平为"低"；当分值处于 [0.1，0.2) 时，新质生产力水平为"较低"；当分值处于 [0.2，0.3) 时，新质生产力水平为"中等"；当分值处于 [0.3，0.4) 时，新质生产力水平为"较高"；当分值大于等于 0.4 时，新质生产力水平为"高"。从表 2 的结果来看，2023 年，新质生产力水平为"高"的城市只有 1 个，为郑州；新质生产力水平为"较高"的城市有 4 个，分别为洛阳、新乡、焦作、南阳；新质生产力水平为"中等"的城市有 9 个，分别为平顶山、安阳、济源、许昌、商丘、开封、驻马店、信阳、漯河；新质生产力水平为"较低"及以下的城市有 4 个，分别为周口、三门峡、濮阳、鹤壁。可以看出，郑州新质生产力水平远高于其他城市，是洛阳的约 1.8 倍。而其他城市新质生产力水平差距相对不大，整体的发展水平呈现"两端少、中间多"的橄榄型分布特征。

（一）河南新质生产力水平时序变化分析

河南东西横跨我国地势第二、第三阶梯，南北有黄河、淮河经过，中间又贯穿全国重要的交通线路京广铁路，这导致河南各地区发展水平及城市定位存在显著差异，发展新质生产力的依赖路径也各不相同，因此根据地理位置将全省分成豫中、豫东、豫南、豫西、豫北五个地区，每个地区在自然资源禀赋、历史人文背景、交通区位特征等方面具有相似特征，便于对各地区新质生产力水平进行横向比较。豫中地区包括郑州、许昌、平顶山、漯河；豫东地区包括开封、商丘、周口；豫南地区包括驻马店、南阳、信阳；豫西地区包括洛阳、三门峡；豫北地区包括新乡、焦作、鹤壁、安阳、濮阳、济源。河南整体及各组别的新质生产力发展水平的时序变化如图1所示。

从整体上看，2020年以前，河南新质生产力水平提升速度较快，从2020年开始提升速度逐渐放缓。截至2023年，河南新质生产力水平从2013年的0.1334提高到2023年的0.2608，提升了近1倍。从五个地区的变化趋势可以看出，总体上各地区的变化趋势相同，各地区的新质生产力水平都在不断提升，豫中地区的新质生产力水平最高，提升速度也最快，2020~2021年提升速度放缓。其余四个地区的新质生产力水平在2020~2021年都出现了不同程度的下降，豫西地区的下降趋势一直持续到2022年。豫东地区的新质生产力水平最低，且在2020年下降幅度最大，与其他地区的差距拉大。

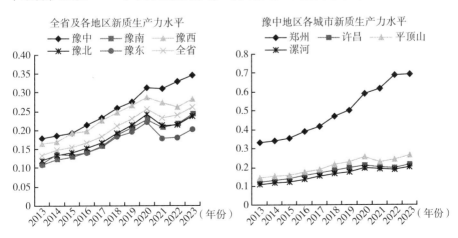

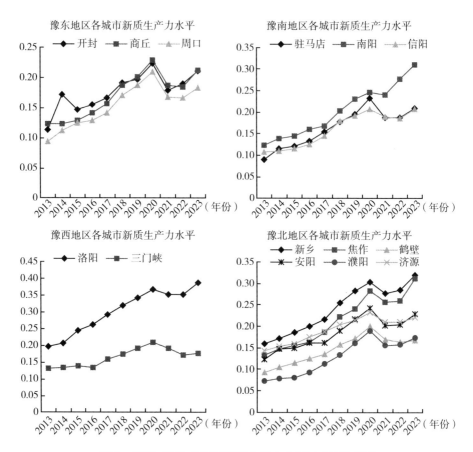

图1 2013~2023年河南新质生产力水平时序变化情况

从豫中地区来看，郑州作为省会，其新质生产力水平不仅得分最高，提升速度也最快。许昌、平顶山、漯河的新质生产力水平变动趋势相同，变化较为稳定。其中平顶山新质生产力水平在2018年达到了"中等"，而许昌和漯河不论是新质生产力水平得分还是增长速度多年来都处于较低水平，直到2023年才达到"中等"。这三个城市的新质生产力水平在全省处于中等偏下水平。豫中地区内部呈现"一极领先、多市平弱"的发展规律。

从豫东地区来看，整体上豫东三市新质生产力水平得分相近，变化趋势也相似。周口新质生产力水平除了在2020年短暂地提升到"中等"，其余年份都为"较低"。自2018年起，开封和商丘两市的新质生产力水平开始呈现互相追赶的态势，到 2023 年两市新质生产力水平极为接近，分别为 0.2111 和 0.2124。豫东地区内部呈现"均衡发展、竞相提升"的发展规律。

从豫南地区来看，南阳新质生产力水平在区域内相对较高，2018 年提升到"中等"，2021 年之后提升速度明显加快，2023 年提升到"较高"，在得分上开始与驻马店、信阳拉大了差距。驻马店和信阳的新质生产力水平多年来保持相近状态，两市新质生产力水平也都是在 2023 年刚刚突破到"中等"。豫南地区内部呈现"一强两中、稳中有进"的发展规律。

从豫西地区来看，洛阳和三门峡的新质生产力水平差距明显，2013～2023 年，洛阳的新质生产力水平一直高于三门峡。2013 年，两市新质生产力水平都为"较低"，2014 年起洛阳已提升到"中等"，2018 年又提升到"较高"。洛阳从 2018 年起已比三门峡高出两个层次，且两市差距不断加大。三门峡在 2023 年的新质生产力水平得分只有 0.1770，仅比 2013 年提升了 34%，省内排名靠后。相比之下，2023 年洛阳的新质生产力水平得分已达到 0.3859，比 2013 年提升了 95%，且多年来在全省保持前列。按照当前的提升趋势，洛阳新质生产力水平在不久的未来将突破到"高"，届时将进一步加大与三门峡的差距。豫西地区内部呈现"强者恒强、弱者缓进"的发展规律。

从豫北地区来看，新乡新质生产力水平一直都高于该区域的其他城市。该区域提升速度最快的是焦作，2023 年，焦作的新质生产力水平得分为 0.3114，已经与新乡的 0.3184 非常相近，比 2013 年提升了 1.34 倍。安阳和济源两市的新质生产力水平在豫北地区处于中间位置，2013～2018 年，济源新质生产力水平略高于安阳，而 2019 年安阳开始超过济源，此后两市互有赶超，到 2023 年，安阳新质生产力水平得分为 0.2281，济源新质生产力水平得分为 0.2194。但是，济源新质生产力水平提升速度相对变缓。鹤壁和濮阳的新质生产力水平在豫北地区乃至全省长期处于较弱的位置，但与自身相比，濮阳的提升幅度较大，从 2013 年的 0.0729 提升到 2023 年的 0.1746，提升了 1.4 倍，在省内属于提升幅度较大的城市。可以看出，在豫北地区六个城市中，新乡、焦作新质生产力水平为"较高"，济源、安阳新质生产力水平为"中等"，濮阳、鹤壁新质生产力水平为"较低"。豫北地区内部呈现"强弱明显、中位交替"的发展规律。

（二）河南新质生产力水平空间格局分析

从河南各城市新质生产力水平的空间格局变化来看，2013年全省新质生产力水平普遍不高，除郑州新质生产力水平为"较高"，大多数城市为"较低"及以下，有13个城市新质生产力水平为"较低"，有4个城市新质生产力水平为"低"，主要集中在豫东和豫北地区。到2018年，新质生产力水平为"低"的城市已然消失，部分新质生产力水平为"较低"的城市开始步入"中等"，但全省新质生产力水平为"较低"的城市仍然有11个。洛阳也于2018年成为全省第二个新质生产力水平"较高"的城市。到2023年，河南省各城市新质生产力水平基本达到"中等"及以上，只有周口、三门峡、鹤壁、濮阳4市新质生产力水平还处于"较低"，但从得分上看，也都已十分接近"中等"，未来还需加快推动新质生产力发展，跟上全省步伐。从当前全省新质生产力水平空间分布来看，除豫北地区郑州远高于其他城市，河南省各城市的新质生产力水平呈现"西高东低、北高南低"的空间格局特征，产生此种现象的原因可从五个层面分析。

一是经济基础与产业基础的差异。一方面，如洛阳、郑州等城市，经济基础相对较强，产业结构较为完善，拥有较为成熟的工业体系和产业链，在新旧动能转换、传统产业转型升级以及新兴产业培育方面具有明显优势，新质生产力快速发展。另一方面，靠近郑州和洛阳的城市，得益于省会和副中心城市的扩散效应和辐射效应，形成多个产业集群，如高新技术产业园区、经济技术开发区等，这些园区通过集聚效应，吸引了大量高新技术企业和创新资源，有助于这些城市新质生产力的提升。相比之下，豫东地区地处黄淮海平原，土地肥沃，适合农耕，是全省乃至全国重要的粮食种植区域，为保证粮食产量，豫东地区的发展注定更加倾斜于第一产业，新质生产力标志性的高精尖、数字化产业的发展能力较弱。豫南地区多为山地丘陵，又是革命老区，矿产资源贫瘠，工业基础薄弱，因而在经济发展和产业基础方面相对滞后，导致在新技术、新产业、新业态的引入和培育上缺乏足够的支撑和动力，影响其新质生产力发展。

二是人才与科技资源分布的差异。一方面，新质生产力的发展高度依赖高素质人才。河南省豫西、豫中和豫北地区的高校、科研机构相对集中，为这些地区提供了丰富的人才资源，同时具有更多的创新型企业，又促使这些地区更加注重人才引进和培养工作，由此形成了良好的人才生态环境。另一方面，豫西、豫中和豫北在科技创新方面具有较强的实力，拥有较多的科研机构和研发平台，因此能够持续产出高水平科技成果，为新质生产力的发展提供了有力支撑。相比之下，豫东与豫南区域在吸引和留住高素质人才方面存在较大困难，许多优秀人才更愿意流向经济更发达、机会更多的地区，导致人才资源严重匮乏，因此科技创新能力相对较弱，难以产生高水平的科技成果和专利，限制了豫东与豫南地区新质生产力的发展。

三是政策支持与制度环境的差异。河南省政府及各级地方政府在新质生产力发展方面给予了高度重视和大力支持，出台了一系列政策措施，如科技创新扶持政策、人才引进计划等。这些政策在豫西、豫北和豫中地区的落地实施效果更为显著，为创新生产活动打造了更好的制度环境，为这些地区的新质生产力发展提供了政策和制度保障。相比之下，豫东和豫南地区在争取上级政策和资金支持方面相对困难，较弱的政策倾斜和较少的资金导致当地政府对新兴产业的投资和规划更加谨慎，行政审批流程更加烦琐，这又导致了营商环境相对较差，增加了企业运营成本和市场进入壁垒，不利于新质生产力的培育和发展。

四是地理位置与交通条件的差异。豫西、豫北和豫中地区在地理位置上具有一定的优势，这些区域位于京广铁路和陇海铁路带辐射范围，更有利于拓展与外界的联系渠道，更易于吸引外部投资和技术引进，推动本地产业升级和转型。得益于此，这些区域在交通通信等基础设施建设方面也更为完善，为新质生产力的发展提供了良好的设施保障。相比之下，豫东与豫南地区远离省内经济中心，与省会城市和经济发达地区的联系不够紧密，难以直

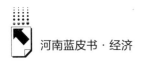

接受益于经济辐射和产业转移，一定程度上限制新质生产力的发展空间。

五是区域合作与协同发展条件的差异。省会郑州位于河南偏北区域，而副中心城市洛阳位于西部区域，从而使豫北和豫西的区域合作机制相对健全和完善，通过更强的交流合作和资源共享，促进了创新资源的优化配置和高效利用。相比之下，豫东与豫南地区之间的区域合作机制相对较弱，缺乏有效的沟通协调机制和利益共享机制，导致区域间创新资源难以有效整合和优化配置，影响了新质生产力的协同发展。由于经济基础、产业结构、人才资源等方面的差异较大，豫东与豫南地区在协同发展方面缺乏足够的动力和共识，导致区域间创新资源的浪费和重复建设问题突出，不利于新质生产力的整体提升。

四　河南新质生产力水平的提升路径

河南新质生产力水平的提升是一个系统性工程，其中，创新是发展新质生产力的核心动力，协调是确保新质生产力发展平稳有序的关键，绿色是发展新质生产力的必然要求，开放是发展新质生产力的重要支撑，共享是发展新质生产力的最终目标。围绕新发展理念的五个方面，推动河南新质生产力水平的提升，是基于对新质生产力内涵的深刻理解以及对当前经济社会发展趋势的准确把握。五个方面相互关联、相互促进，共同构成了河南以新质生产力为重要着力点推动经济高质量发展的全面框架。

（一）深化科研体系建设，激发创新潜能涌现

科技创新催生新增长点与新动能，是新质生产力不断提升的核心引擎。河南作为中国的人口与经济大省，蕴藏着巨大的科研潜力与市场需求，为科技创新提供了肥沃的土壤。强化科技创新将催生新技术、新产业、新业态、新模式，促进产业向高端化、智能化、绿色化方向发展。一是完善科研投入体系。加大对基础研究和应用研究的支持力度，特别是具有前瞻性和战略意

义的研究项目。构建由政府引导、企业主导、社会各界广泛参与的多元化科技投入体系，鼓励企业增加自主研发投入，形成持续的科技创新动力。二是构建高端创新平台矩阵。积极争取并建设国家级实验室、工程技术研究中心等顶尖科研平台，吸引国内外优秀科研团队入驻，共同推动科技创新的前沿探索。通过这些平台提升自身科研实力，在全球科技竞争中占据有利位置，孵化出具有世界影响力的科研成果。三是构建产学研深度融合机制。建立产学研用紧密结合的创新生态体系，促进高校、科研机构与企业无缝对接与深度合作。通过共建研发平台、联合实验室等方式，实现知识、技术、人才等创新要素的共享与优化配置，加速科技成果从实验室向市场的转化过程，形成完整的创新链条与产业化路径。

（二）优化资源均衡配置，协调区域发展布局

河南地域广阔，各地区经济发展水平存在显著差异。协调区域发展布局，促进各地区经济社会均衡发展，缩小区域间的经济差距，为新质生产力的整体提升奠定坚实基础。优化资源配置，使各地区在发展过程中充分利用现有资源，避免资源浪费和重复建设。一是促进区域间均衡发展。加强豫中、豫东、豫南、豫西、豫北五个地区间的协调发展，通过实施差异化的区域发展政策，如财政转移支付、税收优惠、基础设施投资等手段，引导资源向落后地区倾斜，激发这些地区的内生发展潜力，逐步缩小地区间的差距。二是优化城乡协调发展。推进城乡一体化建设，加强城乡基础设施互联互通，促进公共资源在城乡间均衡配置，提升城乡整体发展水平。三是推动产业协同发展。积极推动传统产业与新兴产业的融合发展，以技术改造和产业升级提升传统产业的竞争力。积极培育战略性新兴产业和未来产业，加快布局数字经济、智能制造、生物医药、新能源等新兴产业，依托政策扶持与市场机制，形成多点支撑、多业并举、多元发展的产业格局。

（三）推动生态文明建设，坚持绿色低碳转型

新质生产力本身就是绿色生产力，绿色发展不仅是新质生产力发展固有

的内在属性，更是高质量发展的应有之义。生态文明建设强调资源的节约高效利用，坚持绿色低碳转型可以优化河南的能源结构和产业结构，有助于推动企业技术改造和产业升级，提升产品附加值和市场竞争力，从而带动整个产业链向高端化、绿色化方向发展。一是推广绿色生产方式。企业作为经济活动的主体，在产业绿色转型中的作用至关重要。推广清洁生产技术，鼓励企业在生产过程中减少污染物排放，发展循环经济和绿色制造模式，既有助于企业降低成本、提高效率，还能显著提升产品的环境友好性和市场竞争力，从而推动整个产业链向高端化、绿色化方向转型升级。二是强化生态环境保护与治理。加大生态环境保护和治理力度，推进重点流域、区域和行业的环境治理工程，改善环境质量，确保新质生产力的长远发展不受环境制约。三是倡导绿色生活方式。多渠道、多形式进行宣传教育，提高公众的环保意识，倡导低碳、环保、节约的生活方式，为新质生产力的发展营造良好的社会氛围和文化基础。

（四）加强区域协同创新，拓宽开放合作领域

区域协同创新与合作能够有效整合区域内的创新资源，包括人才、资金、技术、信息等，提高创新活动的效率和成功率，从而形成区域创新合力，推动区域创新能力的整体提升。随着开放合作领域的扩大，河南应加强与国内外市场的联系，吸引并整合优质资源。对外开放合作除了直接引入资金与设备，还要学习和交流先进技术和管理经验，以此推动河南产业结构向高端化、智能化转型。一是推动区域间协同创新。区域协同创新与合作有助于打破地域限制，实现创新资源的优化配置和共享。通过与国内外创新高地的交流合作，河南可以借鉴先进经验和技术，加速自身科技创新能力的提升。加强河南内部各区域之间的协同创新，建立跨区域的创新合作机制，促进创新资源和成果的共享。通过合作研发、技术转移等方式，实现区域间的优势互补和协同发展。二是促进产学研区域合作。构建跨区域创新合作网络可以促进产业链上下游的协同创新，形成优势互补、互利共赢的发展格局。这有助于提升河南在区域乃至全国产业链中的竞争力和影响力。鼓励高校、

科研机构与企业跨区域合作，共同开展科技研发和成果转化，推动创新链、产业链、资金链和政策链的深度融合。三是优化营商环境。优化营商环境有助于激发市场活力和企业创新动力，促进经济高质量发展。简化行政审批流程和减轻企业负担可以降低企业运营成本，提升市场竞争力。深化"放管服"改革，简化审批流程，提高政务服务效率。加强知识产权保护，打击侵权假冒行为，保护创新主体的合法权益，吸引更多国内外企业和投资者来豫发展。

（五）强化资源共享机制，确保发展成果普惠

共享发展是高质量发展的根本目的，强调发展成果由全体人民共享，因此共享发展是新质生产力发展的最终诉求。河南要提升新质生产力水平，需更进一步强化资源共享机制，确保共享发展理念在实际工作中有效落实。强化资源共享机制，可以打破地域、行业、部门之间的壁垒，促进创新资源在全省范围内自由流动和优化配置，为科技创新提供源源不断的动力，推动新质生产力的快速发展。一是推动收入分配制度改革。通过税收政策、社会保障制度等手段，调节过高收入，增加低收入者收入，促进收入分配的公平合理。二是加强就业创业服务。加强就业服务和职业技能培训，提升劳动者就业能力和职业素养。加大对小微企业和创业者的支持力度，鼓励大众创业、万众创新，拓宽就业渠道，增加就业机会。三是完善公共服务体系。构建覆盖城乡、功能完善、布局合理的公共服务体系，提高教育、医疗、文化等公共服务的质量和可及性。加大对农村地区和边远地区公共服务设施建设的投入，确保城乡居民都能享受到均等的公共服务资源，确保发展成果惠及全体人民，促进社会公平正义和共同富裕目标实现。

参考文献

《1844 年经济学哲学手稿》，人民出版社，2014。

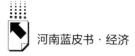
《资本论》（第一卷），人民出版社，2004。

《资本论》（第二卷），人民出版社，2004。

《马克思恩格斯全集》（第一卷），人民出版社，2003。

《习近平谈治国理政》（第二卷），外文出版社，2018。

《习近平在中共中央政治局第十一次集体学习时强调 加快发展新质生产力 扎实推进高质量发展》，《人民日报》2024年2月2日。

《把握新发展阶段，贯彻新发展理念，构建新发展格局》，《求是》2021年第9期。

《全党必须完整、准确、全面贯彻新发展理念》，《求是》2022年第16期。

《习近平著作选读》（第二卷），人民出版社，2023。

蒋雪婕、吕莉：《牢牢把握高质量发展这个首要任务（直通两会）》，《人民日报》2024年3月7日。

孟捷、韩文龙：《新质生产力论：一个历史唯物主义的阐释》，《经济研究》2024年第3期。

蒋永穆、乔张媛：《新质生产力发展评价指标体系构建》，《经济体制改革》2024年第3期。

田鹏颖：《深刻把握新质生产力的丰富内涵与实践要求》，《辽宁日报》2024年2月29日。

韩喜平、马丽娟：《新质生产力的政治经济学逻辑》，《当代经济研究》2024年第2期。

任保平：《生产力现代化转型形成新质生产力的逻辑》，《经济研究》2024年第3期。

刘旭：《发展新质生产力 在高质量发展中促进共同富裕》，《人民日报》2024年6月26日。

《加快形成新质生产力要科学把握四组重要关系》，人民论坛网，2024年3月21日，http：//www.rmlt.com.cn/2024/0321/698200.shtml。

《发展新质生产力是推动高质量发展的内在要求和重要着力点》，《求是》2024年第11期。

《习近平在参加江苏代表团审议时强调：因地制宜发展新质生产力》，中国政府网，2024年3月5日，https：//www.gov.cn/yaowen/liebiao/202403/content_6936752.htm?menuid=104。

B.12
"十五五"时期河南发展思路与重点举措研究

王　芳*

摘　要：　"十五五"时期是加快推进现代化河南建设承上启下的重要时期，在国内外发展环境都发生深刻复杂变化的背景下，河南省面临新形势、新问题，必须立足省情、着眼未来、遵循规律，准确把握新趋势、新要求，着力在培育发展新质生产力、完善科技创新体系、扎实推进改革开放、坚持绿色转型发展、更好统筹发展与安全等方面取得突破，努力实现现代化河南建设的总体目标。

关键词：　"十五五"时期　新质生产力　现代化河南

"十五五"时期是加快推进现代化河南建设承上启下的重要时期，是2030年如期实现"碳达峰"目标的冲刺阶段，是2035年基本实现社会主义现代化的关键阶段，面对新形势、新要求、新任务，科学谋划"十五五"时期河南发展思路与目标，制定部署重点改革举措并推进政策落实，具有十分重要的意义。

一　"十五五"时期河南发展面临的新形势

（一）经济结构调整加速进行

当前，我国经济下行压力依然存在，经济社会发展的不平衡不充分等问

＊　王芳，河南省社会科学院经济研究所副研究员，主要研究方向为宏观经济。

题仍然突出，但总体来看经济发展的基本面长期向好，经济结构优化升级的潜力很大。"十五五"时期，一方面，随着工业化和信息化、先进制造业和现代服务业融合发展进程提速，产业转型升级步伐必将不断加快，特别是数字技术和数据资源在工业领域的广泛应用，将极大地加快产业基础高级化的进程，推动产业链向更高层次迈进；另一方面，随着居民消费普遍从以物质型消费为主转变为以服务型消费为主，数字消费、绿色消费、文化消费等新消费模式蓬勃发展，消费转型升级也将推动产业结构向高端化、智能化、绿色化发展，进而加快经济发展方式的转变。这些都为河南加快转变发展方式、实现高质量发展带来重要机遇。

（二）创新引领特征不断强化

当前，我国已进入高质量发展新时代，支撑经济发展的主要驱动力已由生产要素大规模高强度投入，转向科技创新和人力资本提升。"十五五"时期，随着新一轮科技革命和产业变革的深入演进，云计算、人工智能、物联网、区块链、大数据等关键技术领域将迎来新的突破，我国仍将处于科技创新加速迭代的重要时期，创新引领经济发展的特征更趋明显，特别是欧美等主要发达经济体纷纷在人工智能、量子信息、先进制造、生物技术和先进通信网络等未来产业展开竞争，全球科技竞争日益激烈。河南要抢抓新科技革命浪潮所带来的机遇，持续推动"创新驱动、科教兴省、人才强省"战略，努力在关键核心技术上不断取得重大突破，切实增强科技创新能力，不断塑造发展新动能、新优势。

（三）绿色发展优势日益凸显

推动经济社会绿色转型发展，不仅是保护和改善生态环境的重要途径，也是推动实现高质量发展、满足人民对美好生活向往的必然要求。绿色可持续发展是全球共识，绿色发展作为一种全新的发展模式也成为世界各国共同的关切和追求的目标。"十五五"时期，随着全球生态环境面临的挑战日益严峻，良好的生态环境成为经济社会发展和人民生活质量提升的支撑点，绿色发展将由负担转化为新的竞争优势，成为提升经济发展效益和群众生活质量的重要力量。河南省要抢抓绿色发展带来的机遇，加大生态文明建设力度，加快构建与绿色发展相适应的产业结构、生产方式、生活方式、空间格局，进一步放大绿色技术和产业的优势，实现经济社会发展与生态环境保护的和谐发展。

（四）对外开放环境更加严峻

当前国际环境复杂多变，世界经济普遍低迷，外需增长乏力。经济全球化遭遇逆流，保护主义、单边主义、民族主义进一步抬头，对国际分工和经贸合作造成不利影响。"十五五"时期，逆全球化以及国际社会撕裂倾向可能还会继续，全球政治经济的不确定性依然较大，世界各国特别是发达国家纷纷转向经济本土化，对本国的产业链自主性与可控性愈发重视，呼吁产业链回归本土化、就近化以维护本国产业的稳定发展，逆全球化和地缘政治博弈背景下的产业链供应链重构将进一步加速，全球产业链供应链本地化、区域化发展将更趋明显，这对我国产业链供应链带来一定冲击。总之，在逆全球化浪潮愈演愈烈、地缘政治博弈不断加剧的背景下，河南省开放发展的环境将会更加复杂，挑战与困难也会显著增多。

（五）防范化解重大风险任务依然艰巨

"十五五"时期，世界百年未有之大变局将加速演进，国际体系将加速分化和重构，世界面临新的不稳定和不确定因素，国内经济社会环境也将发生深刻变化，必然需要面对大量风险和挑战。从经济金融领域来看，随着经济增速有所放缓，金融风险压力增大，在加快金融对外开放、加杠杆受限和加大处置存量风险的背景下，各类风险的诱因和形态更加复杂，中小金融机构风险、地方政府债务风险以及房地产领域的风险将进一步显现。从社会治理来看，工业化、城镇化快速发展，前期积累的大量问题和矛盾将在中后期集中显现，特别是燃气安全、防汛度汛、城市内涝、食品药品安全等重点领域，各类风险高发，给城市治理以及经济社会平稳健康发展带来严峻的考验。

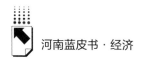

二 "十五五"时期河南发展思路与目标

以习近平新时代中国特色社会主义思想为指导，全面贯彻落实党的二十大和二十届三中全会精神，深入学习领会习近平总书记视察河南重要讲话重要指示，完整、准确、全面贯彻新发展理念，坚持稳中求进、以进促稳、先立后破，以推动高质量发展为主题，以改革创新为动力，锚定"两个确保"，持续实施"十大战略"，统筹推进"十大建设"，聚焦培育和发展新质生产力，加快新旧动能转换，统筹发展与安全，切实增进民生福祉，奋力开创高质量发展新局面，推进中国式现代化河南实践，谱写新时代新征程中原更加出彩的绚丽篇章。

（一）实现发展速度与发展质量"双提升"

延续宏观经济政策的稳定性和持续性，通过宏观经济政策的逆周期和跨周期调节，保持经济在合理区间运行，创新能力显著提高，支撑高质量发展的体制机制基本形成，经济结构转型加速推进，产业基础高级化和产业链供应链现代化水平不断提升，在质量效益明显提升的基础上实现经济持续健康发展，现代化经济体系建设迈上新台阶。

（二）实现经济发展与生态保护相得益彰

城乡人居环境持续稳定向好，单位生产总值能源消耗和二氧化碳排放降低，完成国家下达目标，生态空间规模扩大，生态环境质量明显提升，生态环境保护制度体系基本完善，绿色低碳转型发展方式基本形成，绿色低碳生产生活方式成为全社会的新风尚，美丽河南建设目标稳步推进，以高品质生态环境支撑高质量发展的基础更加坚实。

（三）实现高质量发展与高水平安全良性互动

坚持统筹发展和安全，实现重大突发公共事件处置保障体系和经济安全风险预警及防控机制更加健全，应急响应和应急处置机制不断完善，安全生产管理水平持续提高，重要产业、基础设施、战略资源等关键领域实现安全可控，以安全稳定的经济社会环境助力实现高质量发展。

（四）实现社会高效能治理与群众高品质生活同频共振

基本公共服务体系不断健全，社会保障制度进一步完善，依托地理信息、物联网、云计算、大数据、人工智能等现代信息技术的智慧型社会治理模式基本建立，基层公共服务水平和基层社会治理现代化水平持续提高，社会公平正义进一步强化，实现社会建设与经济建设同步、民生改善与群众感受相符。

三 "十五五"时期河南发展的重点举措

（一）培育发展新质生产力，着力构建现代化产业体系

"十五五"时期，随着高质量发展深入推进，传统的生产力发展模式已难以为继，迫切需要新的动力来引领和支撑经济的持续发展，河南应积极拥抱科技革命不断深入、世界经济格局深刻变化的机遇和挑战，加快培育和发展新质生产力，推动产业向更高水平、更高质量、更高效率的方向发展。要进一步推动传统产业数智转型。加快培育和发展新质生产力不是放弃传统产业，而是要促进传统产业"智改数转网联"，瞄准高端化、智能化、绿色化、融合化方向，实施制造业重大技术改造升级和大规模设备更新工程，推动传统制造业优势领域锻长板，推进强链延链补链，开展制造业数字化转型行动，加快人工智能、大数据、云计算、5G等数字技术与传统产业深度融合，利用数字技术让传统产业"老树发新芽"，成为培育发展新质生产力的重要载体。要进一步发展壮大战略性新兴产业和未来产业。战略性新兴产业和未来产业是培育发展新质生产力的主要阵地，要聚焦新能源、新材料、高端装备、新能源汽车、航空航天等领域，加强关键核心技术攻关，巩固壮大

战略性新兴产业，把握全球科技创新和产业发展趋势，前瞻布局量子信息、氢能与储能、类脑智能、未来网络、未来空间等未来产业，蓄能未来发展新优势，掌握未来发展主动权，为新质生产力培育发展拓展广阔空间。要进一步健全新型信息基础设施建设。坚持适度超前的建设理念，加快6G、5G-A、智能计算中心、超算中心等新型信息基础设施建设，不断优化整体布局，完善系统功能，改进发展模式，提升整体发展水平和服务能力，为新质生产力的加快培育发展提供支撑。

（二）完善科技创新体系，加快建设国家创新高地

科技创新是经济发展的核心驱动力，是转变经济发展方式、调整经济结构，推动实现质量变革、效率变革、动力变革的重要力量。"十五五"时期，科技创新仍将是引领经济发展的重要引擎，随着科技竞争的日趋激烈，河南要更加突出创新的核心地位，不断加大科技研发投入，持续优化创新环境，为经济社会高质量发展提供坚强后盾。要着力打造高能级创新平台体系。积极争取国家大科学装置、国家重点实验室、国家技术创新中心等国家级创新平台在河南布局和建设，高水平推进中原科技城、中原医学科学城、中原农谷建设，围绕河南省的优势产业和重点领域布局建设一批省级重点实验室、工程技术研究中心和产业技术研究院，注重创新链和产业链深度融合，着重围绕重点产业链推动科技创新上游、中游、下游协同集成，进而促进一体推进实验室、中试基地、产业研究院的建设。要加大技术攻关和成果转化力度。以国家战略方向、产业应用需求为目标导向，聚焦战略高技术、高端产业领域关键核心技术，实施一批具有前瞻性、战略性的国家重大科技项目，开展原创性引领性科技攻关，争取突破一批关键共性技术、前沿引领技术和现代工程技术，创造一批迭代性、颠覆性、原创性科技成果。要持续强化企业科技创新主体地位。对重点产业链上的重点企业进行靶向培育，促进各类创新要素、创新资源向企业集聚，加快培育一批创新龙头企业、产业链领航企业、制造业单项冠军企业、专精特新"小巨人"企业、"瞪羚"企业，打造创新创造的主力军，带动产业链群现代化水平的整体提升。

（三）扎实推进改革开放，激发高质量发展动力活力

改革开放是当代中国大踏步赶上时代的重要法宝，是坚持和发展中国特色社会主义的必由之路，是决定中国式现代化成败的关键一招。"十五五"时期，面对日益复杂的发展环境和更为艰巨的发展任务，必须扎实推进深层次改革和高水平开放，打通束缚高质量发展的堵点卡点，不断激发发展的动力活力。要营造更加公平的市场环境。切实发挥市场机制作用，在继续深化国资国企改革、提升核心竞争力的同时，优化民营企业发展环境，依法保护民营企业产权和企业家权益，全面实施市场准入负面清单制度，进一步放开基础设施、社会事业、服务业等重点领域市场准入，制定和完善民营企业参与国家重大基础建设项目、重大科研创新项目、重大战略产业项目建设的长效机制，激活民营经济内在活力。要构建更加完善的市场体系。推进要素市场制度建设，建立健全要素市场化配置体制机制，破除地方保护和区域壁垒，实现要素价格市场决定，促进要素自主有序流动、高效公平配置；强化公共信息平台建设，加快建立高效的数据共享机制和数据流通交易规则，系统梳理并清理废除妨碍要素自由流动的政策措施，切实提高资源配置效率。要推进市场更高水平开放。加强与 RCEP 等国际经贸规则对接和规制协调，建立健全与国际标准市场规则相衔接的地方法规体系，营造更加稳定、公平、开放、便利的投资贸易环境，拓展开放合作空间，增强国内国际两个市场、两种资源的联动效应，不断提高河南在全球产业链、供应链、创新链中的影响力。

（四）坚持绿色低碳发展，全面推进美丽河南建设

随着资源与环境制约问题日益突出，绿色低碳发展已成为全球共识和趋势，推动经济社会绿色低碳发展，促进人与自然和谐共生，是高质量建设现代化河南的重要内容。"十五五"时期，要坚持绿色发展理念，加强生态环境保护和修复，加快形成节约资源和保护环境的产业结构、生产生活方式、空间格局，促进经济社会发展全面绿色转型，为中国式现代化河南打造美丽

的生态底色。要进一步加强生态环境保护利用。全面加强黄河流域生态保护治理，持续深入打好蓝天、碧水、净土保卫战，严格环保执法监管，深入推进环境污染治理；坚持生产力布局与地区生态环境承载能力相匹配原则，有序调整资源环境超载地区的生产力布局，以缓解生态环境压力。要加快形成绿色低碳发展方式。着力推动产业结构、能源结构以及交通运输结构的绿色低碳转型，促进绿色低碳新技术、新工艺、新设备、新材料推广应用，提高资源能源利用效率；大力发展节能环保、清洁能源、清洁生产等产业，加快太阳能、风能、潮流能、储能等新能源与清洁能源装备制造发展，推动再生资源清洁回收、规模化利用和集聚化发展，加快建成循环经济体系。要倡导形成绿色低碳生活模式。探索以科技创新引领绿色消费发展，支持企业通过AI、大数据等数字技术不断优化消费者绿色消费体验，通过数字化碳标签帮助消费者追踪绿色碳足迹，鼓励引导更多消费者认识、参与、认同绿色消费行为；持续开发新的绿色消费场景，充分利用人工智能、大数据等新技术以及短视频、社交平台等新媒体传播绿色消费理念，提高大众对绿色出行、光盘行动、电子交易等绿色行为的积极性和社会责任感，营造绿色低碳消费的社会氛围。

（五）更好统筹发展与安全，营造高质量发展良好环境

安全是发展的前提，发展是安全的保障。"十五五"时期，面对深刻复杂的国内外环境带来的新矛盾、新挑战，必须增强风险意识，更好地统筹发展与安全，营造安全稳定的发展环境，为中国式现代化建设河南实践的行稳致远夯实基础。要着力防范化解金融领域风险。落实好防范化解房地产、地方政府债务、中小金融机构等重点领域风险的各项举措，完善金融安全防线和风险应急处置机制，充分运用科技手段增强数字化监管能力，推动监管更加智慧、更加高效、更加精准；着力加强风险源头管控，严厉打击非法金融活动，宣传普及金融知识，增强民众金融素养，立足于早、立足于小防范处置金融风险，做到风险早识别、早预警、早发现、早处置，牢牢守住不发生系统性风险的底线。要着力防范化解重点行业领域风险。围绕道路交通、仓

储、矿山、燃气、危险化学品等重点行业领域持续开展重大事故隐患专项排查整治，强化各项安全生产措施，压实安全责任，完善长效机制，及时消除各类风险隐患，有效防范和遏制各类安全事故的发生；广泛开展各类安全生产知识宣传活动，常态化进行多种形式安全演练活动，不断增强群众安全意识和防范能力，提升群众应急处置能力和疏散逃生能力，坚决守住安全生产红线，筑牢高质量发展防线。要着力防范化解社会和谐稳定风险。突出抓好社会安全稳定，坚持以人民为中心的理念，持续提升社会治理能力，建立动态矛盾纠纷隐患排查机制，切实帮助群众排忧解难，抓好保障和改善民生，健全社会保障体系，着力解决好就学、医疗、托育、养老、交通出行、食品安全等群众身边的急难愁盼问题，不断提高人民群众的安全感和满意度。

参考文献

石建勋：《加快培育和发展新质生产力》，《光明日报》2024 年 2 月 21 日。

张晓涛：《全球经济发展的阶段特征及未来走势》，《学习时报》2024 年 7 月 17 日。

季正聚，王潇锐：《坚持系统观念进一步全面深化改革》，《经济日报》2024 年 8 月 13 日。

中共国家统计局党组：《全面准确看待当前宏观经济形势》，《求是》2024 年第 15 期。

刘伟：《正确认识我国经济发展大势》，《人民日报》2023 年 9 月 6 日。

B.13

"十五五"时期以新质生产力引领中国式现代化河南实践的关键点与着力点

王摇橹[*]

摘　要： 发展新质生产力是推动高质量发展的内在要求和重要着力点，是推进中国式现代化的重大战略举措。"十五五"时期是奋力推进中国式现代化河南实践的关键时期，但受内外部环境变化与长短期矛盾交织影响，以新质生产力引领现代化河南建设依然存在创新发展能力亟须提高、新兴产业支撑引领不足、绿色低碳转型任务繁重、体制机制障碍亟待破除、人力资本质量有待提升等瓶颈制约。新时代新征程中，应以强化创新引领带动、发展战略性新兴产业和未来产业、推动传统产业转型升级、进一步全面深化改革、加快培育新质人才等为着力点，加快发展新质生产力，推动高质量发展、实现新旧动能转换，引领现代化河南建设开创新局面。

关键词： 新质生产力　河南　现代化建设

党的二十大报告指出，高质量发展是全面建设社会主义现代化国家的首要任务。新质生产力本质是先进生产力，是实现中国式现代化和高质量发展的重要基础与关键力量。"十五五"时期是我国开启全面建设社会主义现代化国家新征程、向第二个百年奋斗目标进军的关键五年，也是推进中国式现代化河南实践、谱写新时代中原更加出彩新篇章的关键时期。新时代新征程中，世界百年未有之大变局持续演进，新一轮科技与产业革命加速拓展，河

＊ 王摇橹，河南省社会科学院经济研究所助理研究员，主要研究方向为区域经济。

南现代化建设面临的问题和挑战更加复杂多样，迫切需要因地制宜发展新质生产力，以科技创新引领产业创新，推动高质量发展、实现新旧动能转换，引领中国式现代化河南实践开创新局面。

一 "十五五"时期以新质生产力引领中国式现代化河南实践的重要意义

新质生产力是符合新发展理念的先进生产力质态，代表着产业升级、结构优化、发展转变的方向，与中国式现代化的发展理念和目标指向契合。加快发展新质生产力，对推进和拓展中国式现代化河南实践具有重大的战略意义。

（一）实现河南人口大省高质量发展的内在要求

党的二十大报告指出，中国式现代化是人口规模巨大的现代化。河南常住人口稳居全国第三位，人口规模巨大的现代化特征在河南表现得更加突出，提高人口的质量和素质是河南现代化进程中面临的重要问题。培育和发展新质生产力的过程是塑造高素质劳动者的过程。以科技创新为核心要素的新质生产力对劳动者的知识和技能提出了更高要求，既需要推动技术创新和引领产业革新的战略型人才，也需要熟练应用新劳动资料和高端设备的应用型技术人才，发展新质生产力能够有效提高河南高素质人才的占比。新质生产力以战略性新兴产业和未来产业为主阵地，相应的就业环境和工资待遇较传统产业有显著改善，能够提升劳动者的就业质量和生活品质。此外，新质生产力中新的科技成果应用于教育领域，能够丰富教育手段、优化教学方式、提高教学质量，提升整体教育水平，推动人口高质量发展。

（二）实现河南农业大省统筹城乡的根本保障

实现全体人民共同富裕，是中国式现代化的本质要求之一，促进共同富裕最艰巨、最繁重的任务仍在农村。河南是农业大省,农村常住人口为4100多万人,城乡区域发展不平衡、不协调不仅是制约河南省经济社会高质量发展的难题,也是制约共同富裕的最大短板。在统筹城乡的进程中促进共同富裕,是"十五五"时期河南践行中国式现代化的必然要求。发展新质生产力能够促进新兴产业发展和传统产业转型升级,从而推动经济高质量发展,创造更多就业机会,多途径增加群众收入,夯实共同富裕的物质基础。同时,新质生产力通过技术创新和模式创新,能够打破地域限制和行业壁垒,促进城乡以及区域经济交流和合作,推动落后地区和农村地区发展,逐步缩小城乡和区域间的差距。此外,新质生产力能够推动农村落后地区基础设施的现代化和智能化,改善教育、医疗等公共服务条件,实现资源的优化配置和共享,提高全社会福利水平。

(三)实现河南文化大省以文兴业的重要方式

党的二十大报告指出,中国式现代化是物质文明和精神文明相协调的现代化。当前大国竞争越来越体现为文化软实力的角逐、核心价值观的较量,既要物质富足也要精神富有,是中国式现代化的崇高追求。河南是中华文明的重要发祥地,历史悠久、文化厚重,素有"一部河南史,半部中国史"的美誉,高质量建设现代化河南、高水平实现现代化河南离不开文化的强力支撑,文化繁荣兴盛是河南实现现代化的标志和保证。新质生产力具有高科技、高质量和高效能的特点,文化与科技深度融合,能够推进文化传播媒介的数字化升级,打破文化创造及传播的时空壁垒,不仅能有效提升文化服务效能,丰富人们享受精神文化产品的途径,也能提升文化产品的科技含量,推动文化产品创新和升级,持续催生河南文化产业新业态,推动河南文化资源价值实现,开辟文化繁荣新路径。

(四)实现河南生态大省绿色发展的必然途径

促进人与自然和谐共生,是中国式现代化的鲜明特色。河南地跨长江、黄河、淮河、海河四大流域,是华北平原的重要生态屏障、贯通南北的重要生态廊道，在全国生态格局中具有重要地位。从历史上看，生态兴则文明兴，当前河南生态环境质量稳中向好的基础还不稳固，生态保护与经济发展的短期问题和长期矛盾相互交织，"十五五"时期，绿色发展仍是中国式现代化河南实践的内在要求。新质生产力本身就是绿色生产力，具有低污染的绿色属性，为河南省实现绿色低碳发展和"双碳"目标提供了转型新动力。一方面，新质生产力通过引入新技术和创新模式，能够有效提升能源利用效率，促进清洁能源的开发与利用，改善河南能源消费结构；另一方面，智能化生产的普及和应用，能够显著提高生产流程的效率和质量，促进全要素生产率提升，减少能源消耗，实现绿色生产。

（五）实现河南内陆大省开放带动的关键举措

近年来，河南践行开放发展理念，加速从内陆腹地走向开放前沿，成为名副其实的内陆开放高地。当前世界进入新的动荡变革期，对当下河南来说，要与全国同步实现中国式现代化，任务更加艰巨。借力发展、强化合作，高水平开放是"十五五"时期河南应对复杂多变的国际形势和实现追赶发展的重要路径选择，也是推进中国式现代化河南实践的必由之路。新质生产力作为先进生产力质态，具有新发展理念中的开放特征，能够促进对外开放的深化和拓展。新质生产力通过数字经济、物联网、人工智能等技术创新和应用，深刻改变着生产和交易的方式，能够提高生产效率，降低成本，推动商品和服务的全球流通，拓展贸易的广度和深度。新质生产力也能够提升商品和服务的技术含量和附加值，促进河南省贸易结构的升级优化，推动产业向全球价值链中高端迈进。

二 "十五五"时期以新质生产力引领中国式现代化河南实践的瓶颈制约

"十五五"时期，河南现代化面临的问题和挑战更加复杂多样，以新质生产力引领中国式现代化河南实践依然存在创新发展能力亟须提高、新兴产业支撑引领不足、绿色低碳转型任务繁重、体制机制障碍亟待破除、人力资本质量有待提升等瓶颈制约需要突破。

（一）创新发展能力亟须提高

科技创新是发展新质生产力的核心要素，也是引领现代化建设的重要动力，但创新能力不足一直是河南经济社会高质量发展的突出短板。一是研发投入有待进一步加大。2018~2023年，河南研发投入强度由1.40%[①]增长到2.05%[②]，但仍低于全国平均水平0.6个百分点，制约创新效能有效发挥，原创性、颠覆性技术创新成果较少，创新体系的整体策源效能不足，新质生产力发展的内生动力受到制约。二是高能级创新平台建设有待取得突破。河南省高能级创新平台明显不足，全国已布局38个大科学装置和国家实验室，河南仍空白。三是企业创新活力不足。河南创新型企业数量较多，但多而不强，缺乏创新领军企业、"独角兽"企业，企业普遍缺乏创新投入意愿，创新主观能动性不强。四是产业创新生态不优。产业链上下游协同创新乏力，资源整合不足，技术创新与转化相对滞后，成果转化率低。此外，新质生产力项目成本高、融资难，科技金融支撑不足，影响新质生产力培育发展。

（二）新兴产业支撑引领不足

河南产业门类齐全、体系完备，但大而不强、全而不精的问题仍然存在，以科技创新为引领的现代化产业体系尚未有效建立，支撑新质生产力发展的新兴产业和未来产业依然较弱。一方面，虽然近年来河南省高技术制造业、战略性新兴产业增速较快，但高新技术产业占比相对较低，在新兴产业如人工智能、大数据等方面的布局和投入不足，在产业规模和发展水平上与发达地区差距较大，还不足以承担支撑经济增长的重任。另一方面，长期以

---

① 《2018年全国科技经费投入统计公报》，国家统计局网站，2019年8月30日，https://www.stats.gov.cn/sj/zxfb/202302/t20230203_1900438.html。

② 《2023年全国科技经费投入统计公报》，国家统计局网站，2024年10月2日，https://www.stats.gov.cn/sj/zxfb/202410/t20241002_1956810.html。

来河南经济发展较多依赖传统资源禀赋条件，重工业和传统制造业占比仍然较高，传统产业增长乏力，且传统产业的数字化转型较为滞后，缺乏将数字技术与实际生产经营相融合的能力，难以释放数字技术的优势和潜力，限制了新质生产力的发展。

（三）绿色低碳转型任务繁重

从河南发展实际来看，全省绿色发展基础仍较薄弱，结构性、根源性、趋势性压力尚未根本缓解，碳达峰、碳中和任务艰巨，经济社会发展绿色转型仍需加快。一方面，产业结构偏重。当前，河南省高耗能高污染行业和能源原材料行业占比仍然偏高，尽管在重点区域、重点行业持续开展绿色化清洁生产改造，但总体能源资源利用效率偏低、碳排放总量大的状况尚未根本转变。另一方面，能源结构偏煤。河南能源消费较依赖煤炭，煤炭消费比重高于全国平均水平，非化石能源消费占比偏低，全省发电以高碳火电为主，低碳、零碳的新能源发电动力不足，低碳经济发展保障不足。此外，污染治理任务仍然繁重，环境空气质量尚未根本好转，生态环境风险防范压力较大。

（四）体制机制障碍亟待破除

当前，河南省全面深化改革已进入攻坚期和深水区，一些深层次体制机制障碍还没有破除，难以适应新质生产力发展的要求。一是要素资源配置不优。基础研究经费占比偏低，多元投入机制有待完善，科研项目和资金管理水平还有待提升。河南数据要素市场规模快速扩大，但总体规模仍较小，数据交易机制不完善，市场活跃度低。二是科技体制改革有待深化。人才政策精准度不高，人才评价唯论文、唯职称、唯学历、唯奖项等问题广泛，对绩效、贡献、创新潜力等方面重视不够。产学研协同创新机制有待完善，高校、科研机构与企业之间的合作不够紧密，产学研合作项目数量与优发达地区存在较大差距，科技成果转化率有提升空间。三是市场导化。河南在知识产权保护、市场监管等方面的制度建设相对，致企业投入科技创新的动力不足。

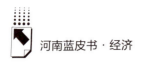

（五）人力资本质量有待提升

河南是人口大省，巨大的人口规模不仅带来了人口红利，也意味着压力与考验。一是巨大的人口规模给现代化河南建设带来挑战。河南是农业大省，农业人口占比高，城乡区域发展差距仍然较大，城乡区域发展不平衡、不充分的挑战长期存在，同时，人口老龄化、劳动年龄人口规模持续缩减对就业、财政、社会保障体系造成巨大冲击，也给人口资源环境可持续发展带来巨大压力，加大了实现现代化的难度。二是高素质人才短缺。发展新质生产力需要"质量型"人才红利，而不是"数量型"人口红利，河南人力资源优势突出，但高层次人才严重匮乏，不利于培育和发展新质生产力。三是教育资源分布不均且人才流失严重。河南省科教资源相对匮乏，影响了人才的培养和储备，且高学历人才流失现象日益严重，导致本地创新和创业人才短缺。

三 "十五五"时期以新质生产力引领中国式现代化河南实践的关键点与着力点

"十五五"时期，要坚持高质量发展这个新时代的硬道理，锚定"两个确保"，持续实施"十大战略"，强化创新引领带动，发展战略性新兴产业和未来产业，推动传统产业转型升级，进一步全面深化改革，加快培育新质人才，以新质生产力支撑中国式现代化河南实践行稳致远。

（一）强化创新引领带动，增强现代化河南实践内在动力

持续实施创新驱动发展战略，增强科技创新能力，推动科技创新与产业深度融合，加快培育和发展新质生产力，激发现代化河南实践内在动力。加快构筑创新平台矩阵，打造科技创新策源地。巩固提升"三足鼎立"科技创新大格局，积极建设国家级和省级重点实验室、工程技术研究中心等省级创新平台，推动高端科创资源集聚。瞄准国家战略需求和基

础前沿领域，加快建设重大科技基础设施，实施重大科技专项，加强原创性、引领性技术攻关。二是强化企业创新主体地位，促进创新主体倍增壮大。强化企业在技术决策、研发投入、科研组织、成果运用上的主体地位，采取研发资金支持、税收优惠等激励措施，激发企业加大研发投入、参与重大创新。依托智慧岛双创全链条服务体系，打造科技型企业培育基地。梯次培育创新龙头企业、"瞪羚"企业、高新技术企业、科技型中小企业，建立"微成长、小升高、高变强"创新型企业梯次培育体系。三是突出产学研协同创新，加速科技成果转移转化。构建覆盖全省的科技创新协同服务网络，支持链主企业围绕产业共性技术和模式痛点，组建跨区域创新联合体、实施协同创新项目、联合高校科研院所共建重点实验室和中试基地，共同开展关键核心技术研发和产业化应用，形成"基础研究+技术攻关+成果产业化"全过程创新生态链。

（二）发展战略性新兴产业和未来产业，夯实现代化河南实践载体支撑

立足河南资源禀赋和产业优势，积极培育战略性新兴产业和未来产业，增强发展新质生产力的新动能，夯实现代化河南实践载体支撑。一方面，培育壮大战略性新兴产业。加快壮大新一代信息技术、生物技术、新能源、新材料、高端装备等战略性新兴产业，在技术攻关、延链强链、高端跃升上加快突破，提升核心竞争力和产业能级。深入实施国家战略性新兴产业集群发展工程，打造和培育新兴产业集群，强化产业集群的统筹协同，聚链成群、集群成势。紧扣战略性新兴产业发展方向，加强项目窗口指导，引导产业链差异化布局、互补式发展。另一方面，前瞻布局未来产业。加强前瞻研和战略谋划，对现有产业做全图谱式分析，瞄准有基础、能突破的方向，加快现有产业未来化，在科技前沿的空白领域勇于尝试探索，推动未来技术产业化。积极构建"源头创新—成果转化—产品开发—场景应用"未来产业培育链，争创未来产业先导区，率先在人工智能、量子信息、氢能与储能、未来网络、前沿新材料、生命科学等领域取得一批迭代性、颠覆性科技成果，

形成先发优势。针对未来产业投入大、回报周期长的特点，加大对未来产业的资金投入，建立创新创业孵化平台，主动参与全球未来产业分工与合作，打造开放友好的未来产业创新生态。

（三）推动传统产业转型升级，筑牢现代化河南实践基础

将推动传统产业转型升级作为发展新质生产力的重要方向，持续实施优势再造、数字化和绿色化转型战略，聚焦高端化、智能化、绿色化，改造提升传统产业，夯实现代化河南实践基础。一是推动传统产业高端化转型。实施产业基础优势再造工程，大力推动企业设备更新和技术改造，推广先进适用技术，促进工艺现代化、产品高端化，提升产品附加值，提升产业基础高级化水平。二是推动传统产业智能化转型。深入发展智能制造，强化数字技术对传统产业的全方位、全链条改造，实施"人工智能+"行动，创建一批制造业智能化转型示范工程。三是推动传统产业绿色化转型。加快绿色低碳技术研发，推动绿色科技创新和先进绿色技术推广应用，实现绿色低碳创新成果产业化。推进绿色制造标准体系建设，分类指导、分业施策，建立工业绿色发展项目库。推进绿色消费、绿色设计、绿色制造等，加大政府绿色采购力度，实现全产业链绿色低碳发展。

（四）进一步全面深化改革，凝聚现代化河南实践强劲动能

进一步全面深化改革，消除新质生产力发展中的障碍，加快形成与新质生产力相适应的新型生产关系，为现代化河南建设提供制度保障。一是健全要素市场化配置机制。构建以政府投入为主、社会投入为辅的多元化投入机制，保障基础前沿研究经费来源稳定。壮大耐心资本，引导金融资本投早、投小、投长期、投硬科技，支持传统产业改造升级。加快推进数据基础制度建设，创新数据要素开发利用机制，探索建立区域性数据交易中心，促进数据高效流通使用，充分释放数据要素价值。深化人才发展体制机制改革，促进人才顺畅有序流动。二是深化科技管理体制改革。以质量、效益、贡献为导向，完善科技成果综合评价机制，推进以信任和绩效

为核心的科研经费管理改革，扩大职务科技成果赋权改革试点范围，调动激发人才的创新积极性，盘活"沉睡"的科创资源。建立健全审慎包容的容错保障制度，减少科研人员参与转化的风险。三是持续优化营商环境。简化行政审批流程，降低企业运营成本。依法保护企业家合法权益，加大对关键核心技术及产业重点领域的知识产权保护力度，建立产业创新的容错纠错机制，着力创造更加公平、更有活力的创新环境。四是扩大高水平对外开放。稳步扩大制度型开放，拓展开放领域、优化开放布局，深度参与全球产业分工合作，融入全球创新网络，加快形成具有全球竞争力的开放创新生态。

（五）加快培育新质人才，强化现代化河南实践智力支撑

坚持把人才作为发展新质生产力的第一资源，加快塑造素质优良、总量充裕、结构优化的新质人才资源，促进"人口红利"向"人才红利"转变，为现代化河南实践提供智力支撑。一是加大引才育才力度。健全完善人才引进政策体系和激励机制，通过设立人才引进项目、提供竞争性薪酬和职业发展机会来吸引和留住人才。持续探索创新高端人才引进方式，鼓励企业通过"全职+柔性"双通道引进产业急需紧缺人才，营造全社会识才爱才容才聚才的浓厚氛围。二是提升引才精准度和产业适配度。坚持以产引才、以才引才，针对"卡脖子"领域以及战略性新兴产业和未来产业领域需求，建立高层次人才和急需紧缺人才动态数据库，靶向引进国内外高端人才。三是深化产教融合、科教融汇。发挥河南"双一流"高校和行业特色高校支撑作用，主动对接战略性新兴产业和未来产业需求，优化学科结构、专业设置。推进职业教育改革创新，弘扬工匠精神，培养高素质技能人才。加强科研院所、高等院校与企业合作，探索产学研创一体化人才培养模式，促进教育链、人才链与产业链、创新链有机衔接。四是大力推动人才国际交流合作。创新国际化人才培养模式，加强国际交流活动，积极参与国际科技合作项目，培养一批站在国际前沿、具有国际视野和跨文化交流能力的创新拔尖人才。

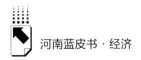

参考文献

葛扬、丁涵浩：《新质生产力与中国式现代化新动能》，《中国经济问题》2024 年第 3 期。

程必定、陈耀、秦尊文等：《新时代站在更高起点推动中部地区崛起》，《区域经济评论》2024 年第 4 期。

王超亚：《因地制宜发展新质生产力》，《河南日报》2024 年 3 月 21 日。

B.14
以"三化"改造、"六新"突破助推形成新质生产力的思考与对策

摘　要：　"三化"改造、"六新"突破既是新时代河南制造业转型发展的内涵、载体和标志，也是加快形成新质生产力、推进新型工业化，实现高质量发展的支撑所在、希望所在，具有无比广阔的发展前景。以"三化"改造、"六新"突破助推形成新质生产力是一项系统工程，要坚持系统思维、问题导向、结果导向，强化要素保障、科技创新、数字转型、产业基础和环境升级，形成推进"三化"改造、"六新"突破的强大合力，为河南新质生产力的形成发展提供持久动能。

关键词：　"三化"改造　"六新"突破　新质生产力

"三化"改造、"六新"突破是河南省制造业强省之路的核心内容，也是全省加快形成新质生产力、推动产业高质量发展的关键所在。河南省要发挥好自身优势，把准产业高质量发展的主攻方向、紧盯关键环节，聚焦科技创新、数字赋能、绿色低碳、信息利用等重要领域，着力在"三化"改造上见真章、在"六新"突破上见实效，全面提升河南制造业的核心竞争力，加快形成新质生产力。

---

* 汪萌萌，河南省社会科学院经济研究所助理研究员，主要研究方向为区域经济。

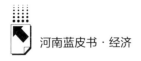

一 充分认识三化"改造"、"六新"突破在助推形成新质生产力过程中的重要意义

（一）"三化"改造、"六新"突破是强化新质生产力技术支撑的关键举措

科学技术的革命性进步和颠覆性创新是推动新质生产力形成和发展的第一动力。"三化"改造、"六新"突破是河南全面贯彻创新驱动发展战略、顺应生产力发展内在规律的必然选择。"三化"改造和"六新"突破密不可分、相互联系，是一个有机整体，两者通过推动基础端传统产业的高端化智能化绿色化改造、科技端"新基建、新技术、新材料、新装备"建设，使供给端"新产品、新业态、新模式"成为经济新引擎，加速创新成果转化、应用，全面提升制造业水平，最终提高全要素生产率。新时代，面对"不成创新高地，就成发展洼地"的紧迫形势，河南将"创新驱动、科教兴省、人才强省"置于全省十大发展战略之首，紧紧扭住创新驱动高质量发展这个牛鼻子，全力推动科技创新，促进体制机制深度变革、创新平台提质增效、创新型企业加快发展，实现科技创新发展"量质齐升"。对照现代化建设目标的坐标系和河南新型工业化发展更加出彩的奋斗目标，河南科技创新能力和整体水平与先进省份相比差距明显。主要表现为科技创新动力不足，创新平台辐射带动力不高，科技成果转化能力不强，高端人才和创新团队较少，良好创新生态尚未形成。因此，当前和今后一个时期，要充分发挥"三化"改造、"六新"突破在激发科技创新及应用，催生新产业、新模式、新动能及开拓新市场等方面的优势，为全省传统产业改造升级、新兴产业发展壮大以及未来产业健康有序奠定坚实的基础，在新征程中更好推动新质生产力加快发展。

（二）"三化"改造、"六新"突破是优化新质生产力要素供给的实践路径

全要素生产率大幅提升是新质生产力的核心标志。优化创新配置新型生

产力要素是发展新质生产力的核心，对新质生产力的形成和发展发挥着关键性的要素保障作用。数字经济时代，"三化"改造、"六新"突破是在顺应世界发展大势，深刻洞察科技创新规律，聚焦河南转型阶段性特征的基础上提出的新要求、新方法，是推动科技创新和高质量发展、加快形成新质生产力的重要法宝。三化"改造"、六新"突破"是为新质生产力培育提供要素支撑与强大动能的必然选择。一方面，三化"改造"、六新"突破"与新质生产力核心内涵高度统一，都高度依赖创新要素的强大驱动力，强调数字技术、人才智力、政策环境等非物质要素的功效叠加与集成提升。另一方面，"三化"改造、六新"突破"和新质生产力都强调通过全面深化改革，完善相关体制机制，在增强制造业全链条高端化、数字化、绿色化、智能化原始创新要素量的积累和质的提升的基础上，实现要素、成果与市场需求紧密对接，提高资源配置的灵活性和效率，形成要素集成合力，推动创新要素的应用和转化，从而实现制造业全要素生产率的大幅提升。因此，河南要着力推动科技创新、高端人才、政策保障、资源、金融支撑等生产要素的整合、提升、优化配置，夯实战略性新兴产业和未来产业实现"六新"突破、传统制造业实现"三化"改造的基础保障，为加快形成新质生产力、奋力推进社会主义现代化产业体系建设的河南实践提供强大支撑。

（三）"三化"改造、"六新"突破是夯实新质生产力基础承载的必然要求

习近平总书记指出，整合科技创新资源，引领发展战略性新兴产业和未来产业，加快形成新质生产力[①]，传统产业改造升级，也能发展新质生产力[②]。产业是新质生产力形成的重要载体。新时代，世界百年未有之大变局

---

① 《第一观察丨习近平总书记首次提到"新质生产力"》，新华网，2023年9月10日，http：//www.news.cn/politics.leaders/2023-09/10/c_1129855743.htm。

② 《风正好扬帆——习近平总书记考察山东并主持召开企业和专家座谈会纪实》，新华网，2024年5月25日，http：//www.news.cn/politics/leaders/20240525/80f631e7c25a429b95a/51/a3e/c08f3/c.html。

加速演进，产业发展环境发生深刻变化，依赖传统发展路径困难重重，切实转变发展方式，重塑追赶超越新优势，才能实现转型"换道"、创新"领跑"。当前，河南已拥有相对完整的产业体系，但大而不强、全而不优的问题仍然存在，重点领域和关键环节还存在不少瓶颈和短板。加快推进"三化"改造、"六新"突破，既是满足传统制造业转型升级发展的现实需求，也能在培育壮大战略性新兴产业和未来产业形成高质量供给后，进一步创造激发更大的有效需求，形成供给和需求相互促进、螺旋上升的良好局面。因此，河南要以新一轮科技革命和产业变革为契机，促进大数据、物联网、云计算等新兴技术与传统产业实现深度融合，发挥数字化、智能化、绿色化技术的赋能作用，改造升级传统产业，加快形成若干战略性技术和战略性产品，培育壮大一批在全国具有重要影响力的战略性新兴产业、未来产业，进一步促进产业结构的优化升级，形成新质生产力，为中原更加出彩提供坚实的产业发展基础。

二 以"三化"改造、"六新"突破助推形成新质生产力面临的现实基础和风险挑战

河南制造业高质量发展已经具备坚实的现实基础，同时面临的发展环境、困难挑战也更加复杂多样。以"三化"改造、"六新"突破助推形成新质生产力，河南依然需要突破创新发展能力不足、产业和人才支撑基础不牢、体制机制不够灵活、营商环境亟待改善等瓶颈制约。

（一）以"三化"改造、"六新"突破助推形成新质生产力，河南具有坚实的现实基础

1. 政策保障不断强化，发展提升效应显著

一是政策保障逐步完善。近年来，河南先后制定出台《支持重点产业链高端化智能化绿色化全链式改造提升若干政策措施》《河南省智能制造和工业互联网发展三年行动计划（2018—2020年）》《河南省推动大规模设

备更新和消费品以旧换新若干财政政策》《河南省加快数字化转型推动制造业高端化智能化绿色化发展行动计划（2023—2025年）》《河南省建设制造强省三年行动计划（2023—2025年）》《河南省加快制造业"六新"突破实施方案》《河南省绿色制造体系梯度培育及管理暂行办法》等政策文件，进一步细化"三化"改造、"六新"突破目标任务、主要原则、推进措施和实施保障，为"三化"改造、"六新"突破走深走细提供了一系列强有力的政策保障。二是政策效应显著。投资积极性大幅提高，1～8月，全省工业投资同比增长21.5%；制造业生产规模稳步扩大，2024年7月，全省消费品制造业增加值增长5.0%；消费需求加快释放，2024年7月，全省限额以上通信器材、新能源汽车、智能家用电器和音像器材零售额分别增长45.7%、27.2%、18.0%；从房地产市场看，虽然整体仍处于调整转型中，但活跃度有所回升；1～7月，全省新建商品房销售面积、销售额分别下降18.3%、21.7%，降幅分别比1～6月收窄1.1个、0.9个百分点。

2.经济韧性持续强化，工业经济稳中向好

一是经济总体发展稳中有进。统计数据显示，2024年上半年河南省实现地区生产总值（GDP）31231.44亿元。分产业看，第一、二、三产业增加值分别为2353.03亿元、12293.40亿元、16585.00亿元，分别增长3.7%、7.5%、3.2%。二是工业生产规模持续扩大。2024年7月，全省规模以上工业增加值较上年同期增长6.4%，包括郑州、洛阳、济源、信阳等14个地市增速跑赢全国平均水平。全省75%的工业行业大类实现正增长。其中，电子、新材料、烟草等主导产业带动作用明显。三是固定资产投资快速增长。从数据上看，2024年1～7月，全省固定资产投资同比增长6.4%，比全国平均水平高2.8个百分点，其中全省亿元及以上项目投资额增长9.7%，工业投资、民间投资分别增长21.7%、9.8%。从各地市情况看，统计数据显示12个地市固定资产投资增速超10%。其中，新乡市固定资产投资同比增长12.4%，居全省第一位，高于全省平均水平6个百分点。

3.创新动能持续增强，新兴产业加快成长

河南把"创新驱动、科教兴省、人才强省"作为首位战略，全省创新体系不断完善,创新环境持续优化,创新空间稳步拓展,产业支撑更加坚实,创新事业迎来了加速发展的新契机。一是创新平台能级大幅提升。以中原科技城、中原医学科学城、中原农谷为核心,以各级开发区、产业园、科研院所、企业创新中心为带动的科技创新大格局加速形成,截至2024年5月建成国家重点实验室13家、国家级创新平台172家、省实验室20家。二是创新主体活力全面迸发。全省高新技术企业超1.2万家,规上工业企业研发活动覆盖率达到72.7%,培育创新龙头企业116家、"瞪羚"企业454家、科技型中小企业2.6万家,国家专精特新"小巨人"企业394家,国家企业技术中心87家、分中心6家。三是创新成果大量涌现。支持企业与高校开展产学研合作,共建1503家研发中心,国家重点研发计划立项76项,实施省重大科技专项78项。2023年,全省技术合同成交额为1367亿元,是2020年的3.6倍。四是创新投资力度持续加大。统计数据显示,河南政府创新支出规模持续扩大,2024年7月,全省一般公共预算支出中的科学技术支出增长45.0%;高技术制造业投资加速增长,2024年1~7月,全省高技术制造业投资增长12.8%。五是新兴产业较快成长。统计数据显示,2024年8月,全省规上高技术制造业增加值同比增长14.6%,比上月加快4.1个百分点;新一代信息技术、新能源汽车、新材料表现亮眼,产业增加值分别增长29.2%、13.4%、8.6%;新产品供给增势强劲,全省规上工业单晶硅、服务器、锂电池、太阳能工业用超白玻璃产量大幅增加,分别增长343.8%、67.1%、42.7%、24.2%。

4. 基础设施逐步完善,营商环境持续优化

一是交通物流网络逐步完善。河南依托空中丝绸之路,大力发展海上、陆上、空中、网上四条丝绸之路,深度参与共建"一带一路",形成了空港、陆港、公路港、水港、口岸衔接融合的立体、开放的现代化交通物流新格局。截至2023年底,中欧班列沟通中西、串联世界,打通了河南与40多个国家的国际物流网络,跨境电商爆发式增长,包括周口港在内的6个内陆港口加快建设,河南形成了以内河航运为突破口的通江达海新通道;公路货物运输周转量居全国第二,社会物流成本低于全国平均水平。

二是数字化设施加快发展。通信网络基础设施广泛覆盖，截至 2024 年上半年，全省累计建设 5G 基站 20.66 万个，5G 网络在乡镇以上区域实现连续覆盖，移动、固定网络 IPv6 活跃用户数分别达 8990 万户、2886 万户，居全国前列；超算、智算、通算协同发展的供给体系加快构建，中原人工智能计算中心、郑州人工智能计算中心等算力设施顺利完工，中国联通中原数据基地、中国移动（河南）数据中心等 6 个超大型数据中心投入使用。三是营商环境持续优化。营商环境好不好、企业满不满意是衡量一个地区发展环境优劣的重要指标。河南坚持软硬环境两手抓、两促进，紧扣企业发展需求，全面推进供给侧结构性改革，加速政策迭代升级，累计推出了 1000 多项改革举措。河南持续开展"万人助万企"活动，累计帮助企业解决难题 11 万余个；全面推进"放管服"改革，坚持"一件事一次办"、市场主体有诉即办、惠企政策免申即享，显著提升经营主体活力。

（二）以"三化"改造、"六新"突破助推形成新质生产力，河南面临的困难挑战

从国际环境看，世界经济增长持续放缓，全球发展格局加速重构，各类动荡源和风险点显著增多。与此同时，新一轮科技革命和产业变革正处在实现重大突破的历史关口，传统成本型产业竞争优势有所减弱，战略性新兴产业和未来产业成为先进生产力发展的动力源和主阵地，以绿色技术、信息技术和生物技术为代表的科技创新呈现空前活跃、集中突破态势，创新成果全面涌现的链式发展局面正在形成，这些都给全球产业特别是制造业带来了重大机遇和挑战，对传统产业、战略性新兴产业和未来产业的发展模式、生产技术、组织管理、创新能力和要素支撑等提出了新的更高的要求。

从国内环境看，在新时代以中国式现代化全面推进强国建设、民族复兴伟业，实现新型工业化的背景下，亟须加快转变发展方式、优化经济结构、转换增长动力，形成新质生产力。工业特别是制造业是国家经济命脉所系，是立国之本、强国之基。党的十八大以来，我国工业呈现全、多、大的发展

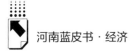
态势，500种主要工业产品中有220多种产品产量位居全球第一，工业国际竞争力和影响力显著提升，为稳定我国宏观经济大盘和世界经济发挥了"压舱石"作用。同时也要看到，我国工业大而不强、全而不优等问题突出，面临关键环节缺乏支撑、资源约束趋紧、要素成本上升、人口老龄化加重等多重约束，以上这些短板弱项在一定程度上给我国新型工业化持续推进、高质量发展、新质生产力形成和发展带来了相当大的挑战。

从省内环境看，党的十八大以来河南全面贯彻落实中部地区崛起、黄河流域生态保护和高质量发展、粮食生产核心区等国家战略，全省工业经济实现规模总量的跨越式增长和质量的显著提升，新质生产力发展空间进一步扩展，要求进一步提高。习近平总书记指出，以中国式现代化全面推进强国建设、民族复兴伟业，实现新型工业化是关键任务①，并向全国发起了加快形成新质生产力的号召②，为"三化"改造、"六新"突破助推形成新质生产力指明了方向、提供了根本遵循。但必须看到，河南产业基础总体仍处于中低端，自主创新能力不高、制造业产业体系存在薄弱环节、核心技术短板明显、高端人才缺乏、传统产业占比高、大而不强和全而不精问题仍然突出，面临高端产品供给不足、要素成本上升、资源约束趋紧、数字化转型难等困难挑战，工业领域供给侧结构性改革任务繁重，创新驱动和高水平开放等面临的发展形势依然严峻。总之，河南经济社会发展面临追兵渐近、标兵越远的局面，"三化"改造、"六新"突破的提出为破解当前产业转型发展难题指出了新的思路和方向。河南要坚持系统思维、目标导向，把握核心环节、补短板、强弱项，全力推动数字化转型带动"三化"改造、强化创新引领"六新"突破，不断塑造新质生产力发展的新动能、新优势。

---

① 曲永义：《实现新型工业化是强国建设和民族复兴的关键任务》，《红旗文稿》2023年24期。

② 《发展新质生产力是推动高质量发展的内在要求和重要着力点》，《求是》2024年第11期。

三 以"三化"改造、"六新"突破助推形成新质生产力的对策建议

（一）强化要素保障，完善支撑保障新体系

政策、金融、投资、人才等要素是实现"三化"改造、"六新"突破的保障，要转变发展理念、思路和举措，从单纯的规模扩张转变为向高端化、智能化、绿色化、融合化、数字化转型。一是突出政策导向。在政策制定、落实上要强化顶层设计，健全部门协同机制，推动创新、人才、产业、金融政策的统筹协同。积极借鉴先进地区发展经验，整合优化各部门、各领域现有的政策措施，加快研究制定具有河南特色的政策制度，形成支撑体系。二是完善体制机制。坚持集约高效、应保尽保、空间合理的原则，综合利用"标准地+承诺制"，全力保障重点产业项目有地用、用得好。支持各地探索各类创新专项资金使用方式，引导传统制造业、战略性新兴产业和未来产业的企业用足用好各类惠企政策。三是坚持项目为王，强化资源整合能力。坚持要素跟着项目走，千方百计满足企业煤电油气等基本需求。创新招商方式、务求招商实效，积极开展以商招商、资本招商、群链招商、央企招商等，支持举办中国产业转移发展对接活动（河南）、世界传感器大会等开放交流活动。持续推进"三个一批"项目建设活动，完善重点项目全生命周期服务机制，建立监测服务平台，构建多部门、多环节、多产业常态化协调沟通机制，全力保障项目顺利实施。四是加强人才培育和引进。坚持"引才入豫"与"豫才回流"并举，定期开展人才引荐宣传活动，全方位拓宽人才回归渠道，打通人才外引内聚的"双循环"；广泛借鉴先进地区经验，完善人才激励管理服务保障机制，实现人才引得来、留得住、用得好。

（二）强化科技创新，培育"六新"突破动力源

把科技创新、数字化转型作为"三化"改造、"六新"突破助推形成新

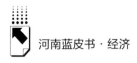

质生产力的关键动力。一是壮大创新平台。围绕创新平台建设，强化平台的引才聚才功能，丰富创新高地建设的智力资本储备。鼓励企业建设重点实验室、产业研究院、中试基地、制造业创新中心等创新平台，充分发挥国家和省重点实验室技术优势，与企业联合开展技术攻关、示范应用和推广，强化企业和各类创新平台协同攻关，构建包含各级研究机构、覆盖全产业链条的协同创新网络。二是激发企业创新活力。鼓励优势企业创建企业技术创新中心、工程技术中心，支持行业构建产业技术创新联盟等高水平创新平台，加快推动企业创新能力大跨越、大发展；充分发挥企业市场主体作用以及政府相关部门监督引导功能，加快打通创新成果转化通道，实现技术、资本、人才、管理高效聚合，企业、产业、园区、孵化器高效承载，确保优秀科技成果尽快就地转化为新产品，培育新业态。三是创新体制机制。优化创新考核评价体系，完善相关统计指标体系和统计调查制度；加快建立由省内外优秀企业、高校、研究机构参与的产业技术创新联盟，充分发挥联盟桥梁作用，完善不同领域专家、社会团体、公众的参与机制。采取培训、论坛、慕课等多种形式，积极开展政策解读和舆论引导工作。完善科技成果转化机制，发挥科技成果转化基金作用，推进省级科技成果转移转化示范区建设，推动更多创新成果就地转移转化。

（三）强化数字转型，铸造"三化"改造加速器

加快数字化转型是推进制造业高端化、智能化、绿色化发展的引领性、战略性工程，推进数字化转型应做好以下几个方面。一是强化企业数字赋能，运用新一代信息技术开展平台设计、智能制造、网络协同、个性定制、服务延伸、数字管理等业务创新，提升质量、效益、绿色、安全等方面的转型成效，加快企业数字化转型步伐，提速"企业上云"数字化进程，推动"六新"数据无缝对接。二是完善数据集成平台，培育一批数字化示范园区，推进"三化""六新"数据资源集聚开放，帮助中小企业迈向专精特新，融入产业链；探索创新"六新"信息人工智能处理服务模式，推动省内企业走出一条高质量数字化转型发展的新路子。三是建设高效数字政府，深化政务服务

"全程网办",上接国家,下联市县,串起各个部门,打通全省政务数据网;优化行政流程,下放审批权限,构建统一物流、电子印章等运营体系,压缩行政时限,减少行政手续,精简行政环节,为公众提供数字化一站式整体服务;全面建成政务云平台架构和一体化管理体系,实现信息共享、数据可视,构建政府决策咨询大数据智库,增强政府全面及时精准决策的能力。四是提升数字化技术服务水平,积极培育一批专业高效的系统解决方案供应商和网络运营服务商,聚焦细分行业新要求、新优势,提供个性化、差异化服务,协助生产企业创新应用场景、打造典型示范、推广应用转化。

(四)强化产业基础,夯实基础支撑能力

产业基础提升是加快实现"三化"改造、"六新"突破的重点所在,也是难点所在,夯实产业基础要从以下几个方面发力。一是持续优化产业布局,充分发挥郑州国家中心城市的龙头带动作用,深挖洛阳、南阳等副中心城市的发展潜力,持续推进黄河流域、京广铁路沿线制造业发展带协同发展,加快形成"中心引领、两带支撑、四区协同"的产业布局。以洛阳、南阳、商丘、周口为中心城市,建设豫西转型创新发展示范区、豫南高效生态经济示范区、豫东承接产业转移示范区和豫北跨区域协同发展示范区。二是强化产业国际合作,支持省内企业开展高端环节兼并重组,提升主业竞争力;深入实施自贸区提质增效工程,对标 RCEP 等高标准国际经贸规则,借鉴海南自贸港等先进经验,积极探索首创性差异化体制机制改革,大力发展跨境电商、离岸贸易等新业态、新模式。三是持续做强龙头企业,持续推进国有企业改革,聚焦能源化工、装备制造、电子信息、食品加工等重点产业领域,加快高端化、智能化、绿色化改造,树立一批具有典型特征的制造业高质量发展标杆。四是做强做大专精特新企业,针对不同类型、特征、级别的中小企业,分级建立企业培育名单,分类制定特色鲜明、动态调整的评价标准体系,做好多元化、个性化且针对性强的常态化监测指导;推动政府、科研院所和创新企业常态化交流合作,着力建设一批符合中小微企业发展要求的孵化平台、生成空间和创业载体。

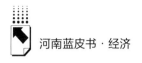
（五）强化环境升级，优化产业发展新生态

以"三化"改造、"六新"突破助推形成新质生产力是一项系统工程，任务重、难度大、风险多，既要加快营造市场化、法治化、国际化的软环境，也要铸造发展"硬支撑"，更广泛、更有效地调动经济社会的积极性和主动性。一是厚植企业发展沃土。进一步深化"放管服"改革，完善知识产权保护、市场主体准入、维护公平竞争、保障社会信用的基础制度，加快建设高标准市场体系。二是全面落实依法行政，整合简化各类审批流程，强化市场主体的主导地位，优化国企敢干、民企敢闯、外企敢投的制度环境。创新监管方式，坚持依法行政，围绕战略性新兴产业和未来产业的技术新、产业新、业态新的新内涵、新特点和新要求，实现数字化、智能化和现场监测执法相结合。三是做全、做细政策宣传。创新宣传方式，全方位、多层次地建立包括政府网站、新闻媒体、工作群等的多元化、差异化的宣传渠道，及时向相关企业推送、解读相关科技、优惠政策，确保企业知晓、用好、用足各项政策。

参考文献

河南省统计局、国家统计局河南调查总队：《河南统计月报》，2024年7月。

河南省统计局、国家统计局河南调查总队：《河南统计月报》，2024年8月。

B.15
河南前瞻布局未来产业发展新质生产力的重点与难点

张 玮*

摘 要: 未来产业代表新一轮科技革命和产业变革的发展方向,是培育发展新动能、构筑竞争新优势、抢抓未来发展主动权的关键所在。近年来,河南大力实施换道领跑战略,前瞻谋划、超前布局未来产业,推动未来产业政策体系持续完善、产业发展加快集聚、创新平台加速布局、前沿技术加快突破。立足现实,河南培育壮大未来产业,要进一步在优化空间布局、强化创新策源、加快孵化转化、建立投入增长机制、夯实人才支撑等方面取得突破,这是河南前瞻布局未来产业发展新质生产力的重点和难点。同时也要注重强化顶层设计、完善政策体系、全面深化改革、加强要素支撑,为河南在未来产业新赛道上奋勇争先提供重要保障。

关键词: 河南省 未来产业 新质生产力

产业是生产力变革的重要载体,前瞻布局未来产业是推动传统生产力向新质生产力跃迁的重要途径。从 2023 年 9 月习近平总书记在黑龙江考察时首次提出"新质生产力"①,到 2024 年中央政治局集体学习和全国两会上的深入阐释②,

---

* 张玮,河南省社会科学院经济研究所研究实习员,主要研究方向为区域经济。

① 《习近平主持召开新时代推动东北全面振兴座谈会强调牢牢把握东北的重要使命奋力谱写东北全面振兴新篇章》,《人民日报》2023 年 9 月 10 日。

② 《发展新质生产力是推动高质量发展的内在要求和重要着力点》,《求是》2024 年第 11 期;《两会受权发布丨习近平在参加江苏代表团审议时强调因地制宜发展新质生产力》,新华网,2024 年 3 月 5 日,http://www.news.cn/politics/leaders/20240305/731bee1d18784a4f87ecd06f7345eeb8/c.html。

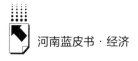

有关新质生产力培育和发展的论述都提到前瞻布局未来产业。河南作为工业大省、经济大省，要抢抓新一轮科技革命和产业变革的重大机遇、抢占未来竞争制高点，必须前瞻布局未来产业，聚焦未来产业发展中的重点与难点，明确未来产业培育的方向和路径，抢占先机，为新质生产力的发展夯实产业根基，为现代化河南建设奠定坚实的物质技术基础。

一　河南前瞻布局未来产业对发展新质生产力的重大意义

未来产业由前沿技术驱动，当前处于孕育萌发阶段或产业化初期，是具有显著战略性、引领性、颠覆性和不确定性的前瞻性新兴产业。未来产业能够为新质生产力各要素提质增效、优化组合提供重要载体。积极培育未来产业，加快形成新质生产力，是河南抢占未来竞争制高点、构筑竞争新优势的关键之举，也是加快建设现代化经济体系、奋力推进中国式现代化河南实践的战略选择。

（一）未来产业培育了新劳动者队伍

劳动者具有能动性，在生产力诸要素中起决定作用。未来产业将培育更高素质的新劳动者队伍，为发展新质生产力夯实人才根基。不同于传统劳动者，新劳动者更能适应技术和知识的快速迭代与更新，具有更强的创新思维能力和实践能力，新劳动者既包括战略科技人才和高精尖缺创新型人才，也包括熟练掌握新质生产资料的应用型人才。未来产业涉及的技术较为前沿且领域众多，能够为培育新劳动者队伍提供广阔的平台和难得的机遇。河南作为人口大省，拥有着丰富的人力资源，布局未来产业有利于将人口优势转化为新劳动者队伍优势，从而为发展新质生产力注入源源不断的人才活水。

（二）未来产业提供了新劳动资料和新劳动对象

劳动资料是生产力的物质载体。未来产业发展伴随着颠覆性前沿技术的突破与融合应用，将创造出技术含量更高、科技属性更强的新劳动资料，并借助这些新劳动资料拓展更广泛的劳动对象，为发展新质生产力奠定物质基础。随着人工智能、虚拟现实、机器人等新型生产工具的涌现，未来产业利用和改造自然的能力得到极大提升、范围得到极大拓展，不仅向着深空、深海、深地等领域拓展，也借助数字化、智能化生产工具将信息、数据、知识等作为劳动对象。比如，AI可以协助人类探索太空、深海、极地，全息通信、沉浸式扩展现实（XR）、数字孪生等技术将推动虚拟与现实加速融合，基因编辑技术可以通过对任意一个碱基进行精确操作来干预基因所导致的遗传缺陷。

（三）未来产业促进了生产力要素组合的跃升

新质生产力的形成不是劳动者、劳动资料、劳动对象的简单叠加，而是生产力诸要素的高效协同。未来产业发展将推动要素创新性配置，通过三者之间的优化组合和更新迭代，释放更大的潜力，培育和发展新质生产力。以未来制造为例，工业机器人、智能制造装备、智能控制系统的应用将重塑生产制造方式，推动传统制造向数字化、网络化、智能化转型，突破传统生产中各个环节对劳动者、劳动资料和劳动对象数量比例的限制，大幅提升劳动生产效率。工业元宇宙可以实现人、机、物、系统等的全面互联，在虚拟映射的场景中高效配置各种制造资源，并反向控制物理世界，以实现现实世界中生产力各要素更高效的协同。

新质生产力落脚点在产业，尤其是未来产业。发展新质生产力必须以未来产业为重要载体和主要阵地，以未来产业创新发展为河南高质量发展注入强劲动能，为现代化河南建设厚植坚实的生产力基础。

二 河南前瞻布局未来产业发展新质生产力的实践探索

河南准确把握新一轮科技革命趋势和产业变革走势，对未来产业进行了前瞻谋划和超前布局，推动了未来产业加快培育，有力引领了新质生产力发展。

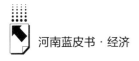

（一）政策体系持续完善

河南高度重视培育发展未来产业，将其作为推动经济高质量发展的重要引擎。2021 年 4 月出台的《河南省国民经济和社会发展第十四个五年规划和二〇三五年远景目标纲要》首次提出，前瞻布局北斗应用、量子信息、区块链、生命健康、前沿新材料未来产业，积极抢占发展先机。2021 年 10 月，河南省第十一次党代会提出实施换道领跑战略，加快未来产业破冰抢滩，对培育新质生产力进行了超前谋划。2021 年 12 月，《河南省"十四五"战略性新兴产业和未来产业发展规划》明确了"十四五"期间河南要前瞻布局量子信息、氢能与新型储能、类脑智能、未来网络、生命健康、前沿新材料六大未来产业，为河南未来产业发展指明了方向。2022 年 1 月，《河南省加快未来产业谋篇布局行动方案》出台，对河南未来产业的发展目标、主要任务和重点工程做出部署。2024 年河南省政府工作报告强调，拓展商业航天、低空经济、氢能储能、量子科技、生命科学等领域，积极开辟新赛道，建设国家未来产业先导区。2024 年 7 月，河南省政府常务会议研究了《河南省培育发展未来产业行动方案（2024—2030 年）》，提到要聚焦 6 大方向，布局发展 14 个赛道，打造"6+14"未来产业发展矩阵。从地方层面来看，郑州、洛阳、许昌、商丘等地已出台专项政策，规划发展未来产业。

（二）产业发展加快集聚

河南聚焦六大方向，围绕"优中培精""有中育新""无中生有"三大路径，推动未来产业呈现点状布局、突破发展态势。在量子信息领域引进河南国科量子、科大国盾量子、长江量子等一批龙头企业，加快建设中原量子谷等重大项目。在氢能与新型储能方面已经形成涵盖氢能制、加、储、运的全产业链。在类脑智能、未来网络领域，从研发、生产到服务、应用，河南AI 产业链群图谱逐渐清晰，生态架构逐渐完善。在生命健康领域，依托中原科技城，河南先后招引华兰生物、北科生物等领军企业 20 余家，集聚大健康类企业 1.1 万余家。在前沿新材料领域，河南拥有郑州三磨所、多氟多等知名科研机构及企业，在超硬新材料、尼龙新材料等领域已形成规模优势和集聚效应，在纳米、特种金属、第三代半导体等领域也持续发力。近三年，河南聚焦未来产业重点领域，已经培育了 14 个省级未来产业先导区，将有力推动未来产业集聚发展。

（三）创新平台加速布局

河南坚持把创新摆在发展的逻辑起点、现代化河南建设的核心位置，大力支持科技创新，加速布局创新平台，为未来产业发展提供了坚实的创新平台支撑。根据《2023 年河南省国民经济和社会发展统计公报》和 2024 年河南省政府工作报告，当前河南已经形成中原科技城、中原医学科学城、中原农谷"三足鼎立"的科技创新大格局。截至 2023 年底，河南拥有国家级重点实验室 13 家、国家级创新平台 172 家、省实验室 16 家、省中试基地 36 家、省技术创新中心 24 家、高新技术企业 1.2 万家、科技型中小企业 2.6 万家。河南省科学院、中原科技城、国家技术转移郑州中心"三合一"融合推进，超短超强激光平台、国家超算互联网核心节点工程等重大科技基础设施加快建设，为未来产业发展集聚了强劲的创新力量。

（四）前沿技术加快突破

河南大力实施创新驱动发展战略，充分发挥高能级创新平台作用，推动前沿技术加快突破。河南较早关注并超前布局量子信息和氢燃料电池等前沿技术，在氢能与新型储能、量子信息、未来网络、类脑智能等部分领域已经形成了先行优势。如宇通的新能源客车技术在国内处于领先地位，研发生产的燃料电池客车获得国内首个生产资质认证和国内首款燃料电池客车公告，建成了中原地区首座加氢站，形成了全系列燃料电池商用车产品布局。依托河南省科学院量子材料与物理研究所和新型显示技术研究所、郑州信大先进技术研究院、墨子实验室等高水平创新平台，河南在量子优越性验证、量子算法等方面取得了一批一流科研成果，开发了全国首

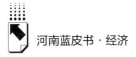
个采用量子加密技术进行数据加密处理的考务系统，拓展了量子信息应用场景，在国内首创液冷条件下使用的新型固态存储器，实现了100%自主可控和全国产化。

三　河南前瞻布局未来产业发展新质生产力的着力点

河南前瞻布局未来产业要以"现有产业未来化"和"未来技术产业化"为重点，统筹科技创新和产业创新，推动有为政府和有效市场更好结合，积极构建"源头创新—成果转化—产品开发—场景应用"的未来产业培育链，引领未来产业从弱到强、从有到优，成为发展新质生产力的重要支撑力量。

（一）优化未来产业空间布局

未来产业布局要充分考虑产业基础、科教资源、人才储备等因素，结合各地特色进行规划。要按照统筹规划、差异布局、协同发展的总体思路，坚持全省上下"一盘棋"，科学合理布局各地市未来产业，同时要注重加强区域间未来产业合作交流，通过优势互补和资源共享，推动未来产业加速发展。

要持续推动未来产业先导区建设。建设未来产业先导区是前瞻布局未来产业的重要抓手。鼓励郑州市、洛阳市、新乡市等地结合国家自主创新示范区、国家高新技术产业开发区等创建未来产业先导区，支持其他各地基于自身产业基础和特色优势，加快构建不同类型的未来产业先导区。不断完善未来产业先导区功能，加快高端资源集聚和重大项目落地，在氢能与新型储能、前沿新材料、生命健康等领域形成规模化生产与应用格局，在量子信息、类脑智能、未来网络等领域开辟全国领先的新赛道。要加强区域间未来产业合作。充分发挥河南在传统产业、应用场景方面的优势，深化与长江经济带、粤港澳大湾区等地区的合作，引进未来产业先进技术、重大项目和优质企业，加强跨区域研发、生产与管理合作。依托郑州航空港经济综合实验区、中国（河南）自由贸易试验区、郑洛新国家自主创新示范区等，与共建"一带一路"国家开展未来产业合作，打造"飞地经济"合作新模式。

（二）强化未来产业创新策源

科技创新是第一生产力。科技创新既是未来产业发展的驱动力量，也是培育新质生产力的重要引擎。未来产业所依赖的创新是前瞻性、颠覆性的重大创新。因此，前瞻布局未来产业，关键是要提升科创策源能力，以重大科技突破催生新产业、新模式、新动能，发展新质生产力。

要完善高能级创新平台，加快形成覆盖基础研究、应用基础研究、技术创新和成果转化全链条的科技创新平台体系。完善提升"两城一谷"功能，聚焦人工智能、量子信息等未来产业重点领域，积极争取国家重大科技基础设施、国家重点实验室等重大创新平台在河南布局建设，引进落地一批未来产业技术创新中心、产业技术研究院。充分发挥企业创新主体作用，鼓励龙头企业与高校、科研机构联合建设概念验证中心和中试基地。要强化基础研究策源引领，加强未来产业关键核心技术攻关。充分发挥高能级创新平台作用，集聚产学研用优势力量，开展面向未来的前沿技术研究，加强前沿性、交叉性、颠覆性未来技术供给。围绕未来产业共性技术研发和成果转化，协同开展重大科技项目研发，重点突破一批未来产业关键核心技术。要加强对外科技交流合作，支持国内外知名高等院校、顶尖科研机构在河南建设研发和科技成果转化基地，促进前沿技术在河南转移转化，加快推进科创飞地建设，鼓励支持有条件的企业在发达地区设立飞地研发中心。

（三）加快未来产业孵化转化

将未来技术成果及时应用到具体产业和产业链上是加快科技成果向现实生产力转化、推动新质生产力发展的关键。因此，要加快未来产业孵化和成果转化，充分发挥企业孵化主体的作用，围绕六大未来产业领域加强市场主体引育，推动多元化应用场景建设和开发，尽快把潜在生产力转化为现实的

新质生产力。

要加强市场主体引育，构建未来产业生态。加快研究绘制未来产业的产业链图谱，围绕未来产业重点领域和细分赛道，重点打造一批掌握关键核心技术、具有产业链带动能力的链主企业，引进和培育一批未来产业领域的专精特新"小巨人"企业、"瞪羚"企业和"独角兽"企业。支持高校、科研院所、科技龙头企业等建设高质量未来产业孵化器，鼓励现有孵化器加强未来产业孵化力度，在未来产业细分领域孵化一批高科技企业。鼓励大企业向中小企业开放共享仪器设备、试验场地等资源，推动大中小企业协同创新。要强化应用场景牵引，加快未来技术推广落地。围绕未来产业重点领域前沿科技，支持高校、科研院所和企业等建设早期验证场景，以场景应用加速未来技术产业化进程。实施未来产业跨界融合示范工程，围绕智能制造、人工智能、智慧文旅、智慧农业等领域，因地制宜打造未来技术应用场景，持续推动场景迭代，加速前沿技术、颠覆性技术转化应用。推动开展跨区域应用场景合作，打造一批示范作用明显的未来产业应用场景。

（四）建立未来产业投入增长机制

从产业生命周期来看，未来产业处于孕育萌发阶段或产业化初期，虽然潜力巨大，但是孵化周期长且在技术路线、市场前景等方面具有较高的不确定性，其孵化转化需要更多长期的、耐心的资本支持，因而要探索建立支持未来产业全生命周期的投入增长机制，促进政府资金耐心投，鼓励社会资本放心投，为未来产业发展注入更多金融活水。

要充分发挥政府资金导向作用。加大对未来产业的地方财政科技投入强度，大力支持科技创新和未来产业发展。切实发挥财政资金的杠杆作用，加快设立河南省未来产业发展专项基金，创新基金运作和监管模式，确保资金投向符合未来产业发展需要。充分发挥各类政府产业投资基金对未来产业发展的支撑作用，建立政府科技研发资金、政府产业引导资金与市场化投资基金的联动机制。加强财政资金、国企资金与产业资本、社会资本、金融机构等的深度合作，搭建产融互动的高效对接平台。要充分调动社会资本积极性。建立更加完善的多层次资本市场体系，拓宽未来产业融资渠道，畅通"科技—产业—金融"良性循环。鼓励和规范发展天使投资、风险投资、私募股权投资，引导更多社会资本投早、投小、投长期、投硬科技，支持种子期、初创期科技型企业发展壮大。支持银行、保险、信托等各类金融机构针对未来产业特征创新金融产品和服务模式，加大重点项目和企业的信贷支持力度。

（五）夯实未来产业人才支撑

人才是第一资源，是推动科技创新转化为现实新质生产力的主体力量。夯实人才支撑既是未来产业发展的现实之需，也是打好新质生产力主动仗的发展之要。要聚焦基础学科和前沿交叉领域，完善人才培养、引进、使用、合理流动的工作机制，以人才引领未来产业创新发展，以人才驱动新质生产力高质量发展。

要加强高层次人才培养。支持高校改革人才培养模式，聚焦国家战略需求和未来产业发展需要，加强重点领域相关学科和专业建设，培养基础研究人才和具有交叉复合背景的创新人才，为重大科技创新提供丰富的人才储备。支持高校与企业、科研院所共建未来产业技术研究院等人才培养基地，推行"订单式"培养，面向未来产业培养一批产业领军人才、创新人才和高素质复合型应用型人才。同时要强化高端创新人才引进。研究制定未来产业核心人才库和紧缺人才图谱，积极拓宽人才引进渠道，加快引进一批具有国际水平的战略科技人才、科技领军人才、青年科技人才和高技能人才。此外，也要创新人才留用机制。健全科技人才分类评价体系，建立创新成果和科研收益分配相衔接的创新激励机制，充分调动创新人才的积极性与创造性。落实人才引进政策优惠，为引进人才做好服务保障，鼓励用人单位完善用人制度，为高层次人才提供快速成长通道。

四 河南前瞻布局未来产业发展新质
生产力的政策建议

（一）强化顶层设计

培育发展未来产业是一项系统工程，涉及产业领域众多，因此，必须以国家战略需求为导向，对未来产业进行统筹谋划和前瞻布局，形成推动未来产业发展的合力。要顺应科技变革趋势和规律，紧盯国家战略和未来产业发展所需，加强省级层面的系统性谋划和总体性布局。同时要基于各地产业特色加快研究制定地方未来产业发展规划，明确各地未来产业发展的重点方向、重点领域和战略路径，引导各地精准培育、错位发展。

（二）完善政策体系

完备的政策体系是推动未来产业持续健康发展的重要保障，因此，必须加快研究制定推动未来产业发展的支持政策，以精准有效的政策支持为未来产业发展保驾护航。要遵循前沿科技创新和未来产业演进基本规律，针对不同产业发展阶段和显著特点，制定差异化的产业政策，加强产业政策与财税政策、金融政策、创新政策、人才政策等的协同配合，为未来产业发展营造良好的政策环境。

（三）全面深化改革

加快推进未来产业发展，必须全面深化改革，突破制约未来产业发展的体制机制障碍和难点，形成科技创新和制度创新双轮驱动。要持续深化要素市场化改革，切实推动各类生产要素创新性配置，引导高端要素向未来产业集聚。要进一步深化科技创新体制机制改革，健全容错纠错机制，为科研人才减负松绑，充分激发创新活力。要探索建立未来产业治理机制，健全适应未来产业技术更迭和产业变革要求的制度规范、监管模式，构建有利于未来产业发展壮大的良好生态。

（四）加强要素支撑

未来产业以海量数据、多源信息、复杂知识等新型生产要素的密集投入为特征，因此，推动未来产业发展既需要加强传统要素支撑，也要加强新型要素支撑。要加大新基建投资力度，加快 5G、数据中心等新型基础设施建设，整合数据要素资源，建立共享开放规范的数据要素市场，优化数据交易机制及数据收益分配方式，促进数据要素与其他要素深度融合，充分发挥数据要素乘数效应，推动各类生产要素创新性配置和全要素生产率大幅提升。

参考文献

习近平经济思想研究中心：《新质生产力的内涵特征和发展重点》，《人民日报》2024年3月1日。

钟君：《超前布局建设未来产业》，《光明日报》2024年5月28日。

王宇：《以新促质：战略性新兴产业与未来产业的有效培育》，《人民论坛》2024年1月30日。

张立：《有效发挥未来产业的创新引领作用》，《学习时报》2024年8月30日。

胡拥军：《前瞻布局未来产业：优势条件、实践探索与政策取向》，《改革》2023年第9期。

胡拥军：《前瞻布局未来产业发展新质生产力》，《经济日报》2024年2月28日。

金观平：《积极探索未来产业投入增长机制》，《经济日报》2024年8月7日。

B.16
河南聚焦九大新兴产业发展新质生产力的思路与对策

张相阁*

摘　要： 新质生产力是推动生产力变革和生产关系重塑的重要基础，也是引领现代化产业体系建设，实现高质量发展的内在要求。聚焦九大新兴产业发展新质生产力，河南省拥有雄厚的产业基础和优势条件，同时也面临创新驱动有待提升、龙头企业数量较少、链群协同存在短板和关键要素存在短缺等问题和挑战。要坚持系统思维、精准施策，以深化体制机制改革创新、强化科技创新源头供给、引育战略性新兴产业龙头企业和优化关键要素创新配置为抓手，聚焦四大优势主导产业以及五大高成长产业，释放新质生产力发展潜力，促进河南省经济发展走向新阶段。

关键词： 九大新兴产业　新质生产力　河南省

　　自习近平总书记在黑龙江考察期间首次提出"新质生产力"，2023年中央经济工作会议再次强调，要以科技创新推动产业创新，特别是以颠覆性技术和前沿技术催生新产业、新模式、新动能，发展新质生产力。新兴产业是以技术重大突破和发展需求为基础，对经济社会发展具有引领作用的先进产业，具有高技术优势、高附加值和高成长性和产业辐射面广等特点，成长潜力大，综合效益好，是各地争相布局的重点领域，更是现代化产业体系的主体力量。河南省积极响应国家战略部署，在新

---

* 张相阁，河南省社会科学院经济研究所研究实习员，主要研究方向为区域经济。

兴产业领域强化布局，聚焦九大新兴产业培育发展新质生产力。在此背景下，立足河南省自身发展优势，深入剖析制约因素，有利于为河南省聚焦九大新兴产业发展新质生产力指明方向，助力河南省新质生产力发展在全国抢滩占先。

一 河南聚焦九大新兴产业发展新质生产力的重要意义

聚焦四大优势主导产业以及五大高成长产业是河南省发展新质生产力的关键举措，不仅能为河南省构建现代化产业体系提供有力支撑，也是河南省在新一轮科技革命和产业变革中抢占先机、打造新的经济高质量发展增长点、确保高质量建设现代化河南的"制胜法宝"。

（一）破解发展难题瓶颈，建设现代化河南的根本出路

当前，受内外部环境影响，河南省以科技创新为引领的现代化产业体系尚未得到有效建立，以高科技为主要发展方向的市场主体尚不足以支撑经济高质量增长，创新能力不强、关键技术受制于人仍然是制约河南省经济发展的主要问题。新质生产力是科技创新发挥主导作用的先进生产力，具有高科技、高效能、高质量的特征，有助于培育新动能、形成新优势，为建设现代化河南指明了道路。河南省第十一次党代会提出要深入实施"十大战略"，在新兴产业领域抢占先机，全面提升产业国际竞争力。新兴产业以最前沿的科技创新为导向，不断推动技术进步，创造更高效、更智能的生产方式，为新质生产力的发展提供强大动力支撑。新兴产业发展催生新产品、新要素和新市场，为新质生产力的发展提供了应用场景和市场空间，也为河南省推动传统产业改造升级，促进产业结构高端化、智能化，疏通经济发展的痛点难点发挥了重要作用。由此可见，聚焦新兴产业发展新质生产力是促进河南省经济结构转型升级，提高整体经济活力和效率，破解河南省发展难题瓶颈，建设现代化河南的根本出路。

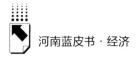

（二）摆脱传统发展方式，推动高质量发展的内在要求

立足新发展阶段，河南迫切需要在要素配置、创新驱动、产业结构和发展方式等方面进行深度变革，推动经济向形态更高级、结构更合理的阶段演进，实现经济的高质量发展。新质生产力正是河南在新发展阶段实现经济高质量发展的关键突破口。新质生产力区别于传统高投入、高耗能的发展方式，以新型劳动者、新型劳动对象和新型劳动资料的优化组合为基本内涵，更加突出以颠覆性科技创新的应用、生产方式的变革以及产业结构的优化，来摆脱传统发展方式，为推动高质量发展提供前进方向。新兴产业以知识、信息、数据等作为劳动对象，不断加强对劳动者知识和技能的培育，促使劳动者适应产业发展新要求。劳动资料的升级，如智能化设备、创新型生产工具等，不仅提高了生产效率和品质，还带动了相关产业的协同进步，促进了产业链的优化升级，为新质生产力的发展提供了坚实的物质基础。鉴于此，河南应牢牢把握新兴产业发展机遇，以新兴产业为突破口，大力培育和发展新质生产力，实现经济的高质量发展。

（三）抢占发展新赛道，提升区域竞争力的战略选择

当今世界，百年未有之大变局加速演进，新一轮科技革命和产业变革深入发展，正在重构全球创新版图，重塑全球经济结构，全球生产力体系和经济体系逐渐朝着智能化、绿色化、融合化的方向演进。在此背景下，河南加快发展新质生产力，不仅是顺应时代潮流，提升自身核心竞争力的必然选择，也是落实新时代河南"奋勇争先、更加出彩"的使命担当。当前，新一代信息技术、生命科学及能源技术快速发展，不断催生新产品、新服务、新业态和新模式，也为新质生产力的发展提供了广阔的空间和平台。河南要掌握发展主动权，亟须紧抓科技前沿领域，积极抢占新兴领域，以前沿技术和颠覆性技术促进经济发展，不断提高产业的附加值和竞争力，实现产业结构的优化升级与创新发展模式的构建。新兴产业作为现代经济发展的关键驱动力，是新质生产力的重要载体，各种创新要素的整合、相互作用和协同发

展，能够为新质生产力的发展提供良好的环境，从而为河南省经济增长提供强劲动力。因此，聚焦新兴产业发展新质生产力，是河南省抢占发展新赛道，提升区域竞争力的战略选择。

二 河南聚焦九大新兴产业发展新质生产力的现实基础

随着锚定"两个确保"、实施"十大战略"的持续深入推进，河南省新兴产业发展不断壮大，在产业基础、创新驱动、链式集群以及产业生态方面取得了一定的优势。但在立足发展优势的同时，分析制约其发展的因素有助于更好助力新质生产力的发展。

（一）优势条件

产业基础实力雄厚。河南作为我国重要的经济大省，产业门类较为齐全，在制造业方面拥有良好的基础。41 个工业大类中河南有 40 个，207 个工业中类中河南有 197 个。先进装备、电子信息、生物医药等产业是拉动河南工业增长的主力军，在这些产业中，电力、盾构和起重装备等在国内外享有盛誉；汽车制造产业链逐渐完善；黄河信产、长城、超聚变等计算终端生产项目顺利投产；光通信芯片、传感器、超硬材料等产品市场占有率居全国前列，鹤壁仕佳光子是全球最大的光分路器芯片生产企业；郑州智能传感谷位居全国传感器十大园区第四；超硬材料产品占全国市场的八成以上。此外，"三个一批"项目深入实施，使一大批新兴产业项目得到推进，2024 年第十三期"三个一批"投产项目中，战略性新兴产业项目数量占 35.8%，投资额占 38.3%；先进制造业项目数量和投资额分别占 37.2% 和 33%，表现同样亮眼。"十四五"以来，战略性新兴产业增加值年均增速约为 10.83%，高于同期规模以上工业增加值年均增速，战略性新兴产业增加值占规模以上工业增加值的比重逐渐提升，增速与占比相较于"十三五"期间均有增长，新兴产业逐渐成为推动全省经济高质量发展的重要引擎。

创新驱动逐渐显现。河南省坚持创新驱动发展战略，不断加大在科技创新方面的投入，全省研发经费增速连续七年超过10%；2023年R&D投入强度突破2%；技术合同成交额同比增长33%；财政科技支出同比增长13.3%；每万人有效发明专利拥有量达8.42件，同比增长23.8%。创新生态环境逐渐完善，以中原科技城、中原医学科学城、中原农谷为支柱的"三足鼎立"科技创新格局初步构建；上海交通大学、北京理工大学等一流大学先后入豫设立研究院；截至2024年5月，省内共有国家重点实验室13个，国家级创新平台172家，省实验室20家。众多创新平台的存在为科技创新提供了坚实的硬件基础和技术支撑。创新主体地位不断提升，截至2023年底，河南省拥有高新技术企业超1.29万家，科技型中小企业约2.6万家。同时，河南高标准建设孵化载体，国家级科技企业孵化器总数达到71家，孵化载体为初创企业提供了良好的创业环境、资源对接平台和技术支持。此外，坚持把科技人才引进作为重点工作，高标准制定并实施一系列人才政策，自2021年以来累计引进顶尖人才28人、领军人才369人、博士及博士后1.6万人，为科技创新发展提供了坚实人才支撑。

链式集群优势显现。河南省以培育壮大重点链群为抓手，加快推动产业链重塑和价值链重构，培育壮大"7+28+N"重点产业链群，为现代化河南提供强劲动力。截至2023年底，"7+28+N"重点产业链群汇聚了全省七成以上的重点创新平台、创造了八成以上的进出口总额以及六成以上的规上工业增加值，已然成为河南省推进新型工业化的主战场。其中，新材料集群规模在2023年占材料产业规模的比重达到35%，超硬材料产业链全链条纳入国家锻长板重点产业链，新能源汽车集群是国内新能源汽车产业的重要力量之一。产业链群规模不断扩大，重点产业链中营业收入超百亿元的企业达到54家，其中万洲国际、平煤神马等链主企业的营业收入超千亿元，有25家企业入围中国制造业500强。全省高新技术企业、创新型中小企业以及专精特新企业融群入链比例超过90%。创新链产业链持续融合发展，围绕产业链布局创新链，加快构建以企业为主导的创新联合体，促进产学研深度融合。2023年，河南全省规上工业企业研发活动"四有"覆盖率达72.7%，技术合同成交额同比增长 33.4%，发明专利授权量增长 20.3%。

产业生态逐渐向好。河南省高度重视新兴产业发展，先后颁布了一系列政策和规划来推动新兴产业发展，为新兴产业发展提出政策指导和资金支持。聚焦四个主导产业和五个高成长企业，明确了新兴产业的发展目标和重点领域。在资金支持方面，省级层面设立 1500 亿元投资引导基金和 150 亿元的创业投资引导基金，在设立市县地方发展基金的同时，推动高校科研院所和企业研发部门共同设立联合基金。部分新兴产业涌现了一批龙头企业，如新能源客车领域，宇通已经在 30 多个国家实现良好运营，全球市场占有率超 10%。计算终端、无人机和传感器等产业目前已初步形成集聚效应。创新平台的构建为新兴产业发展提供技术支持，新一代信息技术、新能源、智能制造等领域目前已初步形成较为全面的产业和技术覆盖面。金融机构为新兴产业提供了多元化的金融服务，中国建设银行、浦发银行、华夏银行以及郑州银行在融资授信、普惠金融和综合金融等领域，为新兴产业发展提供多元化金融服务，利用服务资源和产品优势，助推新兴产业发展。

（二）制约因素

创新驱动有待提升。尽管河南省近年来不断加大对科技创新的投入，但从现状来看，创新能力还有待提升，产业转型升级支撑力度不够。河南省研发投入排全国第 17 位，R&D 投入强度低于全国平均水平 0.64 个百分点；专利申请数排全国第 10 位，中部六省第 3 位；技术合同成交额排全国第 13 位，中部六省第 4 位，与经济大省地位不匹配。创新资源分布不均衡，河南省 18 个城市的创新水平差距较大，仅郑州、洛阳、焦作、新乡四个城市超过平均水平，其他城市均低于平均水平，全省呈现"北强南弱、西强东弱"的趋势。创新平台数量与制造业规模不匹配，河南省目前仅有 16 家国家重点实验室，远低于北京、上海、广州等。科技型人才难以满足企业需求，高端技术人才数量偏低，高技术人才占全省技能人才总量的 29.6%，本地企业对数字技术、互联网等新兴产业的人才吸引力不足。成果转化机制不畅，缺乏专业的技术转移机构，科研人员对市场需求把握不足，导致部分成果难

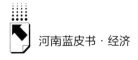

以转化为实际生产力。

龙头企业数量较少。龙头企业在产业链中扮演着重要的角色，能够有力带动上下游企业协同发展。整体而言，河南省产业集群企业数量虽多，但缺乏华为、腾讯、大疆等掌握核心技术的"独角兽"企业或产业链龙头企业。河南只有25家企业进入2023年中国制造业企业500强，且主要集中在食品、能源等传统产业领域，战略性新兴产业龙头企业较少，难以形成强大的产业集聚效应以发挥辐射带动作用。以新能源汽车为例，虽拥有比亚迪和上汽等生产基地，但2023年新能源汽车产量占全国比重尚不足5%，与发达地区相比差距过大。河南省乘用车龙头企业多为省外品牌分公司，仅组织生产，未设研发和销售总部，导致在整车战略规划布局、车型产品开发及零部件采购等方面均无主导权。在低空经济领域，河南省低空经济相关企业数量虽然在全国排名第二，但是缺乏头部企业。在无人机产业中，河南无人机企业有271家，其中链主企业、上市企业、国家级专精特新企业、国家高新技术企业占比分别为11.81%、1.11%、4.80%、28.41%，均处于较低水平。

链群协同存在短板。经过多年发展，河南省培育了19个千亿元级特色产业集群以及127个百亿元级特色产业集群，但是产业链上下游企业之间的连接并不强，供应链本地配套程度不高，产业链环节对接不紧密。以汽车产业链为例，2024年河南省汽车零部件本地化配套率仅约40%，与上海（95%）、重庆（超过70%）等相比差距较大，协同发展存在短板弱项。由于技术水平不高及人才不足，河南省产业链上游高端环节占比较低，生产性服务业支撑力度不足，省内各地同质化发展明显。受制于技术水平不高，河南省的芯片和面板企业不足以为高端计算和手机终端产品提供配套服务；智能传感器相关企业多集中在传统业务领域，在MEMS传感器、车用传感器等方面布局较少。此外，区域间产业规划和发展缺乏差异性，如郑州、洛阳、新乡都以电子信息产业作为发展重点，导致产业布局分散，资源配置不合理，难以形成产业协同效应。

关键要素存在短缺。新兴产业的发展区别于传统产业，除土地、资金、人力等常规要素，数据、技术、清洁能源等关键要素的短缺且成本较高，严重制约着新质生产力发展。以能源、算力要素为例，河南省能源成本较高、高性能算力不足，制约高端制造、数字经济等战略性新兴产业发展。河南省拥有丰富的数据资源和庞大的应用需求，数据市场蕴含巨大的潜力。但就目前发展状况而言，数字基础设施支撑能力有待加强、对数据的开发利用不足、市场交易活跃度低等因素严重制约了河南省数字经济发展。2023 年工信部数据显示，河南省数字经济发展目前在全国处于第二梯队；中国信通院对各省份综合算力的评价显示，河南省处于十名以外。

三　河南聚焦九大新兴产业发展新质生产力的对策建议

河南聚焦九大新兴产业发展新质生产力，应进一步深化体制机制改革创新、强化科技创新源头供给、引育战略性新兴产业龙头企业和优化关键要素创新配置，助推新质生产力发展提质增效。

（一）深化体制机制改革创新，释放新质生产力发展新活力

坚持以体制机制改革创新为抓手，打破新兴产业发展的束缚，构建适应新兴产业发展的政策体系，为新兴产业发展创造良好外部环境，从而释放新质生产力发展新活力。一是精准施策，打造一流营商环境。聚焦新兴产业发展特点和需求，科学制定产业优化政策，以精准施策推动产业健康发展。建立跨部门政策协调机制，促使财政、税收及科技等政策协同发力。深化"放管服效"改革，打造一流营商环境。放宽市场准入限制，精简行政审批流程，搭建在线审批平台，提高审批效率。二是包容审慎，创新监管方式和技术。对新兴产业中的新业态、新模式采取包容审慎的监管方式，提供适度发展空间，避免因过度监管扼杀创新活力。在新兴产业应用领域试点"沙盒"监管方式，依托大数据和人工智能等手段，发挥"互联网+监管"优势，提高监管自动化水平，降低监管成本。三是健全制度，强化知识产权保护。完善知识产权法律法规，加强新兴产业知识产权保护力度，激励企业开

展知识产权战略布局，增强创新成果保护意识。加大对侵权行为的惩处力度，提高侵权成本，切实保护创新主体的合法权益。维护市场公平竞争秩序，加强反垄断和反不正当竞争执法，打击不正当竞争行为，促进新兴产业健康发展。

（二）强化科技创新源头供给，积聚新质生产力发展新优势

聚焦新质生产力的核心为创新这一特点，着力解决新兴产业"卡脖子"技术问题，从源头环节为新兴产业发展注入活力，及时将科技成果应用到生产实践中，以成果转化为新质生产力发展积聚新优势。一是加大科技研发投入，构建多元化融资机制。充分发挥政府在科技研发投入中的引导作用，设立专项科研基金以支持重点领域研发，以风险共担、成果共享的方式引导民间资本参与科技项目研发。通过税收优惠和补贴等措施，激励企业成为研发主体，按照一定比例对企业的研发费用予以税收减免，对新设立研发部门的企业给予建设补贴。二是打造高端创新平台，推动科技成果转移转化。建设高水平实验室、工程技术研究中心等创新平台，以高端创新资源整合促进基础研究与应用研究，强化科技创新源头供给。设立科技成果评估机构，科学评估研究成果的市场价值和应用场景。搭建技术交易平台，实现供需双方的有效对接，促进科技成果转移转化，提升产业创新水平。三是强化创新开放合作，深化与创新优势地区的合作。以提升区域整体创新能力为目标，对接国内外先进科研机构和企业，以项目联合研究、加强科技人员交流的方式开展合作。深化与创新优势地区的科技合作，搭建省际优势创新资源共享、科技项目联合攻关、科技成果共享机制，并建立长效合作机制。

（三）引育战略性新兴产业龙头企业，构建新质生产力发展新引擎

发挥战略性新兴产业龙头企业在技术、资金和市场方面的优势，突破关键核心技术，催生新质生产力。凭借其规模和市场竞争力，有效整合产业链上下游资源，实现资源的优化配置，提高全产业链协同效率，从而带动整个产业向新质生产力方向转型升级，构建新质生产力发展新引擎。一是精准招

商和培育地方龙头企业。针对省内战略性新兴产业发展需求，确定目标招商企业，围绕龙头企业的上下游配套企业集中资源进行招商。建立地方企业数据库，对有潜力的企业在资金、技术和市场开拓等维度加大帮扶力度，培育其成长为龙头企业。二是以龙头企业为核心，打造产业集群。通过产业园区建设、政策引导的方式，吸引配套生产企业和服务企业集聚，形成产业集聚效应。推动产业集群基础设施建设，推动基础设施共享，降低企业运营成本。由龙头企业牵头，试点跨区域基地建设，推进产业间链式发展、区域间相互合作，促进产业集群间资源共享、风险共担、效益共创。三是以龙头企业推动产业链群协同发展。建设产业链上下游企业信息共享平台，做好上下游生产计划与市场对接。由龙头企业主导，制定产业集群的技术标准、质量标准，带动整个集群的发展水平提升。充分利用产业联盟等协同发展平台，推动产业集群内企业的协同创新、资源共享和品牌共建，提升产业集群市场竞争力，强化品牌知名度。

（四）优化关键要素创新配置，提升新质生产力发展新效能

新兴产业是发展新质生产力的重要载体，通过建立高标准市场体系，优化资金、技术、数据等生产要素配置方式，汇聚各类优质生产要素，助推提升新质生产力发展效能。一是加强资金、数据、人才等要素保障。设立专项扶持资金用于支撑新质生产力相关产业的研发、产业化及基础设施建设。引导金融机构创新产品和服务，为新兴产业提供多元化融资渠道。建立健全数据管理体系，加强数据人才培养，挖掘数据价值；推动数据开放共享，促进数据在不同部门之间流通应用。加强人才培养体系建设，培养创新型复合型人才；建立人才激励机制，激发人才创新活力。二是创新要素市场配置机制。构建以市场为核心的要素分配机制，促进新型生产要素自主高效流动和优化组合；破除要素流动障碍，强化金融支持，引导要素向新兴产业集聚。加快完善数据等要素相关制度规则，健全要素市场化配置机制，发展技术和数据要素市场，促进技术与资本融合，以实现生产要素的高效配置和新质生产力的发展。三是健全要素价值收益分配机制。完善新型要素产权制度，明

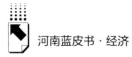
晰产权归属，保护要素所有者合法权益。建立健全要素产权交易市场，规范产权交易行为，促进要素产权的合理流转和优化配置。合理分配收益，在兼顾效率和公平的前提下，逐步提高劳动报酬在初次分配中的比重，激发劳动、资本、土地、知识、技术、管理、数据等生产要素活力，更好体现知识、技术、人才的市场价值。

参考文献

周潇枭：《河南前瞻布局抓科技创新》，《21 世纪经济报道》2024 年 5 月 10 日。

王乐文：《河南着力培育新动能塑造新优势　在新时代中部地区崛起中争先出彩》，《人民日报》2024 年 5 月 10 日。

杨梦洁：《河南省打造高质量产业链集群路径研究——以"双循环"新发展格局为视角》，《北方经贸》2022 年第 11 期。

《河南省人民政府关于印发河南省"十四五"战略性新兴产业和未来产业发展规划的通知》，河南省人民政府网站，2022 年 1 月 24 日，https：//www.henan.gov.cn/2022/01-24/2387551.html。

B.17
河南省以"双链融合"培植新质生产力的思考与建议

李 斌*

摘 要： 创新链与产业链深度融合（"双链融合"）是培育新质生产力的重要途径。本文从创新平台、创新载体、创新主体、创新要素、创新生态等多个角度对创新链与产业链深度融合的现状进行分析，在此基础上，对河南省在推进"双链融合"过程中面临的问题进行分析，研究发现，河南省存在创新主体质量不高、活力不强，创新人才相对匮乏，创新投入不足，以及创新生态不优等突出问题，制约了创新链与产业链深度融合，影响了新质生产力的培育和发展。针对上述问题，从构建"三足鼎立"大格局、推动平台载体提质增效、强化企业创新主体地位、强化供给加速成果转化，多措并举加强科技投入等层面提出了相关的对策建议。

关键词： 产业链 创新链 新质生产力

抢抓新一轮科技革命和产业变革的历史机遇，推动创新链与产业链深度融合，不断以创新之力催生稳增长的支撑点、调结构的突破点、新动能的生长点，是培育和发展新质生产力的重要途径。在新发展阶段，立足河南省产业比较优势，探索产业科技创新服务体系，厘清产业创新发展的方向和路径，突破产业发展的创新资源要素瓶颈制约，以科技创新引领产业创新，以"双链融合"培植新质生产力，推动制造业高质量发展，对于河南省挺起制

---

* 李斌，博士，河南省社会科学院经济研究所副研究员，研究方向为区域经济。

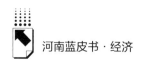

造业脊梁，全面提升制造业产业链现代化水平，推动制造大省向制造强省转变具有重要的意义。

一　河南以"双链融合"培植新质生产力的现实基础

（一）创新策源能力不断提高

近年来，河南省"三足鼎立"创新格局加快构建，中原科技城、中原医学科学城、中原农谷"两城一谷"建设全面起势、蓄势突破，日益成为全省创新资源的强磁场，带动全省创新策源能力不断提高，一批重大科技创新项目取得标志性成果，产业链创新能力持续跃升，有力地推动了新质生产力培育和发展。河南省聚焦"7+28+N"重点产业链群，以科技创新引领产业创新，推动传统产业改造升级，实施一批重大科技项目，支撑传统产业向数字化、智能化、高端化跃升。2023年，河南省规模以上制造业企业生产设备数字化率达到53.6%。培育壮大战略性新兴产业，围绕超硬材料、新能源汽车等重点产业，加大技术研发力度，2023年河南省战略性新兴产业增加值、高技术制造业增加值占规模以上工业增加值的比重分别为25.5%和14.7%，较2021年提高了3.1个和3.6个百分点。培育超硬材料产业链，推动高品级金刚石生长、金刚石光电功能性应用开发等技术实现突破，河南省金刚石产能占全球的80%以上，形成了"世界金刚石看中国、中国金刚石看河南"的发展格局。前瞻布局未来产业，聚焦科技创新和产业变革前沿，围绕人工智能、先进计算、量子科技等重点产业和技术领域，开展战略研究和技术预测。推进中原量子谷建设，持续打造算力高地，2023年河南省算力指数排全国第9位。

（二）平台载体能级持续提升

河南积极融入国家战略科技力量体系，整合提升存量创新平台，加快布局一批具有引领作用的重大创新平台,平台载体对培育新质生产力的聚能、赋能作用持续显现。国家级创新平台建设质效提升,国家超算互联网核心节点落地郑州,2023年河南省国家级创新平台数量达到172家。紧盯国家重大战略需求,省实验室体系重塑重构,先后揭牌运行20家省实验室和6家省产业技术研究院,形成"强核心、多基地、大开放、大协作、网络化"的创新体系。围绕未来前沿领域、优势特色领域,重大科技基础设施实现突破,首个大科学装置超短超强激光平台加快建设。一流大学(科研机构)加快在郑州布局研究院,北京大学、上海交通大学、北京理工大学、哈尔滨工业大学、香港大学、东南大学等多所高校已落地或签约在郑州设立研究院,聚焦河南发展所需,提供顶尖智力支撑。产业创新发展支撑平台深度覆盖,以市场为导向、重大任务为牵引,建设集研发、中试、产业化、工程化于一体的新型研发机构,先后布局41家省产业研究院,启动重大技术攻关项目319个,建设50家省中试基地,近年来累计转化科技成果391项,中试服务收入达36.56亿元。

(三)创新主体建设成效显著

企业科技创新主体地位不断强化,创新创造生力军队伍发展壮大,加速创新要素向企业集聚,加快构建以企业为主体、市场为导向、产学研用深度融合的技术创新体系,创新链、产业链、资金链、人才链深度融合,为培植新质生产力奠定了坚实基础。深入推进规上工业企业研发活动全覆盖,聚焦规上工业企业这个"基本盘",推动全省创新资源和企业需求有效配置、精准对接,2023年河南省"四有"覆盖率达72.73%。2021年以来,河南省财政累计拨付21.96亿元用于企业研发投入补助和高新技术企业认定奖补,高新技术企业享受所得税优惠67.85亿元,落实企业研发费用加计扣除额达1422.45亿元。大力推动产学研协同创新,试行从高校院所选聘一批"科技副总"到企业任职,引导规上工业企业与高校共建1503家研发中心。创新型企业梯次培育机制持续优化,大力实施创新型企业树标引领行动,遴选创新龙头企业116家、"瞪羚"企业454家,组建28家创新联合体。截至

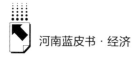

2024 年上半年，河南省高新技术企业超过 1.2 万家，国家科技型中小企业入库超过 2.6 万家，较 2021 年底均实现翻番。河南省制造业单项冠军企业达 51 家，居全国第 8 位，国家级专精特新"小巨人"企业达到 394 家，超聚变、华兰疫苗、致欧科技等 5 家企业进入胡润全球"独角兽"榜。

（四）要素支撑保障愈发有力

河南将提升各类创新要素保障能力作为提升创新能级的重要抓手，不断强化要素保障，为培育新质生产力创造了良好的条件。首先，双创孵化载体建设提档升级，全省累计布局建设 24 个智慧岛，实现了省辖市全覆盖，全力打造全要素、低成本、便利化、开放式的创新小环境，科创空间面积超过 360 万平方米，在孵企业及团队 1.2 万余家。全省建设省级以上双创孵化载体 516 家，其中国家级双创孵化载体 153 家，打造"众创—孵化—加速—产业园"全链条孵化育成体系。其次，科技与金融加快深度融合，加大对科技企业全链条金融支持，科技信贷规模持续做大，截至 2023 年底，全省高新技术企业、科技型中小企业贷款余额分别达 3956.9 亿元、884.7 亿元。大力发展天使创投风投基金，鼓励金融资本投早、投小、投长期、投硬科技，全省私募管理基金 545 支，规模超千亿元。最后，坚持把人才引育作为基础性、战略性工程，近悦远来人才生态日趋完善，人才招引成效显著，出台"1+20"一揽子人才引进政策，成功举办中国·河南招才引智创新发展大会，自 2021 年以来累计引进顶尖人才 30 人、领军人才 387 人、博士及博士后 1.6 万人，全省人才总量超过 1410 万人。成立河南省人才集团，组建国际猎头公司，向全国、全球发出河南的"人才邀约"。全方位人才服务体系更加健全。打造"一站式"人才服务平台，将人才服务关联事项整合为"一件事"，在省政务服务中心设立人才事项服务窗口，开设人才服务网上专区。加快构建人才安居保障体系，全省已交付人才公寓 11.3 万套（间）。

（五）成果转化体系日臻完善

河南省以提升科技成果转移转化关键环节支撑能力为抓手，搭建科研与产业之间的桥梁，建设链条贯通、功能互补、多层次、高能级的科技成果转移转化体系，科技成果转化体制机制持续完善，有力地支撑了经济社会领域新质生产力的发展。首先，初步构建了科技成果转移转化的政策支撑体系，持续落实《河南省促进科技成果转化条例》《河南省技术转移体系建设实施方案》，研究提出《关于推进科技成果转移转化的若干意见》十项改革举措。其次，持续打造科技成果转移转化主阵地，高标准建设郑洛新国家自主创新示范区，探索创新资源共享、"一区多园"等新路径。2023年底，河南省国家级高新区数量达到9家，居中部六省第2位、全国第5位，省级高新区数量达到35家，居全国第2位。最后，科技成果转化机制不断完善，开展职务科技成果赋权和单列管理试点改革，布局建设21家省级科技成果转化示范区。技术转移交易网络织密织牢，市场化运营国家技术转移郑州中心，建设沿黄九省技术转移协作网络，吸纳省外6000余项先进技术成果落地转化。培育188家省级以上技术转移示范机构，其中国家级6家。健全专业化人才队伍引育机制，全省技术经纪人超过5000人。2023年，全省技术合同成交额达到1367亿元，较2021年增长256%。

二 河南以"双链融合"培植新质生产力的问题短板

（一）创新主体赋能"双链融合"潜力有待挖掘

当前，河南存在着创新主体质量不高、活力不强等突出短板，制约产业链创新链深度融合，需要着力突破，激发创新主体活力和潜能，为培植新质生产力提供强力支撑。河南省创新型企业数量较多，但多而不强，缺乏创新领军企业、"独角兽"企业，仅有两家企业进入全国研发投入前100。制造业企业大而不强、全而不精的问题依然突出。全省高新技术企业总量仅占全国的2.8%。根据2023年的统计数据，中部六省高新技术企业数量如下，湖北有25512家、安徽有19570家、湖南有16589家、河南有12895家、江西有6244家、山西有4141家，河南与湖北、安徽仍有显著差距。河南拥有国家级科技型中小企业 26197 家，落后于湖北（35305 家）、安徽（27521 家），居中部六省第 3 位。专精特新"小巨人"企业数量河南居中部六省第 4 位，全国第 11 位，与广东（1535 家）、江苏（1505 家）、浙江（1457 家）相比差距较大。近年来，河南大力实施"双一流"建设和创建工程，支持 7 所第二梯队高校奋力创建一流学科，但是从横向比较来看，河南"双一流"建设情况与高考大省、人口大省的现实需求严重不匹配，无论从学校数量还是学科数量来看，均与湖北、安徽、湖南有着巨大差距，严重制约了高层次人才团队引进和培养，导致人才大量外流。在教育部第五轮学科评估中，河南仍未实现 A 类学科的突破。

（二）创新人才相对匮乏制约"双链融合"效能

河南企业日益重视科技创新，但是整体上集聚创新资源要素的能力不强，突出表现为科技创新人才短缺、高层次创新领军人才严重不足等，难以满足企业需求。一方面，高水平创新人才严重不足。根据 2022 年统计数据，河南研发人员总数为 34.67 万人，居中部六省第 3 位，与湖北（35.36 万人）、安徽（35.02 万人）差距微小，与湖南相差不大；河南省每万名就业人员中研发人员全时当量为 49.52 人年，在中部六省中排第 5 位，河南拥有的两院院士数量与湖北、安徽、湖南有明显差距，中部六省创新人才数据如表 1 所示。河南在高精尖科研领域缺少站在国际前沿、具有全球视野和较强原创能力的领军型人才，导致智能终端、生物医药、人工智能、网络安全等重点领域高端创新型人才供给不足，制约相关产业转型升级。另一方面，人才发展环境仍需优化。目前，河南在校普通本科生人数位居全国第 1，但在校研究生人数在全国仅排在第 17 位，河南高学历人才流失严重，人才培养难、引进难、留住难的困境长期存在。同时，在人才培养模式、人才评价机制等方面还存在一些束缚人才发展的障碍性因素，不同程度地影响人才积极性、主动性和创造性的发挥，亟须从组织领导、管理体制、工作机制等方面持续深化改革，营造有利于人才发展的制度环境。

表1   2022年中部六省创新人才数据

	湖北	安徽	湖南	江西	山西	河南
两院院士数量（人）	73	40	46	9	10	27
研发人员数量（万人）	35.36	35.02	32.60	18.84	10.11	34.67
每万名就业人员中研发人员全时当量（人年）	80.60	79.49	77.72	60.04	37.20	49.52

（三）创新投入不足导致"双链融合"后劲乏力

河南尚未形成多元化、可持续的创新投入机制，导致研发投入和成果转化投入均相对不足，严重制约"双链融合"的成效。一方面，河南省研发投入与其经济大省的地位不匹配。2022年，河南省研发经费投入强度为1.96%，在全国排第17位，落后全国平均水平0.76个百分点；研发投入总量排全国第11位，与河南省GDP排全国第6位的经济大省地位不匹配。河南省研发投入总体上以企业为主，但是仅两家企业进入全国研发投入前100名。受宏观经济形势影响，企业研发投入持续增长难度较大。河南省高校院所实力较弱，投入不足，与湖北、安徽、湖南差距较大；多元化投入体系尚未建立，全社会研发投入总量和强度均排中部六省第4位，研发投入年均增速排中部六省第5位，仅略高于湖北，有被湖南、安徽拉开差距的趋势。另一方面，成果转化多元化投入机制尚未健全，财政资金对成果转化支持强度不够，财政资金引导社会资金的作用未得到充分发挥，导致成果转化资金短缺，制约成果转化后劲释放。近年来，河南技术合同成交额增长迅猛，2023年达到1367亿元，距离全国平均值1983亿元仍有很大距离，与湖北、安徽、湖南三省差距较大。

（四）创新生态短板仍存影响"双链融合"进程

河南在创新体制机制和政策体系方面与先进地区差距依然存在，创新生态始终是制约创新驱动发展，影响新质生产力培育和发展的突出短板之一。

虽然近年来河南围绕创新驱动发展，相继出台实施了一系列法规、政策和措施，但与当前及今后一个时期河南社会经济高质量发展对新质生产力的巨大需求相比，还存在诸多不足。一方面，一些政策过于原则化，偏宏观，缺少具体的实施细则和落实单位，造成可操作性较差，执行存在"梗阻"现象。同时，政策出台和落实的部门间沟通协调不够，个别部门执行时甚至存在一定的随意性，未能有效形成合力，部分科技政策落实存在"棚架"现象，影响了创新政策执行的效果。例如，市县两级由于财力有限，高新技术企业认定奖补等政策难以兑现；部分高校院所科研人员缺乏自由支配科研经费的权限；县（市）科技管理部门力量薄弱，90%以上县（市）没有独立的科技部门，目前全省县（市）中仅有7个县（市）有独立的科技局，其他县（市）仅有2~4人专门从事科技创新管理和服务工作。科技评价体系有待优化，无论是职称评审、人才评价还是科技成果评价，仍然存在"唯论文"现象，高校院所不少成果与企业实际应用及生产过程脱节。另一方面，河南省普遍存在创新链产业链对接不紧密问题，尚未出台"创新链+产业链"专项计划和政策，应将制定创新链产业链融合专项扶持计划提上日程，明确支持政策和资金，每年滚动实施一批典型项目，形成示范带动作用，充分释放创新要素潜能，加快培育新质生产力。

三 河南以"双链融合"培植新质
生产力的对策建议

（一）构建"三足鼎立"大格局，打造"双链融合"培植新质生产力的主引擎

推动中原科技城聚能增效，系统布局建设重大科技基础设施和创新平台集群，打造环河南省科学院创新生态圈。支持河南省科学院加速推进实验室、研究所、研究院建设，推动产出原创性、颠覆性科技成果。推进中原量子谷建设，打造量子产业成果转化基地。推动中原医学科学城架梁立柱，搭建集医、教、研、产、资于一体的创新平台体系和实验室体系，打

造环河南省医学科学院创新生态圈,争创中医类国家医学中心等国家平台。推动中原农谷蓄势突破,实施种业领域省重大科技专项、重点研发专项,加快推进高能级创新平台在中原农谷落地,全力推进全省种业科研资源在中原农谷集中,建好用好农作物种质资源保护利用中心、畜禽等遗传资源基因库、种质资源库、成果转化交易中心等,构建"生物育种+种质资源保护利用+创新平台+种业企业"科研组织体系,打造环国家生物育种产业创新中心创新生态圈。加快集聚一流创新人才,实施国内高层次人才归豫行动,加强特聘研究员选聘,打造"老家河南"引才品牌。大力引进培养一批高层次人才,强化本土优秀人才培育,扩大省杰青、优青覆盖面和支持力度。

（二）推动平台载体提质增效,巩固"双链融合"培植新质生产力的主阵地

积极争创国家级重大创新平台,支持崖州湾国家实验室河南试验基地建设,推动嵩山实验室等省实验室成为国家实验室基地。争取隧道掘进装备等国家技术创新中心创建取得突破,力争参加重组的在豫国家重点实验室全部入列,积极争创国家临床医学研究中心。持续推进省实验室体系建设,前瞻布局主导产业、未来产业省实验室或省实验室基地,大力推动省实验室重大创新成果产出。持续推进省重点实验室优化重组,加快柔性电子、人工智能、抗疲劳制造等省产业技术研究院入轨运行。优化布局省中试基地等创新平台,新建一批省中试基地、新型研发机构等创新公共服务平台,力争实现全省 28 个重点产业链全覆盖。强化区域协同创新,持续推进以郑州、洛阳等城市为核心节点的鲁豫科创走廊建设,全力推动鲁豫国家区域科技创新中心创建取得突破。实施郑洛新国家自主创新示范区改革提升行动,支持自主创新示范区链接全球创新资源,打造全球创新网络体系,支持三门峡、商丘、周口高新区创建国家高新区,新建一批省级高新区,加快新质生产力发展。

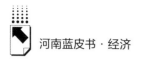

（三）强化企业创新主体地位，培育"双链融合"培植新质生产力的主力军

加强创新型企业培育，引导支持创新龙头企业进入国家科技领军企业梯队，推动一批中科院系统企业在河南落地。聚力打造一批国家级链主企业、领航企业、世界一流企业。高质量推进规上工业企业研发活动全覆盖，制定推动研发活动全覆盖工作标准，新建一批创新联合体、高校科技成果转化和技术转移基地，校企联合研发中心等，推动企业研发投入稳定增长。制定出台新一轮助企惠企政策，探索设立创新联合体产学研联合基金。激发企业创新活力，将创新能力、研发投入、科技成果产出和转化、重大技术攻关等纳入省管企业年度考核指标体系。支持国有企业积极对接国内外优质创新资源，提高企业全球创新资源配置能力。支持民营企业参与构建多层次科技创新平台体系。提升科技服务水平，用好科技服务综合体工作抓手，坚持"自下而上提出需求，自上而下落实服务"，全力打造科技服务综合网络。

（四）强化供给加速成果转化，突出"双链融合"培植新质生产力的主抓手

进一步完善成果转化政策体系，开展职务科技成果评价改革，推进职务科技成果单列管理及赋权改革，建立科研项目结余经费出资科技成果转化机制，探索产学研合作和科技成果转化失败后的风险补偿机制，健全科技成果转移转化容错免责机制。强化高质量科技成果供给，推动"三院两城一谷"在大数据、先进制造、人工智能、智能制造、新能源、新材料、生命科学、生物技术等重点领域取得一批原创性成果，实施"沿途下蛋、就地转化"。引导省实验室、高校、科研院所、新型研发机构等创新主体开展有组织的成果转化。建强科技成果转移转化平台载体，发挥科技成果转移转化示范区的引领作用，建设概念验证中心和中小试成果转化基地，为实验室成果提供验证、中试服务，为畅通成果转化"最初一公里"和"最后一公里"提供坚实保障。发挥科技成果转移转化公共服务平台作用，为成果供需双方提供精

准对接。优化科技成果转移转化服务体系，发挥国家技术转移郑州中心引领辐射及分中心区域枢纽作用，构建以国家技术转移郑州中心为核心引领、以河南省技术交易市场为重要支撑、以郑州中心各分中心为区域枢纽、以技术转移示范机构为网络节点、以专业化技术转移人才队伍为延伸端点的成果转移转化服务体系。

（五）多措并举加强科技投入，提升"双链融合"培植新质生产力的保障力

多元化增加科技投入，加强省市联动、政企联动，在省财政资金支持的基础上，引导地方、企业、金融资本及其他社会资金共同投入。创新支持方式，建立省级以上科技计划项目立项"前补助、后补助"、省级以上创新平台建设"里程碑"拨款等方式，对具体项目和平台分类支持。加强科技金融服务，支持鼓励金融部门加强对承担相关项目的科技型企业全生命周期、全链条科技金融服务。厚植开放创新生态，实行"包干制""负面清单"等，扩大科研经费管理自主权，探索符合科研特点、遵循科研规律、有别于行政机关和其他企事业单位的审计监督方式。

参考文献

沈坤荣、程果、赵倩：《以新质生产力增强高质量发展新动能》，《学术研究》2024年第 4 期。

李鹏强、张亚军：《河南省科技创新生态建设实践与优化探索》，《河南科技》2024年第 14 期。

王雪原、李家先：《多主体协同视角下产业链与创新链"链际融合"路径设计》，《中国科技论坛》2023 年第 9 期。

B.18
数据要素赋能新质生产力的思路与路径

王 岑*

摘 要： 推动数据要素赋能新质生产力，既是抓住新一轮科技革命和产业变革机遇的必然要求、筑牢区域竞争新优势的动力引擎，也是推动现代化河南实践的战略支撑。新时代，河南应推动数据要素高水平应用，以赋能生产力向新发展、向绿发展、向数发展为着力点，聚焦科学研究范式重构、数字技术创新应用体系完善、战略性新兴产业和未来产业发展、生产领域全流程绿色低碳转型、生活领域全场景绿色低碳转型、全社会全领域节能减排增效、产业数字化、数字产业化、治理数字化等重点任务，从加快基础设施建设、完善数据交易机制、加强应用场景突破、优化人才队伍建设等方面，多措并举、精准施策，推动河南加快发展新质生产力，谱写河南发展新篇章。

关键词： 数据要素 新质生产力 数实融合

2023年9月，习近平总书记在黑龙江考察时首次提出要发展"新质生产力"，随后在不同场合多次强调发展新质生产力的重要性，指出其对于推动高质量发展的支撑作用。在数字时代，数据要素已经成为国家基础性战略资源和关键生产要素，能够有效推动技术革命性创新、生产要素创新性配置、产业深度转型升级，为新质生产力的发展提供强劲动力，助力河南向更高质量发展迈进。

---

* 王岑，河南省社会科学院经济研究所研究实习员，主要研究方向为宏观经济与区域经济。

一 数据要素赋能新质生产力的重大意义

（一）抓住新一轮科技革命和产业变革机遇的必然要求

新一轮科技革命和产业变革以大数据、云计算、物联网、人工智能等新一代信息技术应用为标志，旨在通过扩展和延伸人类智力，减轻人的脑力劳动，实现由"赋能"到"赋智"的根本性转变，这对科技创新发展和产业转型升级都提出了新的要求。对于河南而言，要想抓住新一轮科技革命和产业变革机遇，就要发挥数据要素创新引擎作用，大力发展以数据为核心的新一代信息技术，积极推进产业智能化、绿色化、融合化，提升全要素生产率，进而发展新的高水平现代化生产力，不断形成推动经济社会发展的新动能。

（二）筑牢区域竞争新优势的动力引擎

在信息化时代，数据要素已经成为新型生产要素，通过全方位渗透融入经济社会，能够加速科学技术实现革命性突破，推动生产要素实现创新性配置，促进产业实现深度转型升级，进而赋能新质生产力发展，形成经济社会发展的动力引擎。对于河南而言，运用数据要素赋能新质生产力不仅回答了数字经济时代之问，也开辟了一条新兴赛道，能够提升河南全要素生产率，形成区域竞争新优势。一方面，通过攻关数字关键核心技术，培育壮大云计算、人工智能、大数据等新兴产业，加快构建具有国际竞争力的先进数字产业集群，丰富新技术、新产业、新业态，形成河南数字经济新优势。另一方面，通过将数据要素融入生产、加工、流通、消费等环节，可以优化生产流程、创新商业模式、完善决策部署，进而推动生产力向数智创新发展，形成河南产业发展新优势。

（三）推动现代化河南实践的战略支撑

河南省第十一次党代会提出"两个确保"，即确保高质量建设现代化河

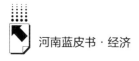

南、确保高水平实现现代化河南。在贯彻落实第二个百年奋斗目标的两个阶段战略安排上,河南聚焦自身发展优势和方向,制定实施了一系列有利于新质生产力发展的政策,其中不乏关于数据要素、数字经济、科技创新等方面的政策,为数据要素赋能新质生产力发展提供了制度保障。推动河南运用数据要素赋能新质生产力,不仅可以滋养新劳动者、催生新劳动资料、孕育新劳动对象,还可以赋能全要素优化组合,有助于推动河南开展深层次改革,加速河南高质量现代化建设的进程。

二 数据要素赋能河南新质生产力的基本思路

(一)指导思想

以习近平新时代中国特色社会主义思想为指导,深入贯彻落实党的二十大精神,完整、准确、全面贯彻新发展理念,发挥数据的基础资源作用和创新引擎作用,遵循数字经济发展规律,以推动数据要素高水平应用为主线,以赋能生产力向新发展、向绿发展、向数发展为重点,培育新产业、新模式、新动能,充分实现数据要素价值,为赋能新质生产力、推动高质量发展、推进现代化河南建设提供有力支撑。

(二)基本原则

需求牵引,注重实效。聚焦重点行业和领域,挖掘典型数据要素应用场景,培育数据服务商,繁荣数据产业生态,激励各类主体积极参与数据要素开发利用。

有效市场,有为政府。充分发挥市场机制作用,强化企业主体地位,推动数据资源有效配置。更好发挥政府作用,扩大公共数据资源供给,维护公平正义,营造良好发展环境。

开放融合,安全有序。推动数字经济领域高水平对外开放,加强国际交流互鉴,促进数据有序跨境流动。坚持把安全贯穿数据要素价值创造和实现全过程,严守数据安全底线。

（三）重点任务

1.推动数据要素赋能生产力向新发展

着力探索科学研究新范式。抓紧数字经济和人工智能（AI）发展新机遇，聚焦新材料、生物育种、生物医药等河南优势领域，鼓励郑州大学、神农种业实验室、平煤神马等本地优势创新主体融合各类科学数据，构建面向大模型的基础科学数据集和高质量语料库，推进人工智能大模型开发和训练，开展基础科学研究和探索原始创新，逐步拓展科学研究边界，持续完善数据密集型科学研究范式和人工智能驱动型科学研究范式。基于开放科学生态理念，鼓励来自基础科学领域的科研人员与来自应用领域的科研人员打破专业壁垒，交流合作，利用科学数据集和语料库共同探索跨学科、跨领域、跨机构协同科研新范式。

着力完善数字技术创新应用体系。基于河南市场现实需求和重点产业发展走向，梳理数字核心技术"卡脖子"问题，如在数据质量、算力水平、安全防范等方面存在的短板，设计数据资源储备路线、数字技术研发路线、技术应用后期解决方案等相关路线图和方案表，推动数据要素与数字技术深度融合。通过积极推行"赛马制"和"揭榜挂帅"等科研项目组织形式，实现创新主体由单一化转为多元化，激发数字核心技术攻关动力，提升数字核心技术供给水平。建立健全数字技术创新成果应用转化机制，明确成果权属和利益分配方法，丰富成果转化主体激励手段，疏通成果产业化关键环节的堵点，实现数字技术创新应用由"点"至"链"到"群"发展。

着力推动战略性新兴产业和未来产业发展。聚焦河南新材料、新能源、信息技术、生物技术等战略性新兴产业和量子信息、未来网络、前沿新材料等未来产业发展需要，加强嵩山实验室、尧山实验室、龙门实验室等创新载体建设，发挥数据要素支撑作用，系统推动大数据、区块链、人工智能等数字技术与新兴产业技术实现深度融合。借助先进的加密技术，建立健全安全高效的数据管理系统，强化新产业创新链中研发的安全保护措施，保证研发成果顺利转化落地。通过大数据管理系统推进资金审批网上办理，明确

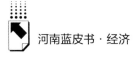
"不见面"审批项目清单，实现"无纸全程电子化"办理，缩短新产业资金审批流转时间。

2.推动数据要素赋能生产力向绿发展

加快生产领域全流程绿色低碳转型。支持深度挖掘海量数据，开展数字化研发设计，攻关绿色设计共性技术，开发推广节能环保、方便回收的绿色产品，推动河南生产源头绿色转型。鼓励企业建立数字化能碳管理平台，深入推进重点生产设备上云上平台，实现耗能设备智能化、精准化、低碳化管理；支持企业利用深度学习等，开展工艺配方自动推演与工艺流程改进，培育绿色智能工厂，推动河南生产过程低碳转型。聚焦河南重点产业链，鼓励链主企业发挥创新引领作用，着力构建数字化供应网络，形成互联互通、高频高效绿色供应智能网络体系；加强绿色供应链管理平台建设，推动上下游企业绿色制造数据流通共享，实现能耗、排污、综合利用等方面的数据传送和绿色管理，推动河南供应链向绿发展。

加快生活领域全场景绿色低碳转型。利用数字化宣传手段推动消费端向绿转型，探索构建多主体减污降碳新格局，在政府、企业和社会公众间形成"绿色共识"。基于河南人口优势和大数据优势，积极开发数字政务、互联网医疗、远程教育、共享出行等数字技术应用，丰富居民生活领域数字化绿色化应用场景，同时推动数据要素与城市治理深度融合，通过采集和分析城市能耗数据、污染数据、交通数据等，打造"城市数字大脑"，提升城市资源使用效率。持续探索建立个人碳账户，全面量化碳减排行为，建立健全碳数据标准体系和安全体系，加快形成碳减排数字台账，从消费端倒逼生产端低碳减排。

加快全社会全领域节能减排增效。围绕节能减排，建立省级数字化智能化管理平台，开发能源消耗线上监测系统，针对关键产品和重点行业开展碳排放和碳足迹监测工作，提高智慧化、精细化能耗管理能力。持续完善耗能企业与政府部门数据交流体系，通过分析订单、排产、用电、环保等数据，有针对性地开发能耗预测、梯度定价、污染管理等应用。汇聚企业、行业协会和政府部门三方力量，建立健全废弃资源数据信息互通机制，通过采集分析废弃资源处理全链条各环节数据，促进废弃资源产生、运输、利用高效衔接，显著提升废弃资源循环利用效率。充分发挥郑州数据交易中心作用，增设双碳数据服务专区，积极开发碳数据和碳资产的新型融合模式，推动碳数据朝着资产化方向发展。

3. 推动数据要素赋能生产力向数发展

深入推进产业数字化转型。鼓励大型企业整合原有内部信息系统，建立统一数字管理平台，通过全流程数据畅通共享，提高企业运营效率和全价值链业务协同能力；支持中小企业瞄准数字化转型关键环节，逐步实现生产、营销、办公等业务数字化；推动互联网平台和行业领军企业主动发挥带头引领作用，开放数据资源和数字化技术，助力传统企业和中小企业数字化发展。围绕农产品生产、加工、销售、运输等环节，大力发展数字田园、数字种业等智慧农业，持续完善河南"三农"信息服务；实施智能制造试点示范行动，大力发展"机器人+"，加快形成一批河南示范工厂和先行区；加强物流信息服务平台建设，保证物流需求、产品库存和物流信息公开透明，形成河南智能仓储体系。支持重点产业园区强化数字基础设施建设，实现园区智慧化、数字化管理。

深入推进数字产业化转型。实施产业链强链补链行动，培育壮大新型显示和智能终端、物联网、网络安全等优势产业，突破发展先进计算、5G、软件等基础产业，积极布局新一代人工智能、量子信息、区块链等前沿产业，提升河南数字核心产业竞争力。实施数字技术创新突破行动，基于河南数字产业重点布局，创新"揭榜挂帅"组织方式，建设产学研一体化创新平台，有针对性地突破智能制造、城市大脑、边缘计算等集成技术，增强关键技术创新能力。支持河南各地市基于自身产业优势和产业现状，积极引进或培育平台经济企业，探索发展线上教育、无人零售、共享出行等服务新业态，同时引导平台企业建设数据基础设施，强化产品、内容和数据等资源整合，有序推进政府数据与平台企业数据开放共享。

深入推动治理数字化转型。持续完善一体化政务服务平台，积极推动政务服务数字化、智能化、信息化，实现重点服务事项"一网通办"。有序推进政务数据开放协调共享，建立健全电子信息互通互认机制，如电子身份证、电子签章、电子公文、电子发票等，优化政务服务流程，实现政务业务协同。注重政务服务线上业务和线下业务同步联动、流程在线、应用广泛，提高政务服务便利程度。打造省级市场监管数据中心，融合市场监管多部门数据，完善线上线下一体化安全监测监管体系和责任追溯机制，特别是食品、药品、风险预警等方面。发挥平台企业大数据监测作用，推动线上线下监管有效衔接。

三 数据要素赋能河南新质生产力的现实路径

（一）加快基础设施建设，为数据要素赋能新质生产力提供基础支撑

数字基础设施建设能够为数据要素的广泛应用和数字技术的研究开发提供不可或缺的信息传输和处理环境，是推动新质生产力形成和发展的重要基础。一是优化升级网络基础设施。有序推进骨干网扩容，如郑州国家级互联网骨干直联点、郑汴洛互联网国际专用通道等。深入实施"双千兆"建设工程，积极推动光纤网络扩容提速和5G网络规模部署，打造千兆城市、百兆农村，积极推动5G网络覆盖乡镇以上区域和重点行政村。加大第六代移动通信（6G）技术研发支持力度，加快互联网协议第六版（IPv6）规模部署应用，加速空间信息基础设施升级。二是统筹布局算力基础设施。引导中国移动、中国联通、中国电信等基础电信运营商和互联网、银行、物流等领军企业发挥自身数据优势，在河南持续建设区域性数据中心，同时在农业种业、黄河生态、交通物流等领域统筹布局国家级数据中心。加强国家超级计算郑州中心发展，支持在生物育种、精准医学、气象环保等方面应用。有序发展人工智能计算中心，打造新兴智能基础设施，在重点新兴领域提供先进人工智能服务。三是有序建设融合基础设施。智能化改造交通、能源、生态等方面基础设施，着力提升"智能+"

对经济社会各领域的赋能效果。针对关键交通路段和重要交通节点，推动感知网络全覆盖，并打造供新技术、新装备专用的试验场地。持续完善能源互联网、智能微电网、充电桩等基础设施，建立健全电力、油品、天然气等能源信息数据互通共享机制。建设"智慧黄河"数字化平台，建立健全动态监测机制和数据共享体系。

（二）完善数据交易机制，为数据要素赋能新质生产力提供制度保障

数据要素是发展新质生产力的核心生产要素，发展数据要素需要营造良好的市场交易环境，持续完善数据要素产权制度、数据资产登记系统、数据交易市场管理制度等数据交易机制，可以为数据要素赋能新质生产力提供制度保障。一是建立数据要素产权制度。依照数据的来源主体将其分为公共数据、企业数据和个人数据，并实施三权分置，有针对性地建立不同数据的确权授权机制。针对不涉密的公共数据，其所有权归国家，使用权归用户，经营权可以由企业在从事部分合法活动时获得，要向全社会共享开放，保障公共利益；针对企业数据，要注重数据要素回报的合理性，鼓励龙头企业发挥带头作用；针对个人数据，要保障收集个人信息安全性，同时个人也可以自主选择将部分数据交予数据分析企业，由数据分析企业挖掘其背后的数据价值，进而优化数据要素配置，并获得最大限度的合法收益。二是建立统一的数据资产登记系统。立足市场整体发展方向，明确登记体系统一原则，制定统一的登记依据、登记机构、登记载体、登记程序、审查规则、登记证书和登记效力。建立各地数据资产登记机构协调联系机制，明确其管理职责，做好宣传引导工作，鼓励数据所有人将数据资产进行登记。三是完善数据交易市场管理制度。要强化数据交易市场建设的顶层设计，提供有力的政策制度支持，尤其需要明确主管部门的职责，避免多头管理。构建多元化数据交易模式，满足不同数据类型交易需求。建立严格的市场准入条件，保证参与方资质合法合规。加强市场监管力度，及时发现和处理违法违规行为。

（三）加强应用场景突破，为数据要素赋能新质生产力提供场景支撑

在推动数据要素赋能新质生产力的发展过程中，河南仍面临着数据应用潜力释放不足的问题。积极发挥数据要素乘数效应，推动数据在多场景低成本应用，实现由连接到协同、由使用到复用、由叠加到融合的转变，可以有效发挥数据要素价值，提高资源配置效率，提升全要素生产率，赋能河南新质生产力发展。一是聚焦工业制造应用场景。支持河南制造业龙头企业率先建立数据资料库，并鼓励企业积极利用相关数据库和先进 AI 大模型实现技术迭代，创新产品研发模式。基于河南"7+28+N"重点产业链群总体谋划，聚焦相关重点产业链和细分领域专精特新产业链，探索建设智能车间和智能工厂，以实现数据透明、制造柔性和智慧管理。二是聚焦现代农业应用场景。依托中原农谷建立农业农村数据共享平台，全面推进农产品产业链全流程数据归集，如研发、生产、储存、运输、销售等环节的数据，形成可流通的农产品数据集和数据产品，提升农业发展现代化水平。鼓励智慧农业领军企业与中原人工智能计算中心、郑州人工智能计算中心等开展研发合作，探索设计可应用到灌溉、虫害、土壤等领域的智慧农业大模型，提高农业生产活动管理有效程度。三是聚焦社会服务应用场景。不断开发完善交通运输"数据大脑"，建立健全交通数据收集、管理、应用等方面的标准体系和规范机制，提高交通运输整体运行效率和服务质量。持续完善电子病历数据库、电子健康档案数据库和基础医疗资源数据库等，实现数据共享和医疗协同。基于四级应急指挥调度体系，不断完善应急指挥数据库，并扩大数据应用范围，提高应急决策科学化水平。

（四）优化人才队伍建设，为数据要素赋能新质生产力提供人才保障

劳动者、劳动资料和劳动对象是生产力的三大要素，其中劳动者是生产力最重要和最具能动性的决定性因素。新质生产力以劳动者、劳动资料、劳动对象及其优化组合的跃升为基本内涵，其发展对劳动者的知识和技能提出了更高要求。河南在推动数据要素赋能新质生产力的过程中，需要培育更多高素质劳动者，注重发挥人才的基础性、战略性支撑作用，推动生产力变革和创新。一是强化数字基础教育，培养复合型专业人才。鼓励河南"双一流"高等院校开设数智技术、数字经济相关课程，设置数智基础科研项目，充实相关师资力量，积极培育学生数智思维。支持郑州大学、河南大学等高等院校开设与大数据、云计算、区块链、人工智能、高端制造等相关的学科专业，建立与之配套的专业导师团队，同时鼓励高等院校建立健全"本—硕—博"一贯制长周期培养机制，实现复合型人才连续性、系统性供给。二是推进产学研协同，培育应用型专业人才。结合数字产业化和产业数字化发展过程中的现实需求，鼓励数据相关企业积极与河南"双一流"高等院校开展人才联合培养计划，提高数字人才和技能人才的实践能力。支持河南与全国一流大学携手合作，建立与数据相关的郑州研究院，借助产教共同体、创新创业比赛、企业导师制等方式，促进产教融合、科教融合、产教研协同育人，加快数据应用型人才的培育。三是培育职业人才，提升人才素质。除了发挥高等院校培育人才的作用，也需要加强职业院校对数据相关人才的培养力度，通过积极鼓励其开设社会所需、企业所需的数据相关专业，加快河南职业人才培养。出台更多鼓励企业开展内部培训的政策措施，加大员工职业技能培训力度，持续提升河南从业人员数字素养和技术能力。

参考文献

吴丽琳：《河南：未来五年数字经济核心产业规模实现倍增》，《中国电子报》2022年3月1日。

周德胜、陆相林：《数据要素市场化面临的挑战与对策研究》，《时代经贸》2023年第11期。

黄鑫：《如何释放数据要素效应》，《经济日报》2024年1月18日。

宋虹桥、张夏恒：《数字化赋能新质生产力的内在逻辑与实现路径》，《湘潮论坛》2024年第3期。

B.19
河南打造民营企业矩阵新 IP 的
分析与思考

赵 然[*]

摘 要: 从宏观经济看，民营企业对国民生产总值、税收和就业都发挥着重要作用。民营企业的市场敏感度高，在经济体制改革中是不可或缺的力量。民营企业相对于公有制企业在科技创新、吸引人才、市场开拓、融资能力和品牌运营等方面所面临的困难比较复杂。依靠矩阵新 IP 的发展思路，河南民营企业有望提升发展维度，矩阵新 IP 也是发展的着力点和方向，可以从打造品牌塑造新 IP、文化传承新 IP、特色产品新 IP、科教创新新 IP 和新媒宣传新 IP 等方面实现矩阵新 IP 策略。

关键词: 河南 民营企业 IP

党的第二十届中央委员会第三次全体会议指出:"坚持致力于为非公有制经济发展营造良好环境和提供更多机会的方针政策。制定民营经济促进法。"民营经济在河南经济发展中具有不可或缺的地位，民营经济贡献了 50% 以上的国民生产总值，完成了 80% 以上的税收，解决了 90% 以上的新增就业。从具体数据看，截至 2023 年底，河南民营经济经营主体有 1069.4 万户（包括个体工商户 773.7 万户），占全省经营主体的 97.7%。但是，河南民营经济在市场、融资和转型方面依旧存在一定的制约，本文拟从打造民营企业矩阵新 IP 的角度，对民营企业的发展进行分析，并在此基础上提出思考和解决方案。

---

* 赵然，博士，河南省社会科学院经济研究所副研究员，研究方向为经济学。

一 河南民营企业的特点和其在经济发展中的重要作用

民营企业伴随着我国经济体制改革发展壮大，是民营经济快速发展的具体表现。河南民营经济发展始于 1978 年，已经成为河南经济发展中最为活跃的部分，民营经济包括个体工商户和上市公司。从全省看，民营企业发展好的地方，经济也相对活跃，河南省经济总量居全国前列，民营企业贡献巨大。

（一）河南民营企业对国家社会的贡献越来越高

在国家推动企业改革的进程中，民营企业参与改革，促进改革，从市场方面发力，激励国企转型，对经济体制改革做出贡献。同时，民营企业纳税额随着经济状况的提升而增加，在巩义、长葛和长垣等经济活跃的县区，民营企业纳税在地区财政收入中的作用越来越重要。另外，民营经济也解决了相当一部分就业，对稳定就业市场和保障社会总体稳定具有重要作用。

（二）河南民营企业对整体经济的贡献越来越高

河南民营企业数量众多，质量也显著提升。河南省有 110 家 A 股上市公司，其中民营企业 70 家，占比超过一半。截至 2023 年，河南省拥有专精特新中小企业 3535 家，专精特新"小巨人"企业 394 家，省级制造业单项冠军企业 153 家。在省级制造业单项冠军企业中，民营企业占比近九成。依据河南民营企业 100 强的调研数据，经济体量大且发展好的民营企业能够认真落实国家政策，积极应对不同的经济环境，能聚焦主业，加快落实转型升级。

（三）河南民营企业组织形式更加优化，逐步形成特色经济区域

河南民营企业在发展中应对经济形势和市场压力，精于调整，经过长期

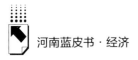
发展，逐渐集聚形成了河南的特色经济区域。截至2023年底，河南民营经济经营主体总量超过1000万户，民营企业的组织形式由传统的家庭作坊式管理逐步向科学管理演变。同时，民营经济经营主体逐渐集聚，形成了特色产业集群，如许昌发制品、长垣卫生器材、柘城实验室钻石等。

二 河南民营企业发展面临的主要问题

民营企业在经济社会中具有重要作用，民营企业经营领域涵盖方方面面，面临的问题错综复杂，本文从实际情况出发，拟从科技创新、人才培养、市场开拓、融资能力和品牌运营等方面进行归纳分析。

（一）创新能力弱，科技含量不足

河南民营企业虽然取得了较大的发展成就，但这些成就主要集中于钢铁、化工、食品、机械、有色金属加工等传统行业，在电子信息、高端显示器、半导体、生物医药等高新技术领域实力仍有待加强。从整体上看，河南民营企业创新能力不强，技术实力较为一般，主要以规模取胜，技术创新尚未在河南民营企业发展过程中起到主要的推动作用。部分企业家囿于以往的经验，对技术研发重视不够，没有充分意识到技术创新对企业发展的重要性。因此，与发达地区相比，河南民营企业抗风险能力弱，特别是适应市场需求变化的能力较弱，市场需求稍有变动就会面临大量产品和服务积压，造成巨大损失。同时，河南民营企业还没有完全认识到管理创新的重要性，仍有不少企业采用传统的家族式管理，甚至存在将工厂式管理模式应用于高新服务业的现象。这不但限制了管理者的思维和眼界，也制约了河南民营企业的技术创新能力，从而对河南民营企业的发展产生负面影响。

（二）高层次人才储备不足，缺乏熟悉技术和市场的人才

河南是人口大省，也是人才大省，但多年来人才尤其是高端人才净流出现象较为严重。数字经济时代，经济发展越来越依赖各类高层次人才，河南

相对于发达省份，高层次人才储备不足，特别是缺乏同时熟悉市场和技术的人才，能够融合技术和市场的民营企业家的数量和质量要远少于发达省份，培养能力也不容乐观。人才储备和培养能力较弱，让河南民营企业在激烈的国内国际竞争中处于弱势地位。这不但制约了河南民营经济的发展，更削弱了河南高新技术产业的长远发展潜力。

（三）本土市场消费能力有限，开拓省外市场的能力有待提高

河南的民营企业在起步之初，主要以满足省内需求为主，没有特别注重省外需求以及海外需求拓展。河南人口众多，省内市场能够在相当长一段时间内支持本土民营企业发展。但是，随着中国经济的发展，全国市场的规模越来越大，河南消费市场在全国的比重相对下降，仅仅依靠河南本土消费市场就不够了。同时，中国活跃的对外贸易，特别是共建"一带一路"倡议的顺利推进，也给中国企业特别是民营企业提供了空前的发展机遇。相形之下，河南民营企业开拓省外市场的能力有所欠缺，开拓海外市场更是面临瓶颈制约。这种状况如果不能得到及时改变，将会制约河南民营企业的发展，出现产品迭代升级慢、技术进步放缓、产业结构落后等问题，从而制约河南民营经济的发展，对河南整体经济的发展也会产生很不利影响。

（四）融资渠道有限，资金成为制约民营企业发展的主要瓶颈

与东南沿海省份相比，融资问题尤其是融资渠道问题在河南民营企业发展过程中的约束作用更加显著。河南金融市场的成熟度不如发达省份，提供精细服务的能力也较弱。民营企业融资渠道受限，从本质上来说是金融资源在民营企业这个层面出现了供求不相匹配。除了一些头部民营企业，金融机构缺乏有效沟通和渠道来获取民营企业各项经营信息，这就使金融机构在对一些中小型民营企业进行放贷或者提供其他金融服务时，态度较为谨慎，从而影响了河南民营企业获得足够的资金。同时，河南金融市场在产品创新方面也比较滞后，难以满足各个层次民营企业发展的需要。在这种情况下，资金问题就成为制约河南民营企业和民营经济发展的重要瓶颈。一些民营企业

甚至不得不通过非正规渠道获得资金，从而对企业的发展造成不利影响。值得一提的是，民营企业不能仅仅依靠政府和社会去解决融资问题，而更应该自身建立起一套科学、可观测、透明的指标体系，让金融资源提供者能够以较低的成本判断企业的运营情况，从而愿意提供更多金融服务。这也是民营企业矩阵新 IP 策略相当重要的内容。

（五）品牌运营能力较弱，难以孕育引领市场潮流的企业

品牌运营能力是衡量企业经营能力的标准之一。品牌是企业宝贵的无形资产，是企业影响力超越空间束缚的产物。企业品牌运营能力高，不但会增强自身发展能力，而且会形成规模效应，吸引上下游产业链进驻，有效带动区域经济的发展。河南民营企业在经营理念上还比较传统，没有充分意识到品牌对于企业发展的作用，品牌运营能力比较缺乏。甚至有些品牌在省内已经有较大知名度，在全国范围内也有很好的口碑，但因为缺乏在省外运营品牌的能力，特别是对适应省外市场没有充分的把握，难以在省外开拓市场，轻易放弃了自身的影响力和流量。数字化、智能化时代，消费潮流的变化速度加快，品牌运营能力弱的企业将很难适应这种快速的变化，最终将被市场淘汰。品牌运营能力方面的弱势，使河南民营企业缺乏足够的影响力和流量，难以影响市场需求潮流，也制约了河南民营企业的长远发展能力。

三　民营企业矩阵新 IP 的创新发展

从以上分析可以看出，河南民营企业的发展，包括河南民营企业家的经营思路，仍然停留在工业时代，对高新技术和高端服务业的重要性认识不足。因此，必须改变河南民营企业发展思路，打造民营企业矩阵新 IP。

（一）改变河南民营企业发展思路，打造民营企业矩阵新 IP

数字经济时代，大数据、物联网、人工智能、通信技术的迅速发展，使经济发展超越了时间和空间的限制，使各类资源实现了在全球范围内的创新

优化配置。事实上，很多东南沿海的企业逐渐将供应链向内陆地区、向全球拓展，形成"一体两翼"的供应链发展模式，并着力于满足市场需求，尤其是"一带一路"新兴市场的需求。在这种情况下，河南民营企业必须及时改变发展思路，仔细分析国内外头部企业发展路径，找出影响这些头部民营企业发展的因素，形成民营企业矩阵新 IP，并在此基础上构建系统性的发展方案，力争尽快跟上国内外最新发展潮流。

（二）新 IP 须解决河南民营企业发展问题、顺应市场变化趋势

民营企业的发展离不开市场尤其是国际市场，随着大数据、人工智能、物联网等新兴技术不断渗透，国际市场的面貌被重塑，供应链、技术开发、交易方式甚至是支付方式都发生了重大变革，对整个市场的交易过程产生了重大影响。很多新企业的崛起，往往受益于这些新因素的影响，能够抓住新发展潮流的企业，才能够在市场站稳脚跟。河南由于地处内陆，本土民营企业参与国际分工的程度比不上东南沿海省份的民营企业，对市场变化趋势的体察能力与这些地区的民营企业相比也有较为明显的差距。当整个市场尤其是国际市场正在发生激烈变化的时候，河南民营企业如果不能够及时看到这些变化趋势、重大机遇，在市场上的地位就会下降，无论是对河南民营企业还是对河南经济的发展都会产生不利影响。因此，矩阵新 IP 必须针对河南民营企业发展问题、顺应国内外市场变化趋势。

（三）矩阵新 IP 是河南民营企业发展的着力点和方向

企业矩阵法凝聚了国内外企业尤其是外向型和技术型企业的发展经验，本身就是一种很有效率的促进企业发展的方法。河南民营企业在内部管理和外部发展环境分析方面的能力不如发达国家和东南沿海省份的企业，因此掌握这一方法对于河南民营企业来说尤为重要。同时，高新技术的发展使市场发生了重大变化，能否详细准确地考察这些变化，并制定正确的发展策略将直接决定河南民营企业能否在未来发展中占据有利的生态位。因此，企业矩

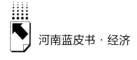
阵新 IP 整合了河南民营企业在企业内和企业外的着力方向，结合了国内外企业的先进经验与河南实际，对河南民营经济的发展具有较好的参考价值和重要意义。

四　打造民营企业矩阵新 IP 的主要策略

民营企业壮大的重要途径之一就是打造矩阵新 IP，在理论的指导下，民营企业应该从打造品牌塑造新 IP、打造文化传承新 IP、打造特色产品新 IP、打造科教创新新 IP 和打造新媒宣传新 IP 等方面着手。

（一）打造品牌塑造新 IP

河南民营企业在品牌运营方面存在着不少问题，因此打造品牌塑造新 IP 是形成民营企业矩阵新 IP 的重要甚至首要目标。河南民营企业应当做好顶层设计，意识到品牌的形成首先需要一个明确的战略框架，在把握市场情况及其变化趋势的基础上，确定自身品牌运营的总体目标，围绕总体目标，形成目标体系，并将目标体系进行分解，落实到企业各个职能部门；充分利用大数据、人工智能等最新技术工具，增强自身品牌影响力；明确品牌组合架构，重点提高主营产业、主品牌的影响力，避免盲目的多元化经营分流主品牌资源、摊薄自身品牌价值；及时淘汰落后产品、产业，避免因为落后产品、产业影响民营企业的品牌形象，促进品牌高端化；改变传统只注重产品的思维，注重消费者和用户的消费和使用体验，将消费者和用户体验作为打造品牌塑造新 IP 的重要抓手，真正以顾客的需求体验作为企业一切生产经营活动的出发点；打造优质的品牌理念和企业文化，打动消费者和用户，将企业品牌与消费者广泛认可的价值观相联系；不断收集市场反馈，根据反馈情况优化品牌形象和定位，并形成反复迭代的工作流程。

（二）打造文化传承新 IP

河南是文化大省，文化产业是第三产业的重要组成部分，文化是提升产品附加值的重要因素,因此打造文化传承新 IP 对于民营企业的发展有着非常重要的意义。应当大力鼓励河南文化产业的发展,鼓励民营企业利用河南丰厚的文化资源,发展多层次的文化产业,鼓励并支持民营企业开展跨企业甚至跨行业合作,打造文化产业精品;充分利用数字技术带来的机遇,结合大数据、大模型、沉浸式感知交互等新技术,设计、打磨文化精品,传播优秀传统文化;做好优秀文化产业、产品的"出海"工作,鼓励民营企业积极参与对外文化贸易,让世界认识河南与中国优秀而深厚的文化传承;各级政府应将本区域的优秀文化资源数字化,整合全省传统文化资源,建立相应的数字化目录,便于民营企业查阅;支持文化产业领域有条件的民营企业做大做强,形成头部效应,并将产业链向上下游延伸,带动更多企业、产业发展;重视引进文化产业方面的高层次人才特别是创意人才和数字人才,吸引创意人才、数据分析师、数据训练师、数字研发人才等进入河南文化产业,实现河南文化民营企业的跨越式发展,传承优秀传统文化。

(三)打造特色产品新 IP

河南物产丰富,工农业发展水平不断提高,在全国具有重要地位。但是,河南对外输出的主要是原料和初级产品,加工深度不足,因此丰富的产品和强大的产业没有给河南带来应有的经济收益。延长产业链、提高产品的加工深度,打造特色产品新 IP,能够给河南民营经济的发展带来强劲动力。应当利用河南丰富的农业资源,不断开发新产品,积极引进先进的加工技术、储存技术,实现农产品深度加工,并将传统菜品开发为清洁卫生、营养丰富、口感好的类方便面产品,结合河南的历史文化开发特色农产品,打造强有力的特色产品系列;制造业企业尤其是重化工业民营企业,可以选择国内外需求较大、国内供应又相对不足的产品,在开展国产替代的基础上,参与国际分工,用特色产品开拓国际市场;注重将高新技术融入产业,提升河南民营企业产品的技术含量和加工深度,增加产品的层次和特色;积极与东南沿海地区甚至发达国家的文化创意产业、企业合作,用时尚元素包装河南民营企业的产品，提高河南民营企业产品的多样性和时尚感，打造时尚特色产品；做好自身目标客户的细分工作，识别各个子目标客户群体的需求，将自身产品进一步分类分层，形成系列特色产品。

（四）打造科教创新新 IP

河南民营企业在创新能力上相对薄弱，制约了河南产业的整体升级进程。民营企业应当认真钻研本行业技术发展趋势，做到对行业技术和创新整体形势心中有数，并选择自身具有比较优势的方向进行突破；增强自身在技术上的核心竞争力，形成有梯度、多层次的技术比较优势，打造技术和创新的护城河；民营企业应该深入参与数字经济的发展，将自身产品、技术和供应链数字化、网络化，利用全球创新资源壮大自身；鼓励全球优秀创新团队到河南创业，并为其提供多方面的优惠条件，培育河南高科技产业，尤其是高科技初创产业集群；支持具备一定资质和实力的科技企业尤其是中小企业获取省级、市级科技创新资源，通过各类科技项目、科研资金为这些企业提供支持，为民营科技企业的发展提供便利；确定未来一段时间河南高科技领域的重点发展方向，围绕着这些方向，鼓励民营企业开展各项攻关，突破一批重大技术，并鼓励河南民营企业参与国家和其他省份的重大科技项目、实验室和产业技术中心建设，并积极吸引其他省份的高科技企业参与河南的重大科技项目、实验室和产业技术中心建设；协同多种力量，鼓励民营企业发展新产业、新业态，提高自主创新能力，在数字经济、人工智能、智能制造和绿色经济等方面及时布局，形成民营企业发展的新 IP，并在此基础上推动传统产业改造升级。

（五）打造新媒宣传新 IP

随着大数据、人工智能、互联网等技术不断发展，产品的内涵得到扩展，不仅限于物质产品，还包括了文化形象和科技形象等在内的非物质产品。河南民营企业应当摆脱以往那种不愿意与媒体打交道的保守心态，积极与新媒体沟通交流，学习他们的思维方法和工作流程，并建立起常态化沟通渠道，形成常态化沟通目标和任务，制定相应紧急事件应对预案并能够通过新媒体随时启动；鼓励新媒体宣传企业发展的正面情况，树立河南民营企业产品的文化形象和科技形象，形成企业行之有效的新媒体发声渠道，避免受到恶意舆论冲击；积极参与各行业展会，特别是东南沿海地区和海外知名行业展会，加强与国内外知名新媒体的合作，提升企业产品的文化形象和科技含量，宣传企业文化和所传递的正能量；充分利用各种技术工具和载体，形成包括网站、微信公众号、抖音、B 站、小红书、微博、今日头条在内的宣传载体矩阵，打造良好的企业产品形象和文化取向；鼓励新媒体企业以多样化的文化产品，打通民营企业内部交流渠道，包括领导与员工、部门与部门、员工与员工之间的交流渠道，消除各种管理摩擦和障碍，实现各种问题的实时反馈，提高河南民营企业的管理效能。

参考文献

白钦先、薛誉华：《各国中小企业政策性金融体系比较》，中国金融出版社，2001。

《破除壁垒、完善融资、免申即享　河南出台"民营经济 31 条"》，河南省人民政府网站，2024 年 6 月 18 日，https：//www.henan.gov.cn/2024/06-18/3009408.html。

焦欣慧：《民营企业数字化转型思考》，《合作经济与科技》2024 年第 7 期。

罗利华、胡先杰、冯君：《企业创新效率评价指标体系实证比较研究》，《科研管理》2018 年第 2 期。

马伟国：《中小企业数字化转型的现状问题与对策》，《现代企业》2023 年第 6 期。

张鑫、王雪婷、王萌：《应用波士顿矩阵进行企业人员管理的策略与方法探讨》，《中国人事科学》2019 年第 2 期。

B.20
新质生产力赋能河南文旅产业高质量
发展的思考与建议

张　茜*

摘　要： 河南文旅产业高质量发展是河南经济社会高质量发展的重要组成部分。新质生产力在赋能河南文旅产业高质量发展的过程中发挥了精准定位、科技赋能、智慧供给与人才支撑等作用。在新质生产力的推动下，河南在优秀传统文化的全新表达、沉浸式体验空间打造、文旅消费新业态更新与数字文旅高地构建等方面取得了显著成效。但仍存在智能化水平不足、运营效能不高、创新动力不强与协调发展不力等问题。未来，河南文旅应持续融合新科技，推动河南文旅产业智慧化发展；不断构建新模式，助力河南文旅产业高效能发展；逐步激发新动能，促进河南文旅产业强动力发展；积极探索新路径，引导河南文旅产业融通式发展。

关键词： 新质生产力　文旅产业　河南

　　2024年3月5日，加快发展新质生产力首次被写入政府工作报告，并被列为政府十大工作任务之首。文旅产业作为关联度高、融合性强的产业，日益成为扩大内需的主力军、促进消费的主引擎与力拼经济的主战场，为新质生产力蓄势赋能提供了广阔的发展空间。2024年全国文化和旅游产业发展工作会议明确提出，推动文旅产业成为发展新质生产力的重要动能和实现高质量发展的重要着力点。河南锚定文旅文创成支柱战略目

---

　　* 张茜，博士，河南省社会科学院改革开放与国际经济研究所副教授，主要研究方向为旅游经济。

标，坚持创意驱动、科技赋能、项目带动、跨界融合发展文旅产业。在此背景下，分析新质生产力赋能河南文旅产业高质量发展的成效与存在的问题，有助于为河南文旅高质量发展提供思路与建议，加快推进河南由文旅资源大省向文化旅游强省转变。

一 新质生产力赋能河南文旅产业高质量发展的主要作用

（一）精准定位，满足年轻化、时尚化的文旅消费需求

河南作为中华民族和华夏文明的重要发祥地，拥有丰富的历史文化资源和独特的自然景观。如何让河南丰富的文旅资源精准定位目标市场、满足文旅消费新需求？大数据作为文旅产业新型生产要素与重要的劳动对象发挥了重要作用。

一方面，河南通过大数据分析，实时掌握文旅消费者的需求偏好及其变化趋势。通过分析经营数据、客户画像、消费习惯、客户满意度等，为消费者研发设计更具针对性的文旅产品，提高产品附加值，激发消费者的消费潜力。河南省文旅厅通过大数据分析发现消费市场对董宇辉的关注度较高，邀请"与辉同行"游河南，成功定位聚焦目标市场，提升了河南文旅的知名度和影响力。另一方面，作为"数字原住民"Z世代逐渐成为主导河南数字文旅消费的主要力量。根据中国互联网络信息中心数据可知，Z世代在线旅游用户次均旅游消费金额已连续三年远超国内用户平均水平。大数据追踪发现，随着技术的进步、代际的变迁，河南文旅产品的消费者呈现需求年轻化、时尚化的新趋势。2022年河南洛阳首次提出年轻化消费的旅游发展理念。河南文旅产业将满足青年群体的体验需求作为新策略与形成未来旅游竞争优势的发力点。河南各地市依托深厚的文化底蕴与数字技术赋能，逐步满足Z世代对于文旅产品在内容、创意、视觉和体验等方面时尚化新需求，通过打造沉浸式数字创意文旅产品提高文旅产业的价值，延长数字文旅产业链。

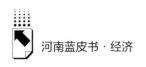
（二）科技赋能，打造场景化、沉浸式的文旅产品体系

科技赋能是打造场景化、沉浸式多元文旅产品体系的驱动力。通过先进制造技术、新材料技术与颠覆性科技创新成果等的融合应用，为游客提供场景化、沉浸式的多元文旅产品体系。

现代科技与信息技术使河南丰富的历史文化资源以场景化、沉浸式文旅产品焕发新生。一是场景化文旅产品打造初见成效。2023年河南已推出100个文旅消费新场景。其中，以郑州建业·华谊兄弟电影小镇为代表的网红景区18个，以郑州1948主题街区为代表的夜间文旅消费街区13个，以新密市银基国际旅游度假区为代表的旅游度假区8个，以信阳新县田铺大湾为代表的特色旅游乡村10个，以焦作市修武县云上院子为代表的精品民宿15个以及特色酒店7个、特色露营地14个、特色博物馆7个、特色演艺打卡地8个。2024年河南首次认定"十佳消费新场景"，其中与文旅有关的项目有9个。二是沉浸式文旅体验新空间不断涌现。2023年河南已建成58个智慧旅游沉浸式体验新空间。2024年5月，文化和旅游部等印发了《智慧旅游创新发展行动计划》，提出鼓励和支持文博场馆、考古遗址公园、旅游景区、旅游度假区、旅游休闲街区、主题公园、演艺场所、夜间文化和旅游消费集聚区等，运用增强现实、虚拟现实、人工智能等数字科技，融合文化创意等元素，建设智慧旅游沉浸式体验新空间，培育文化和旅游消费新场景。河南积极探索元宇宙技术在文旅领域的应用，构建虚拟与现实交织的沉浸式旅游场景。洛阳古墓博物馆等4家博物馆的奇妙夜活动一经推出就受到了年轻人的追捧，夜宿古墓与国宝过夜使游客在新潮玩法中沉浸式体验历史文化。

（三）智慧供给，探索"文旅+"与"+文旅"的产业蓝海

文旅产业通过吸纳更多高科技含量的数字化劳动对象，不断拓展以战略性新兴产业与未来产业为代表的文旅产业蓝海，推动文旅及相关产业的跨界融合与新业态的有序发展。

一是河南以大数据为依托，以市场为导向，充分发挥旅游业的拉动力与

融合能力，为相关产业和领域发展提供旅游平台。河南通过"旅游+"的方式促进旅游与体育、农业、交通、商业、工业、航天等要素智慧化供给，发展体育旅游、乡村旅游、美食旅游、工业旅游、研学旅游与航天旅游等。二是河南积极探索"+旅游"产业蓝海。河南通过扩大劳动对象范围，所有产业主动、自发地对接旅游产业，以智慧化供给为目标，发展战略性新兴产业、高技术产业与未来产业，特别是智能化、高端化、成套化文旅设备等。目前，河南鲁山县旅游装备制造产业逐渐成为行业领跑者。河南中恒致远游乐设备股份有限公司研发的"拼装式玻璃水滑道"与河南大齐文化旅游集团研发生产的新型观光魔毯被称作景区"代步神器"，引领景区上山代步工具的革新。

（四）人才支撑，创新提高服务质量与运营效率的要素配置

高素质的劳动者是文旅产业发展的排头兵。提高旅游从业人员的质量，引育旅游创新型人才以及掌握现代技术的新型文旅人才是提高旅游运营效率与服务质量的先决条件。

河南高校为发展新质生产力奠定人才储备基础，为文旅产业高质量发展提供人才支撑。当前，河南省拥有174所高校，数量居全国第一，郑州更是拥有百万大学生。高质量人才是新质生产力的驱动力量，掌握现代技术的新型文旅人才正成为推动行业变革与提升服务品质的核心驱动力。一方面，高素质的旅游从业者是提升旅游服务质量的关键。新型文旅人才能够为文旅产业带来新技术的应用与良好的服务理念，通过现代信息技术精准分析游客需求，强调以游客为中心的服务理念，注重文化体验与情感共鸣，实现旅游产品的个性化定制与精准营销，推动河南文旅产业服务质量提升。另一方面，新型文旅人才是提升运营效率、优化文旅资源配置的关键力量。新型文旅人才能够熟练运用现代信息技术手段，实现旅游资源的数字化管理、旅游服务的智能化调度以及旅游市场的精准监管；既善于持续推出更具特色和吸引力的旅游产品，推动文旅产品的创新，更注重对项目进行统筹规划、商务拓展与品牌运营，以及安全管理和应急响应，有助于河南文旅企业优化资源配置，提高运营效率。

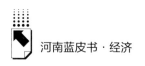
二 新质生产力赋能河南文旅产业高质量 发展的显著成效

（一）数字技术赋能河南优秀传统文化的全新表达

河南悠久的历史与深厚的文化底蕴在数字技术的支撑下领跑文旅新赛道。近年来，河南依托 5G、人工智能（AI）、增强现实（AR）、虚拟现实（VR）、裸眼 3D、全息扫描、元宇宙以及云计算等数字技术赋能河南优秀传统文化的转化与文旅开发。

一是数字化创新成为赓续河南优秀传统文化的重要手段。2023 年沉浸式戏剧《风起洛阳》《寻迹洛神赋》等入选全国文旅数字化创新示范优秀案例。《风起洛阳》虚拟现实全感剧场为观众提供实景演艺与虚拟现实全感互动相结合的沉浸式戏剧体验。《寻迹洛神赋》以河洛文化为创作灵感，以"洛阳神韵"为精神符号，综合声光电等高科技展示手段，以沉浸式体验、互动表演等为亮点，使观众身临其境地体验洛阳的千年历史。《寻迹洛神赋》自 2023 年 5 月 19 日正式推出以来，已吸引近 20 万游客观看，收入超2000 万元。二是河南数字博物馆建设提升文物的生动性和互动性。2023 年河南发布地方标准《智慧博物馆建设规范》，规定了智慧博物馆建设原则、建设内容要求、运行保障、创新应用等内容，鼓励博物馆利用 3D、VR、AR 等技术对文物进行数字化修复和保护。河南省博物院、安阳殷墟博物馆新馆、郑州博物馆以及郑州商城国家考古遗址博物馆等多家博物馆通过现代科技手段激发博物馆文物的活力与魅力。

（二）文化创意赋能河南文旅沉浸式体验空间打造

河南文旅以文化创意为脉络，以历史文化为基础，以科技创新为支撑，以地域文化为依托，以时尚观光为目标，孕育了一批独具特色、充满活力的沉浸式体验空间。2024 年，文化和旅游部发布了第一批 42 个全国智慧旅游沉浸式体验新空间培育试点项目名单，河南省"只有河南·戏剧幻城"智慧旅游沉浸式体验新空间、"飞越清明上河图"球幕影院智慧旅游沉浸式体验新空间与"知道·老君山"智慧旅游沉浸式体验新空间3个项目入选，展现了河南文旅沉浸式体验空间打造的优良成绩。2023年河南省已建成58个智慧旅游沉浸式体验新空间。其中，鹤壁市的鹿台阁"神游朝歌"沉浸式交互体验馆，以殷商、封神文化为依托，每个游客都可以拥有一个神话身份，边走边闯关，带着角色神游其中。许昌市曹魏古城"三国世界"全城剧本游戏以三国文化为背景，将全城作为游戏大地图，融合了沉浸式剧场、剧本杀、浸入式戏剧、线上线下虚拟现实体验、舞台演艺等多种游玩体验，吸引了大量Z世代年轻群体，为文化类景区的创新发展提供了全新的思路。三门峡市函谷关景区夜游项目"问道函谷"沉浸式实景演出在2023年10月成功入选"行走河南·读懂中国"百大标识数字化项目名单。

（三）跨界合作赋能河南文旅消费新业态持续更新

文旅产业以其天然的强关联性，在新质生产力的驱动下，通过"技术创新—要素重组—产业融合发展"链条逐步由低端向高端传导，推动文旅产业的形态、结构以及组织运营方式深度转型升级，逐步形成文旅产业新业态。2024年河南文旅将培育发展文旅新业态作为工作重点，以满足人民群众主客共享新生活、推出更多高品质的文旅新业态为目标，提出康养旅游做示范、体育旅游开新局、研学旅游出精品等多个发力点。

一是河南各地积极推动旅游与餐饮、体育、康养产业的跨界合作，加快文旅、农旅、林旅、体旅、康旅等多业态融合发展。目前河南已推出美食、避暑、康养、露营、演绎、夜游六大类863项文旅消费活动，探索河南文旅新业态。其中，信阳市将文旅与瑜伽、茶文化元素相结合，既展现地方特色，又满足现代人对康养文旅的需求，开辟了"旅游+康养"的新赛道。河南各地应深入挖掘各地养生文化、采摘农业、温泉森林、道地药材、中医针灸等文旅资源，以新质生产力为引领培育更多文旅新业态。二是河南文旅积极探索与演艺、影视、游戏、动漫等产业进行跨界合作，探索文旅消费新业态、新方向。目前，河南"大宋·东京梦华""只有河南·戏剧幻城""穿越德化街""禅宗少林·音乐大典"四个精品演艺项目均入选全国旅游演艺精品名录，为探索地域特色鲜明的旅游精品演艺新业态提供了思路与指引。河南在"为一部剧赴一座城"营造"跟着影视去旅游"的文旅消费新风尚与"游戏+文旅"的跨界融合营造"跟着游戏去旅行"的文旅消费新业态方面有较大的发展潜力与空间。三是夜间经济是河南文旅深度跨界融合的重要领域。"夜游"催生了"夜娱""夜食""夜购""夜演""夜拍"等多个新场景与新业态。多业态通过文创市集、娱乐、购物、美食、特色民宿等方式融入夜间旅游，以景区（如电影小镇）、旧厂房（如郑州记忆油化厂）、各地特色民宿、文化产业园区等为依托，形成灯光秀、电影节、星空露营、露天影院、夜市街区、24小时影院、24小时书店、博物馆之夜等消费新业态。

（四）数智运营赋能河南数字文旅新高地有序构建

近年来，河南省积极推动数字科技和文旅产业融合发展，着力推动数智赋能，打造数字文旅新基建、培育数字文旅新消费，逐步探索文旅产业科技赋能、数字制胜的智慧化发展道路。一是河南已初步建成"一机游河南、一图览文旅、一键管行业"的省级智慧文旅平台。目前，该平台接入8565个文化旅游单位，基本实现对重点文旅场所的实时监控、运行监测、应急调度。2023年9月上线的"河南省数智文旅一码通"全面聚焦用户体验。游客通过"一码通"既可以享受旅游过程中的免费或折扣类权益，也可以一键查询文旅资讯、周边配套、公共服务等出游信息。"河南非遗一张图"实现了河南非遗资源的梳理整合、系统构建、智能关联，通过集中展示河南非遗数字化的建设成果助力河南非遗资源的活态传承。二是河南的文旅企业正逐步实现数字化运营。通过大数据分析，精准定位游客需求，实现个性化营销和服务。利用物联网技术实现景区的实时监控和智能调度，提升管理效率。引入AI数字人技术，实现智能导览和电子讲解，减少人工成本，提升游客体验。

三 新质生产力赋能河南文旅产业高质量发展的核心问题

（一）河南文旅产业的数智化水平不足

虽然河南文旅产业在借助科技手段为其赋能上取得了一定的进展，但在数智化水平上仍存在较大的进步空间。一是优质数字文旅产品供给仍显不足。河南省华夏文明的优秀文化需要借助科技的力量得到开发、传承、创新，但河南优质数字文旅产品数量少，部分文旅产品对文化挖掘的深度不够，内容不精，影响力小，导致优质数字文旅产品供给不足。目前能代表河南形象的超级文化 IP 仍不明确，部分数字文旅产品重技术、轻内容，无法呈现河南文化内涵等，造成河南优质数字文化产品供给难以满足市场多元化的需求，在一定程度上降低了河南文化品牌的影响力。二是河南多数景区的智慧化水平仍待提高。目前河南景区的智慧化程度较低，缺乏智能导游、智能导览等数字化服务。智慧化服务的缺失，使游客在获取信息、规划行程、寻找景点等方面遇到诸多不便，降低了整体游览的愉悦感和满意度。在旅游市场竞争日益激烈的背景下，缺乏智慧化元素的景区难以吸引和留住年轻游客群体，影响了河南旅游产品的吸引力和市场竞争力。智慧化手段运用不足，导致景区在游客流量管理、环境保护、安全监管等方面的效率难以提升，限制了资源的有效配置和利用。

（二）河南文旅产业的运营效能不够

目前，科技手段在河南省文旅产业中的应用主要集中在文旅资源的数字化呈现上，与游客体验相关的科技手段潜力未充分挖掘。一是文旅新场景的运营模式陈旧。有不少沉浸式项目还保留着以往的"门票经济"模式，让沉浸式项目成为孤立的文化项目，投入与产出严重不符。由于缺乏有效的新型运营模式作为支撑，一些特色小镇只有少数几个好项目能够获得较高的票房（占比30%以上），其他大多数项目处于小、散、弱的状态，往往陷入入不敷出、生存堪忧的境地。二是政府与企业的数字化管理水平不足。由于缺乏高效的数字化管理系统，政府与企业对游客量的预测和资源调配往往依赖经验，而非数据，容易出现景区游客量过载或过少的情况，造成资源的浪费和游客体验的下降。三是多元化、智能化宣传手段有待提升。目前，河南文旅产业更多依赖社交媒体进行宣传推广，虽然图文和短视频的内容形式易于传播，但缺乏一定的针对性和互动性，不仅无法精准定位目标客户群体，也难以全面展示河南丰富的文旅资源。

（三）河南文旅产业的创新动能不强

旅游从业人员是文旅产业生产力中最活跃、最根本的要素。尽管河南拥有百万大学生，但河南高素质文旅人才数量不足、自主创新意识不强，且文旅产业的研究机构欠缺，制约文旅产业创新动力提升。一是缺乏新型文旅人才。河南文旅产业人才队伍较为单一，多数人员缺乏科技、运营等多个方面的知识，制约了文旅产业服务质量的提升和产业的创新发展。二是文旅市场主体的创新意识不强。目前河南本土能够承担"智慧文旅"建设和运营的科技公司较少，省内相关文旅企业和文博单位加快元宇宙和文旅融合场景落地的意识还不强，对文旅数字化的探索动力还有待加强。三是缺乏有影响力的文旅研发企业、创新平台和知名高校。长期以来，餐饮与科技是河南打造消费新场景的短板。大数据、云计算、人工智能、元宇宙、区块链等领域拥有核心技术的高端人才和团队数量不足是重要的原因之一。

（四）河南文旅产业的协调发展不力

尽管文旅产业具有较强的带动作用与明显的溢出效应，但河南文旅产业与三大产业的融合水平不高，"文旅+"与"+文旅"的带动作用不明显。一是河南文旅与三大产业的融合深度仍显不足。河南文旅与农业的融合仍停留在观光农业层面，以乡村观光、乡村民宿、果实采摘等低端融合模式为主，缺乏深度的文化体验和互动；工业旅游仅集中于少数几个大型企业和工业园区，融合的范围窄、受众少、效益差，未能得到广泛推广。二是河南文旅产业与其他产业的联动机制不健全。政府对文旅产业与其他产业融合的环境营造重视不足，大多只关注某个时期、某个阶段的融合成果，缺乏长效机制。河南三产融合的市场体系不健全，直接影响了文旅产业与其他产业联动的广度和深度，特别是文旅与新兴业态的融合发展存在资源整合不充分、信息共享不及时等问题，限制了旅游供给体系的转型升级，制约了文旅产业与其他产业的协调发展。

四　新质生产力赋能河南文旅产业高质量发展的对策建议

（一）融合新科技，推动河南文旅产业智慧化发展

河南应利用新技术满足新需求并创新供给模式，采用现代化、数字化技术创新文旅产品的展现方式，构建具有影响力的文旅产品和服务，提高文旅产业的整体竞争力和影响力。

一是以优质数字文旅产品满足新需求。深化河南历史文化挖掘，提升数字文旅产品质量。通过组织专业团队深入研究河南的历史文化、民俗风情、非物质文化遗产等，挖掘独特而富有吸引力的文化元素，加强与文化学者、历史专家合作，确保数字文旅产品的文化内容准确无误，同时注重创意与创新，提升产品的文化价值和审美价值。强化技术支撑，提升河南数字文旅产品的体验感。河南数字文旅产品应以 Z 世代新兴文化消费群体为目标受众，打造具有体验性、娱乐性和知识性的多层次旅游项目，如新生代潮玩聚集地、演艺新空间、虚拟现实体验等文娱业态场景，推动沉浸体验式文化旅游消费的发展。

二是以智慧化管理提升河南文旅的服务效率。引入先进的智能导览系统，如 AR 导览、语音导览等，为游客提供丰富的景点信息和便捷的游览体验。建设智能客服系统，通过人工智能技术解答游客疑问，提高服务效

率和质量。推广使用电子门票、人脸识别等技术，简化入园流程，提升游客入园效率。开发景区官方 App 或小程序，集成导览、购票、餐饮、住宿等多种功能，为游客提供一站式服务。增设智能互动设施，如 VR 体验区、互动游戏等，提升游客参与度和体验感。运用人工智能技术对游客行为进行实时分析和预测，从而制定个性化的服务方案，同时，通过人工智能辅助旅游企业进行自动化营销，如智能客服、智能推荐等，提高营销效率和用户体验。

（二）构建新模式，助力河南文旅产业高效能发展

在推动文旅产业数字化转型的过程中，河南应始终坚持以创新为驱动，不断探索新的发展模式，多措并举助力河南文旅产业高效能发展。

一是鼓励新文旅新场景采取"去门票"或"免门票"的运营模式。免除门票可以显著降低游客的出游成本，有助于吸引客流，免除门票使游客在景区内的消费更加自由，可以根据自己的兴趣和需求选择喜欢的项目和服务。这种自主选择的消费模式有助于提升游客的满意度和忠诚度。"去门票"或"免门票"的运营模式有助于推动旅游业从门票经济向产业经济转变。景区可以通过开发多元化的旅游产品和服务，延长游客的停留时间，提高旅游消费的层次和水平，从而推动整个旅游产业的升级和发展。

二是利用新技术更新文旅智慧化管理模式。河南应加快公共交通、通信、能源等基础设施建设，提高城市综合承载能力，推进智慧城市、绿色城市建设，提高城市休闲服务和公共服务的普惠化与便捷化水平，提升各地智慧化管理水平与服务质效。河南应依托智慧文旅平台，运用大数据技术深入挖掘游客需求和行为模式，在收集、整理和分析海量数据的基础上，对游客量、购买偏好、消费习惯进行精准预测，为城市与景区的游客接待提供有力支持，并利用物联网、云计算等技术实现景区资源的实时监控和智能调度，提高游客流量管理、环境保护和安全监管的效率。

三是积极创新河南文旅营销模式。河南应打破传统营销思维，积极拓展社交媒体、短视频平台、直播电商等新兴营销渠道。同时，注重线上线下融

合，打造全渠道营销体系。线上渠道可采用官方公众号、电商平台与官方网站等，使旅游企业扩大推广覆盖面；而线下渠道，如实体店、体验店等，则可以为游客提供更直观、更深入的产品体验和服务。通过线上线下融合，为游客提供更加完整、更加优质的购物体验，从而提高文旅营销效果。

（三）激发新动能，促进河南文旅产业强动力发展

河南文旅产业能否提供精细化、个性化和高质量的服务，取决于旅游从业人员的素质。提升文旅产业从业人员的素质，注重人才梯队建设，进而建立与文旅产业相适应的人才培养体系，对推动文旅高质量发展具有重要意义。

一是强化智慧文旅实践技能的培养。河南文旅产业在新质生产力推动下日益向数字化、网络化、智能化方向发展，对文旅人才的技能结构提出了新的挑战。河南新型文旅人才的培养需通过专业实践和实训，强化文旅人才在智慧旅游领域的技术应用能力与创新能力。二是深化文旅产学研合作。河南应积极推进政校合作、校企合作以及校际合作，实现资源共享、优势互补，共同推动文旅产业创新发展。同时，高校要紧密对接文旅产业的需求，优化专业设置，培养具备创新精神和实践能力的文旅人才。三是注重构建文旅产业人才激励机制和政策保障体系。河南应通过提供具有竞争力的薪酬待遇、明确的职业晋升通道以及完善的福利保障，吸引并留住优秀的文旅新型人才。同时，政府及社会各界应加大对文旅人才队伍建设的投入与支持力度，为河南文旅产业的持续健康发展提供坚实的人才基础。

（四）探索新路径，引导河南文旅产业融通式发展

河南应以新质生产力为依托，聚焦协同发展理念，探索"三产融通"的发展模式。"一产"聚焦河南农业大省的定位，厚植乡村景观、乡村聚落与乡村文化的资源本底；"二产"聚焦健康系列品牌打造，挖掘以"铁棍山药"为代表的"四大怀药""八大宛药""好想你""信阳毛尖"等产品的研发创新，系统提升河南农副产品的知名度与附加值；"三产"聚焦乡村旅

游、康养旅游、研学旅游、体验旅游，通过康养、旅游、研学、餐宿、体验等多元化服务，将食、住、行、游、购、娱、学、思、健九要素串联，构建河南文旅产业融通式发展体系。

建立健全文旅产业与其他产业的联动机制，通过优化河南省内资源配置，加强各城市之间的资源流通与产业主体互动，加强部门间的沟通协调，实现资源共享、信息互通。一是各级政府应关注产业融通环境营造。通过政策引导和市场机制作用，增强文旅产业的协调发展能力，各地应推动河南文旅产业与美食、演艺、会展、体育活动的全面深度融合，形成高质量的旅游供给体系，搭建文化旅游、演艺娱乐、市场监管、公共交通、城市宣传等多部门联动的服务链条，提升城市公共服务效能，推动形成多产业协同发展的良好局面。二是各类企业应聚力运营三产融通的市场体系。立足城市现有产业基础，采用现代化、数字化技术创新文旅产品的展现方式，促进"文旅+"与"+文旅"等新兴业态发展。鼓励文旅与低空经济深度融合，开发空中观光、娱乐摄影、研学旅游、航空展览等特色项目，促进旅游供给转型升级。三是积极推进文旅产业数字化与智慧化发展。各地积极应用智能导览系统、智能交通系统、智慧景区管理系统、物联网智能旅游酒店与文旅数字化营销系统，特别是推动郑州、安阳与洛阳等地的数字博物馆建设，以及以缆车等固定旅游设施装备、房车等大型移动旅游装备、无人机和帐篷等个人携带式旅游装备等制造业的发展。

参考文献

魏敏：《新质生产力赋能文旅融合发展的内在逻辑、核心问题与路径选择》，《贵州省党校学报》2024年第5期。

祁述裕、邓雨龙：《论新质生产力推动文旅产业高质量发展》，《治理现代化研究》2024年第3期。

厉新建、曾博伟、张辉等：《新质生产力与旅游业高质量发展》，《旅游学刊》2024年第5期。

B.21

"十五五"时期河南有效防范化解经济金融风险的主要策略分析

李丽菲*

摘　要：　"十五五"时期河南发展机遇与挑战并存，房地产市场、地方债务、中小金融机构等领域风险隐患仍然较多。要将防范化解经济金融风险作为重点任务，推动房地产向新发展模式平稳过渡，逐步化解地方政府债务风险，扎实推进中小金融机构改革化险，保持经济持续健康发展和社会大局稳定。为了守住不发生系统性风险底线，河南要坚持系统观念，筑牢风险防控机制；坚持统筹兼顾，处理好发展和安全的关系；坚持目标导向，促进金融更好地服务实体经济，筑牢中国式现代化河南实践安全屏障。

关键词：　"十五五"　经济金融风险　防范化解

　　"十四五"时期是我国开启全面建设社会主义现代化国家新征程、向第二个百年奋斗目标进军的第一个五年。在这五年中，河南锚定2035年远景目标，聚焦高质量发展、高品质生活、高效能治理奋发图强，经济回升向好，高质量发展扎实推进，取得了一系列成果。"十五五"时期是我国承上启下的重要时期，是河南实现"两个确保"的关键阶段。在全球面临新的动荡变革、世界经济增长动能不足、国内经济发展仍将承受显著下行压力的背景下，"十五五"时期河南发展机遇与挑战并存，持续有效防范化解经济金融领域风险，统筹发展与安全的意义重大。

---

　　*　李丽菲，河南省社会科学院经济研究所助理研究员，主要研究方向为区域经济。

一 "十五五"时期河南防范化解经济金融风险的必要性

习近平总书记指出，推进中国式现代化是一项全新的事业，前进道路上必然会遇到各种矛盾和风险挑战①，坚持标本兼治、远近结合，牢牢守住不发生系统性风险底线②。在即将到来的"十五五"时期，全球经济和政治格局、世界科技革命和产业变革、国内经济和社会环境将持续加速变化，河南的高质量发展仍然面临机遇与挑战，正确把握"十五五"时期宏观环境和发展趋势，有效防范化解经济金融风险意义重大。

（一）防范化解经济金融风险关乎经济高质量发展

金融是现代经济的血液，只有保持金融体系健康、稳定和安全，才能有效应对发展环境变化，为经济高质量发展贡献强有力的金融力量。近年来，瞄准高质量发展方向，金融机构主动适应经济发展和人民需求的变化，不断优化资金投向，特别是对重大战略、重点领域、薄弱环节的金融供给持续增加，金融服务实体经济的能力持续提升。"十五五"时期，全球经济增长仍处于深度调整时期，外部市场需求恢复乏力和不确定性增加，我国从过去的高速增长阶段向中低速增长阶段的换挡进程仍在持续，经济金融风险隐患仍然较多，需要进一步提升金融服务实体经济的能力，发挥金融作为社会稳定器的作用。这就需要坚持防范化解风险，着力化解房地产、中小金融机构等重点领域风险，只有这样才能统筹发展与安全，构建实体经济与金融体系良性互动的高质量发展格局。

---

① 《关于〈中共中央关于进一步全面深化改革、推进中国式现代化的决定〉的说明》，《求是》2024 年第 16 期。
② 《当前经济工作的几个重大问题》，《求是》2023 年第 4 期。

（二）防范化解经济金融风险关乎现代化河南建设全局

金融稳，经济稳。一个国家或者地区一旦发生系统性风险，现代化进程往往会受到影响甚至中断。"十五五"时期是确保高质量建设现代化河南、确保高水平实现现代化河南的关键时期。《河南省国民经济和社会发展第十四个五年规划和二〇三五年远景目标纲要》指出，到2035年河南要基本建成"四个强省、一个高地、一个家园"的社会主义现代化河南，经济实力、综合实力大幅提升，人均地区生产总值力争达到中等发达国家水平。2023年河南人均国内生产总值为60073元，与全国平均水平89358元相比仍有不小的差距①，2035年达到中等发达国家水平（2.1万美元）仍面临较大挑战。面对现代化征程中的压力和挑战，河南必须在"十五五"时期发扬斗争精神，牢牢把握战略主动，积极应对日趋复杂的外部环境以及一系列周期性、结构性、体制性问题相互交织所带来的困难和挑战，才能切实抵御各类外部冲击，为实现"两个确保"保驾护航。

（三）防范化解经济金融风险关乎人民群众切身利益

安全是发展的基本前提，谋发展、保安全，始终是人心所向、人民福祉所在。新时代人民对安全的需要具有多样化、多层次的特点，意味着在发展中要更多地考虑安全因素，防范化解各类风险隐患，不断实现好、维护好、发展好最广大人民的根本利益。"十五五"时期，河南在经济金融领域仍然存在一些持续性问题和苗头性、倾向性隐患，特别是金融风险、房地产风险、地方债务风险相互交织、密切联系，风险具有很强的隐蔽性、突发性、传染性，可能造成社会财富受损、金融服务中断，直接侵害人民群众切身利益。面对艰巨繁重的改革发展稳定任务、复杂严峻的外部环境以及人民群众日益增长的安全需要，只有持续防范化解经济金融风险，牢牢守住发展的安

---

① 《2023年河南省国民经济和社会发展统计公报》，河南省人民政府网站，2024年3月30日，https：//www.henan.gov.cn/2024/03-30/2967853.html。

全底线，才能创造和谐稳定的发展环境，人民群众的安全才能得到有力保障。

二 "十五五"时期的主要经济金融风险

"十五五"时期，河南在经济金融领域面临的风险隐患仍然较多，主要包括房地产市场多重风险并存且不断加剧、地方债务风险凸显且持续累积扩大、中小金融机构风险扩大且潜存次生风险等。

（一）房地产风险

我国房地产市场正在经历结构性转变，从增量市场为主向增量存量并重过渡，打好商品住房烂尾风险处置攻坚战，扎实推进保交房、消化存量商品房成为首要任务。2024年1~8月，河南省房地产开发投资同比下降9.2%，新建商品房销售面积同比下降17.3%，新建商品房销售额下降20.7%，房地产开发企业到位资金同比下降15.1%，河南房地产市场仍处于低迷状态，市场风险仍然较大①。

"十五五"时期房地产风险不可忽视。一是房地产市场将持续深度下行。从供给侧看，受制于房企信用风险的不断积累，房企仍存在融资困难、资金流动速度慢、债务兑付压力大等难题，商业银行及其他金融机构对房企融资的支持力度逐渐减弱，房企经营能力面临巨大考验，加上房产税落地预期加剧，土地供应策略变化，"十五五"时期房地产开发商普遍对投资前景持谨慎态度。从需求侧看，"十五五"时期，城镇化发展将从过往全面快速发展阶段逐步转向更为聚焦于城市群、都市圈的发展阶段，城镇居民基本住房需求基本饱和，新房需求减少，同时居民购买力与收入预期减弱，导致住房需求释放节奏缓慢，房地产政策效果持续性不足。二是房地产市场下行将

---

① 《2024年1—8月份全省房地产市场基本情况》，河南省人民政府网站，2024年9月19日，https：//www.henan.gov.cn/2024/09-19/3064760.html。

持续带来负面影响。首先，地方政府融资和财政政策将面临更大挑战。土地出让收入是地方政府的主要财政收入来源。"十五五"时期，房地产市场下行将导致地方政府土地出让收入和财政收入持续承压，地方政府项目可供抵押融资的资产愈发稀缺，地方政府融资规模会相应缩小，未来会有更多地方隐性债务重组和置换，地方隐性债务问题会持续存在。其次，房地产产业链上下游企业众多，涉及金融、民生等多个领域，具有显著的收入分配效应。房地产市场的持续深度下行，对投资、消费、物价、金融、收入、就业等各个方面将产生持续和深入的负面效应。

（二）地方债务风险

规模合理、支出有效的债务能够促进经济发展。2023 年，河南省各级政府债务余额合计约 17892.8 亿元，债务占 GDP 的比重约为 30.23%[①]，政府负债率和债务率低于全国平均水平，政府债务偿还能力较强，政府性债务风险总体可控。"十五五"时期，在全国需求收缩、供给冲击、预期转弱的大背景下，受房地产市场下行和宏观经济形势影响，河南财政收支运行面临压力，一些地方偿债压力加大，局部风险和隐性债务风险仍然存在。一是债务化解压力较大。就债务总量而言，"十五五"时期，河南房地产市场仍处于调整转型期，土地出让收入下行导致地方综合财力下降，存在资金缺口。经济持续回升向好的基础还不稳固，财政政策需发挥逆周期和跨周期调节作用，通过增加政府举债的方式扩大有效投资，带动经济增长，这会进一步增加政府债务规模，地方债务付息压力加大。就债务结构而言，随着外部融资环境持续收紧，长期债务融资面临诸多不确定性，融资难度较大。"十五五"时期，城投债将集中到期，部分地区偿付压力大。二是隐性债务风险不容忽视。近年来，地方隐性债务规模增速总体放缓，但规模仍然较大，特别是县市级地方政府债务尤为突出。一方面，隐性债务变得更加隐蔽。当前

---

① 《2023 河南省政府债务和财政收入、支出数据发布！又是支出大于收入》，网易，2024 年 3 月 24 日，https：//www.163.com/dy/article/IU2AGBKH0553A6CE.html。

地方政府举债的"后门"并未关严，在现阶段财力状况有限的情况下，部分地方政府仍然或明或暗地采用多种手段进行债务筹资以支持地方建设，除了城投债，还包括信托、融资租赁等融资平台公司非标准化债务，以及政府隐性担保具备"明股暗债"特征的PPP项目、产业引导基金等。另一方面，城投公司作为地方政府隐性债务的主要载体，违约会产生明显的外溢效应，导致地方信用受损，影响再融资，恶化当地营商环境，制约实体经济发展。

（三）中小金融机构风险

作为我国金融安全基本盘的大型金融机构总体稳健，风险主要集中在中小金融机构。资产规模普遍偏小、管理经验欠缺、市场经验不足、合规治理相对不完善等原因导致中小银行抗风险能力弱，不良率明显高于大型金融机构，如果不能及时有效地防范与化解中小金融机构风险，将直接影响金融体系的安全与稳定。"十五五"时期，河南中小金融机构面临着信用风险、流动性风险、市场风险等各类风险挑战，仍需加速推动中小金融机构风险化解工作。一是中小金融机构面临较大的经营压力。部分中小金融机构长期存在资金来源单一、负债结构不合理等问题，面对市场波动难以迅速调整资金结构，流动性风险较为突出。还有一些中小金融机构公司治理不完善，股权结构分散，内部控制不足，存在明显短板，风控机制僵化，限制其风险防控能力的提升。"十五五"时期，受国际大环境影响，中小金融机构的利润减少，在资本市场获取资金的难度增加，相比其他类型的金融机构优势逐渐消失，竞争力削弱，很难抵抗外部冲击的影响。二是金融风险的隐蔽性、交叉性明显增强。在数字经济背景下，现代科技与金融的融合程度不断提升，在提高金融服务便捷度、提升服务效率的同时，也改变了传统金融风险的表现形式、传染路径、安全边界，数据安全风险、信息科技风险等非传统风险日益突出，这些风险具有较强的突发性、隐蔽性和交叉性，破坏力大，金融风险形势呈现复杂严峻、新老问题交织叠加的特征，需要在提高金融促发展动力的同时，持续强化金融风险防控能力。

三 河南有效防范化解经济金融风险的主要策略

"十五五"时期,河南必须坚持稳中求进的总基调,将防范化解重大风险作为首要任务,守住不发生系统性风险底线,保持经济持续健康发展和社会大局稳定。

(一)推动房地产向新发展模式平稳过渡

"十五五"时期,河南要适应房地产市场供求关系发生重大变化的新形势,继续从供给需求两侧发力,积极稳妥化解房地产风险,促进房地产市场平稳健康发展。一是政府要因城施策用足用好政策工具箱。结合房地产市场供求关系的新变化、人民群众对优质住房的新期待,统筹好消化存量房产和优化增量住房,改革完善房地产开发、交易和使用制度,研究建立房屋体检、房屋养老金、房屋保险等制度,从服务于增量扩张转为服务于存量提质,有效激发潜在需求。二是构建房地产发展新模式。继续坚持因城施策,压实地方政府、房地产企业、金融机构各方责任,在打好保交房攻坚战的基础上,以推进保障性住房建设、城中村改造和"平急两用"公共基础设施建设为抓手,形成从租到购、从保障到市场、从刚需到改善的梯级化、多样化的供应体系。三是继续推动房地产融资协调机制实施。使用信贷支持、民企债券融资支持工具、民企股权融资支持工具来改善房企的融资环境,推动符合条件的项目"应进必进"白名单,一视同仁满足不同所有制房地产企业和房地产项目的合理融资需求,有效改善房企总体生存现状,促进金融与房地产良性循环。

(二)逐步化解地方政府债务风险

"十五五"时期,河南要加大存量隐性债务化解力度,坚决防止新增隐性债务,加强地方政府融资平台公司综合治理,统筹好地方债务风险化解和稳定发展的关系。一是要健全防范化解地方债务风险长效机制。健全省、市、县三级地方政府债务风险化解方案体系，建立融资平台公司债务风险定期排查机制，指导地方逐步建立全口径、常态化隐性债务监测体系，压实"一债一策"化债计划，全面筑牢债务风险底线。二是要稳妥化解隐性债务存量。强化地方政府债务管理，坚持省负总责原则，督促省级政府加强风险分析研判，纠正政府投资基金、政府和社会资本合作、政府购买服务中的一些不规范行为，通过安排财政收入、压减支出、盘活存量资产资源等方式逐步化解风险。三是严格遏制隐性债务增量。管好新增项目融资的"正门"，强化地方国有企事业单位债务融资管控，严禁违规为地方政府变相举债，严堵违法违规举债融资的"后门"，加强风险源头管控、强化风险源头管控和融资管控、强化预算硬约束、优化建设项目审核，阻断新增隐性债务路径，决不允许新增隐性债务上新项目、铺新摊子。

（三）扎实推进中小金融机构改革化险

"十五五"时期，河南要持续推动清收不良资产、清理问题股东、多源补充资本，逐步推动全省中小银行机构减量提质、出清风险、重建机制、实现高质量发展。一是强化金融保障体系建设。加强对金融机构高管、主要股东资质审核和行为监管，强化事前审慎监管，完善公司治理和风险内控机制，保证金融风险持续可控。同时引导中小金融机构找准定位，立足当地开展特色化、精细化、差异化经营，不断夯实金融健康发展的微观基础。二是推进中小金融机构改革化险。持续深化城商行改革、全省农信社系统性重塑，稳步推动村镇银行改革重组和风险化解，通过重组、合并以及专项债注资等手段，推动高危机构稳妥退出市场。稳妥有序推进中小银行风险处置，坚持"因地制宜"原则，按照"一省一策""一行一策""一司一策"，在审慎、合规的前提下，探索差异化监管要求，针对风险暴露的机构"定点拆弹"。三是支持中小银行资本补充。通过政策引导和激励机制，支持符合条件的中小银行发股上市融资，适当降低各类资本工具的发行门槛，拓宽符合条件的中小银行的资本补充渠道，提高抵御风险的能力。

四 对策建议

"十五五"时期，河南要坚持系统观念，筑牢风险防控机制；坚持统筹兼顾，处理好发展和安全的关系；坚持目标导向，促进金融更好地服务实体经济，筑牢中国式现代化河南实践的安全屏障。

（一）坚持系统观念，筑牢风险防控机制

"十五五"时期，要统筹做好房地产风险、地方政府债务风险、地方中小金融机构风险等的严防严控，前移风险防范关口，牢牢守住不发生系统性金融风险的底线。一是加强风险化解的顶层设计和统筹安排。加强财政政策、货币政策、产业政策、金融监管政策的协调配合，打好"组合拳"，推动政策同频共振。二是建立风险化解长效机制。持续有效防范化解重点领域风险，有力有序有效处置存量风险，遏制增量风险，避免风险前清后冒、此消彼长乃至在风险处置过程中引发次生风险等各种可能情况。三是全面加强地方金融组织监管。继续扎紧金融监管"铁篱笆"，完善系统性风险认定机制，强化风险提示和早期预警，按照防风险、强监管、促发展的工作主线，直面金融领域存在的风险隐患，协同强化中小金融机构监管。

（二）坚持统筹兼顾，处理好发展和安全的关系

"十五五"时期，要坚持高质量发展和高水平安全良性互动，确保防风险的同时持续巩固经济恢复向好势头。一是以高质量发展促进高水平安全。把坚持高质量发展作为新时代解决我国一切问题的基础和关键，用发展的眼光研判风险、用改革的手段化解风险，在发展中防范化解风险。二是以高水平安全保障高质量发展。有效防范和化解各类风险挑战，以更高水平的安全格局营造有利于河南经济社会发展的安全环境，筑牢转型发展、高质量发展的坚固防线。三是发展和安全要动态平衡、相得益彰。要在宏观层面把握好经济增长、经济结构调整和金融风险防范之间的动态平衡，既要有效防范应

对重点领域潜在风险，也要坚定不移走好中国式现代化发展之路，在动态平衡中保持各类风险可防可控，增强经济竞争力、发展力、持续力。

（三）坚持目标导向，促进金融更好地服务实体经济

"十五五"时期，要深刻把握新形势新要求，持续提升金融服务能力，为实体经济注入更多源头活水，实现防范化解金融风险与服务实体经济有机统一、动态平衡。一是加快建设中国特色现代金融体系。围绕科学稳健的金融调控体系、结构合理的金融市场体系、分工协作的金融机构体系、完备有效的金融监管体系、多样化专业性的金融产品和服务体系等六大体系持续发力，降低潜在风险发生的可能。二是加大对重点领域和薄弱环节的金融支持力度。发挥好货币政策工具总量和结构功能，更好支持科技创新、民营小微、先进制造、绿色发展等重大战略、重点领域和薄弱环节，巩固和增强河南经济回升向好态势。三是推动更多金融资源向新质生产力领域集中。将金融资源向创新主导领域倾斜，支持新能源、新材料、先进制造、大数据和人工智能等产业发展，以金融高质量发展服务中国式现代化河南实践。

参考文献

国家金融监督管理总局党委理论学习中心组：《坚持把防控风险作为金融工作的永恒主题》，《人民日报》2024 年 4 月 19 日。

李珮：《加强中小金融机构风险防范化解》，《金融时报》2024 年 7 月 31 日。

原磊：《认识当前宏观经济形势的四重逻辑》，《价格理论与实践》2023 年第 7 期。

王哲：《政策"组合拳"连环发力，楼市会大幅反弹吗?》，《中国报道》2024 年第 6 期。

李建军：《有效防范化解重大经济金融风险》，《红旗文稿》2023 年第 1 期。

李忠峰：《为稳定宏观经济大盘提供有力支撑》，《中国财经报》2021 年 12 月 18 日。

Abstract

The year 2024 is crucial for fully implementing the spirit of the 20th National Congress of the Communist Party of China, a pivotal year for advancing the "14th Five-Year Plan," and the start of preparatory work for the "15th Five-Year Plan." Over the past year, Henan has thoroughly implemented the spirit of the Central Economic Work Conference, consistently carried out a series of policy initiatives by the Central Committee to promote the rise of the central region, fully implemented the arrangements of the Sixth Plenary Session of the 11th Provincial Party Committee and the Henan Provincial Government Work Report. Anchored on the "Two Assurances," Henan has implemented the "Ten Strategies" and developed new productivity in accordance with local conditions. In 2024, Henan's economy showed a trend of steady progress and continued improvement. The "Henan Economic Development Report" provides a systematic analysis of the main trends in Henan's economic performance in 2024 and the development trajectory for 2025. It examines the initiatives and achievements in fostering new quality productive forces in Henan from different perspectives and offers policy recommendations for Henan's high-quality development in the new stage.

The book is divided into four parts: General Report, Survey and Evaluation, Analysis and Forecast, and Special Studies. The General Report analyzes and forecasts the economic situation of Henan for 2024 – 2025. It concludes that in 2024, Henan Province adhered to the principle of maintaining stability while seeking progress, using progress to ensure stability, and prioritizing foundational work before making changes. The overall economic operation remained stable, showing a trend of "steady improvement, quality enhancement, innovation, and quarterly growth." In 2025, despite a complex and challenging international development environment, favorable factors for Henan's development are expected to significantly increase, with annual economic growth projected to surpass the national average. Efforts should be continuously focused on expanding effective demand, accelerating industrial transformation, deepening reform and opening up, enhancing innovation capacity, preventing and mitigating risks, and improving people's livelihood, to advance the new practice of Chinese-style modernization in Henan through sustained and healthy economic development.

The Survey and Evaluation section primarily evaluates the comprehensive competitiveness of Henan's provincial cities, the high-quality development of county-level economies, and the development of cross-border e-commerce in Henan for 2024 using a combination of quantitative and qualitative analysis methods, based on relevant indicator systems and quantitative models. The "2024 Comprehensive Competitiveness Evaluation Report of Henan Provincial Cities" evaluates the economic competitiveness of Henan's provincial cities using an evaluation indicator system comprising six primary indicators and 24 secondary indicators. The study shows that Zhengzhou, Luoyang, and Nanyang rank as the top three in terms of economic comprehensive competitiveness. In the future, the provincial cities in Henan should follow the new path of modernizing Henan, and comprehensively enhance the comprehensive economic competitiveness by promoting balanced and rapid development, continuously protecting and improving people's livelihood, accelerating innovation-driven development, promoting economic transformation and upgrading in various regions, and strengthening fiscal and financial support. The "2024 Evaluation Report on High-Quality Development of Henan County Economies" constructs a county-level economic high-quality development evaluation indicator system based on five dimensions: development scale, structure, efficiency, potential, and well-being, using the entropy method to evaluate and analyze the level of high-quality economic development of 102 counties (cities) in Henan. The study found that the average scores for development efficiency and potential are relatively low, indicating the need for county economies to enhance resident income and boost consumption markets. Moreover, county economies should accelerate the shift to innovation-driven development, develop new productivity according to local conditions, promote industrial intensification, cultivate new consumption markets, and promote urban-rural integration to create a distinctive county-level path for Chinese-style modernization. The "Evaluation Report on the Cross-Border E-Commerce Development Index in Henan" constructs an evaluation indicator system based on four aspects: entity scale, growth rate, environmental support, and economic impact, and uses the entropy method to calculate the comprehensive index and sub-indices for cross-border e-commerce development in Henan. It provides targeted and forward-looking recommendations from perspectives such as leveraging policy advantages, promoting technological innovation, creating a one-stop comprehensive service platform, improving the quality of "cross-border e-commerce+industrial clusters," and training skilled talent for cross-border e-commerce based on demand.

The Analysis and Forecast section mainly analyzes and forecasts the development trends in different sectors, industries, and areas in Henan Province, such as industrial development, fixed asset investment, consumer goods market, foreign trade, logistics operations, and the trend of consumer prices, for the period 2024−2025. It subsequently proposes ideas and corresponding measures for developing new productivity and accelerating high-quality development.

The Special Studies section focuses on cultivating and developing new productivity. It centers on measuring and improving new productivity, leading modern Henan's construction with new productivity, prospectively planning future industrial development of new productivity, focusing on the development of new industries, using the "three transformations" to transform "six new" elements to develop new productivity, integrating the "double chains" to foster new productivity, enabling data elements to empower new productivity, and putting forward development ideas for Henan during the "15th Five-Year Plan" period. It also proposes countermeasures on various themes, such as preventing and mitigating economic and financial risks and creating new IPs for private enterprise clusters, from different perspectives, analyzing the key and difficult issues in cultivating and developing new productivity, conducting preliminary research for the "15th Five-Year Plan," and providing countermeasures and recommendations from multiple angles.

Keywords: New Productivity; Modernization Construction; Henan

Contents

I General Report

Abstract: In 2024, Henan Province will adhere to the important instructions of General Secretary Xi Jinping's inspection of Henan, deeply implement the spirit of the Central Economic Work Conference, comprehensively implement the deployment of the Sixth Plenary Session of the Eleventh Provincial Party Committee, the Provincial Party Committee Economic Work Conference, and the government work report, adhere to the principle of seeking progress while maintaining stability, promoting stability through progress, and establishing first before breaking through. The overall economic operation will be stable, showing a trend of "stability while improving, moving towards excellence and innovation, rising quarterly". In 2025, the international development environment will remain complex and challenging, but the favorable factors for the development of Henan Province will become more obvious. The economic growth rate of the province will be higher than the national average. Based on the analysis and prediction of the economic situation in Henan Province in 2025, this article proposes six suggestions for promoting the high-quality economic development of the province in 2025: First, focus on expanding effective demand to solidify the foundation for economic stabilization and recovery. Second, focus on accelerating industrial transformation and cultivating new productive forces. Third, focus on deepening reform and opening up to continuously unleash the driving force and vitality of development. Fourth, focus on enhancing innovation levels to accelerate the smooth transition of new and old driving forces. Fifth, focus on preventing and resolving risks to create a safe and stable development environment. Sixth, focus on improving people's livelihood and truly enhance people's sense of gain and happiness.

Keywords: Henan Province; Economic Situation; Analysis and Prediction

II Survey and Evaluation

B . 2 Evaluation Report on the Comprehensive Economic Competitiveness of Cities Under the Jurisdiction of Henan Province in 2024

Research Group of Henan Provincial Academy of Social Sciences / 020

Abstract: The 20th National Congress of the Communist Party of China has proposed the grand goal of advancing the great rejuvenation of the Chinese nation through Chinese-style modernization. In line with the central party's deployments, Henan Province has anchored its efforts around "two assurances," implemented "ten strategies," and promoted "ten major constructions." Adhering to the new development philosophy and guided by the practice of Chinese-style modernization in Henan, this paper constructs an evaluation index system for the comprehensive economic competitiveness of cities under the jurisdiction of Henan Province, consisting of 6 primary indicators and 28 secondary indicators. Zhengzhou, Luoyang, and Nanyang rank among the top three in terms of comprehensive economic competitiveness. Cities in Henan Province should follow a new path towards modernization in Henan's construction, actively cultivate new productive forces, continuously safeguard and improve people's livelihoods, refine long-term mechanisms for expanding consumption, and comprehensively enhance their overall economic competitiveness.

311

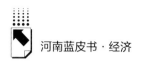

Keywords: New Development Philosophy; Comprehensive Economic Competitiveness; Chinese-style Modernization; High-quality Development

B.3 The Evaluated Report of County Economic High-quality Development of Henan Province in 2024

Research Group of Henan Academy of Social Sciences / 040

Abstract: This report follows the new development concept, integrates the latest research results and the basic framework of previous years' evaluation, and constructs the evaluation index system of high-quality development of county economy from 5 dimensions: development scale, development structure, development benefit, development potential and people's livelihood happiness. Based on the county economic statistics of Henan Province in 2022, the entropy method is used to calculate the weight, The high-quality economic development level of 102 counties (cities) in Henan Province is evaluated and analyzed. The study found that the average score of development benefit and development potential evaluation is relatively low, and the county economy needs to be strengthened in terms of improving residents' income and boosting the consumer market. At the same time, the county economy needs to accelerate the transformation of innovation-driven development, develop new quality productive forces according to local conditions, continue to cultivate new development momentum, promote industrial innovation and development with digital intelligence and greening, promote the integrated development of urban and rural areas with new urbanization, and walk out of the practice path of Chinese-style modernization with county characteristics.

Keywords: Henan Province; County Economy; High Quality Development Evaluation

B.4   Development Index 2024 on the Cross-Border

E-Commerce of Henan Province

Research Group on Evaluation of Cross-Border E-commerce

Development Index of Henan Province / 061

Abstract: In 2023, the cross-border e-commerce import and export transaction volume of Henan Province reached 237.12 billion yuan, a year-on-year increase of 7.3%, accounting for 29.2% of the total foreign trade value of Henan Province, and 10.0% of the total cross-border e-commerce import and export transaction value of my country's cross-border e-commerce. %, of which exports were 179.6 billion yuan, a year-on-year increase of 5.6%, imports were 57.52 billion yuan, a year-on-year increase of 13.1%, and express parcel exports were worth 870 million yuan, a year-on-year increase of 27.9%. The vitality and potential of Henan's cross-border e-commerce industry continues to be released, boosting the high-quality development of Henan's economy. This report first analyzes the development overview of cross-border e-commerce in Henan Province in 2023, and then constructs an evaluation index system from four aspects: main body size, growth rate, environmental support, and economic impact. The cross-border e-commerce in Henan Province is calculated through the entropy weight method. Based on the development comprehensive index and each sub-index, the development level of cross-border e-commerce in various cities in Henan Province is divided into three stages: mature development stage, rapid growth stage, and development adjustment stage. Finally, based on the development overview and index analysis results, we propose Strategic suggestions, such as continuing to leverage policy advantages, promoting technological innovation, creating a one-stop comprehensive service platform, improving the development quality of "cross-border e-commerce + industrial belt", and cultivating cross-border e-commerce skilled talents on demand, etc.

Keywords: Cross-border E-commerce; Development Index; Henan Province

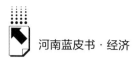

Ⅲ Analysis and Prediction

B.5 Analysis and Outlook of Industrial Development Situation
in Henan Province from 2024 to 2025   *Fan Linfeng* / 079

Abstract: The global economic landscape is undergoing profound adjustments, and scientific and technological progress is making rapid strides. Industrial development is also undergoing unprecedented transformation. Since 2024, the industrial development in Henan Province has maintained a stable and robust trend, and the transformation and upgrading of industries has achieved remarkable progress. The first, second, and third industries have all maintained a relatively fast growth rate, and the industrial structure has continued to optimize, The industrial layout is becoming increasingly rational, and the competitiveness of enterprises is steadily improving. However, there still exist gaps in terms of industrial competitiveness, industrial layout, and enterprise innovation capacity compared to developed provinces. In 2025, Henan's industrial development can seize the opportunities and mitigate the risks by focusing on four aspects: strengthening top-level design, improving policy guidance, enhancing intrinsic motivation, and optimizing the development environment to promote the industrial development of Henan province to a new height.

Keywords: Industrial Development; Industrial Policy; Industrial Structure; Industrial Layout

B.6 Analysis and Reflection on the Situation of Fixed
Asset Investment in Henan Province from 2024 to 2025

Zhu Fangzheng / 097

Abstract: From January to August 2024, fixed asset investment in Henan

Province demonstrated steady growth, with a continuous emergence of major investment projects. Industrial investment exhibited robust growth momentum, while infrastructure investment progressed steadily. Social and livelihood investments grew at a stable rate, private investment showed a notable trend of recovery, and regional investments highlighted frequent bright spots. It is anticipated that the growth rate of fixed assets across the province will further increase in the fourth quarter, albeit at a relatively modest pace. In 2025, as the policy environment gradually optimizes, market demand continues to recover, and market participants' confidence further stabilizes, the situation of fixed asset investment in Henan Province is expected to sustainably improve. Looking forward, it is imperative to further strengthen the leadership of major projects, enhance infrastructure investments, continue to activate private investment vitality, continuously increase investments in innovative fields, persistently improve investment efficiency, promote the healthy development of real estate investments, and strive to achieve both quality and efficiency enhancements in fixed asset investments in Henan Province.

Keywords: Fixed Asset Investment; Major Projects; Private Investment; Investment Efficiency

B.7 The Analysis and Expectation of the Consumption Market in Henan Province from 2024 to 2025 *Shi Tao* / 115

Abstract: In 2024, the consumer market in Henan Province showed a good development trend, with a significant expansion in consumption scale and a continuous increase in consumption growth rate. Regionally, there are significant differences in consumer markets among various cities in Henan, with a slight decrease in concentration; The consumer market in Henan Province continues to maintain its scale advantage among the six central provinces, with a significantly faster consumption growth rate than other regions. Structurally, in the consumption of goods by units above designated size in Henan Province, the growth rate of quality consumer goods consumption has significantly accelerated, basic daily necessities have maintained accelerated growth, travel consumer goods have remained stable, catering revenue is faster than commodity retail, and rural areas are faster than urban areas. The demand structure for consumer goods has changed significantly. Against the objective background of the country's multiple policies to expand domestic demand, the development of the consumer market in Henan Province will still face opportunities and challenges in 2025. It is expected that the total retail sales of consumer goods in the whole society will continue to expand throughout the year, and the growth rate will remain stable and positive, with an expected growth rate of around 6. 5%.

Keywords: Consumption; Situation Analysis; Henan Province

B.8   Analysis and Prospect of Henan's Foreign Trade Situation
         from 2024 to 2025   *Chen Ping*, *Du Lixia* / 128

Abstract: From January to August 2023, Henan's import and export market lost its position as the top import and export market in the central region. The growth rate showed a significant decline and gradually rebounded. From the perspective of the nature of export enterprises, the import and export of foreign-invested enterprises declined significantly, while the development of emerging markets remained stable, and the proportion of processing trade further decreased. These performances are closely related to the high dependence of Henan's exports on mobile phones. In order to change this situation, Henan has implemented a lane change leading strategy and is currently in the painful period of industrial structure transformation and upgrading. The new trend of optimizing and upgrading foreign trade structure and accelerating the transformation of economic development mode will completely change the product structure and market pattern of exports. Looking ahead to 2024, in the context of the development of major economies around the world, supported by the sustained recovery and improvement of the Chinese economy, and with the implementation and effectiveness of various policies and measures to stabilize foreign trade, Henan's foreign trade, on the basis of a significant decline in imports and exports in the early stage, will reshape its industrial competitiveness through the "leading strategy of changing lanes". Henan will cultivate new driving forces for foreign trade development with a new product structure, change the stagnant situation of foreign trade development in the first half of the year, emerge from the trough, and overall rebound.

Keywords: Henan Province; Foreign Trade; Situation Analysis and Outlook

B.9   Analysis and Prospect of Henan Logistics Industry
          Operation from 2024 to 2025   *Li Peng, Qin Huaqiao* / 143

Abstract: Since 2024, the operation of Henan logistics industry has shown a good trend of steady improvement, steady quality improvement and steady accumulation. It is expected that in 2025, with the large-scale equipment renewal and trade-in, reducing the logistics cost of the whole society, accelerating the economic development of the hub and other policy effects continue to appear, Henan logistics industry will continue to increase the quality of the development trend. In 2025, Henan's logistics industry will show seven characteristics: the policy support system will be more perfect, the scale of logistics demand will continue to expand, the quality and efficiency of logistics operation will continue to improve, the leading role of hub economy will continue to strengthen, the shortcomings of inland river shipping will be accelerated, the low-altitude economy will accelerate innovation and development, and the intelligent green transformation and upgrading will be accelerated.

Keywords: Logistics industry; Reduce Cost and Increase Efficiency; Henan Province

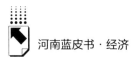
Abstract: Since November 2022, the consumer price index of Henan Province has entered a low-level operation, deviating from the gold range of 2% − 3%. From January to August 2024, the consumer price index of Henan Province rose by 0.2 % year-on-year, showing a mild upward trend. Compared with the national average level, other provinces in the central region and some developed provinces in China in the same period, the consumer price index of Henan Province is basically consistent with the trend of year-on-year and month-on-month rise and fall. From the perspective of classification composition, from January to August 2024, the year-on-year rise and fall of the prices of eight categories of goods and services in Henan Province showed a trend of 'more rises and less falls'. It is expected that the consumer price index of Henan Province will maintain a moderate upward trend in the whole year of 2024, with a high probability of still running low and in the '0 era', and the moderate upward trend will continue until 2025.

Keywords: Consumer Price Index; Henan province; Moderate Rising; Low-price running

Ⅳ Special Reports

Abstract: New quality productivity is an inherent requirement and important focus for promoting high-quality economic development. Constructing an indicator system for Henan's new quality productivity to achieve scientific evaluation and dynamic monitoring of the development level of Henan's new quality productivity, in order to concentrate advantageous resources, focus on key tasks, and accelerate the development pace of Henan's new quality productivity. Firstly, the theoretical logic of the construction of the new quality productivity indicator system is sorted out. Starting from the five dimensions of innovation, coordination, green, openness, and sharing, a new quality productivity measurement indicator system consisting of 30 specific indicators with 15 criteria layers is constructed. The entropy weighting combined with linear weighting method is used to comprehensively evaluate the development level of new quality productivity in Henan Province and its various prefecture level cities from 2013 to 2023. The results show that the comprehensive score of new quality productivity in Henan in 2023 is 0. 2608, which is nearly twice as high as in 2013, and the development effect is obvious. However, it is still at a "medium" level, and there is still a lot of room for improvement in the future. The overall level of new quality productivity in the province shows an olive shaped distribution characteristic of "more in the middle and less at the two ends". In terms of zoning, the central Henan region, especially Zhengzhou, has developed the fastest, while Luoyang in the western Henan region has also shown strong growth momentum. However, the eastern and southern Henan regions are relatively lagging behind, forming a spatial pattern of "high in the west, low in the east, high in the north, and low in the south".

The study further identified the main constraining factors for the development of new quality productivity in Henan, including economic foundation, industrial structure, talent resources, policy support, and geographical location. Finally, regarding the improvement paths of Henan's new quality productivity, the system proposes the following five aspects of work: firstly, deepening the construction of the scientific research system and stimulating the emergence of innovative potential; Secondly, optimize the balanced allocation of resources and coordinate regional development layout; Thirdly, promote the construction of ecological civilization and adhere to the green and low-carbon transformation; Fourthly, we will strengthen regional collaborative innovation and broaden the scope of open cooperation; The fifth is to strengthen the mechanism of resource sharing and ensure that development achievements are universally accessible.

Keywords: New Quality Productivity; Indicator System; Improvement Paths

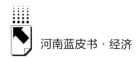

B.12 Research on Henan's Development Ideas and Key
Measures During the "15th Five-Year Plan" Period

Wang Fang / 199

Abstract: The "15th Five-Year Plan" period is an important period to accelerate the construction of modern Henan. Faced with new situations and new problems arising from profound and complex changes in the development environment at home and abroad, we must be based on the provincial situation, focus on the future, follow the rules, and accurately Grasp new trends and new requirements, and strive to achieve breakthroughs in cultivating and developing new productive forces, strengthening scientific and technological innovation, deepening reform and opening up, green transformation and development, and preventing and defusing risks. Strive to achieve the overall goal of modernizing Henan.

Keywords: 15th Five-Year Plan Period; New Quality Productivity; High-quality Development

B.13 The Key Points and Focus of Leading the Construction
of Modern Henan with New Productive Forces During
the "15th Five-Year Plan" Period *Wang Yaolu* / 208

Abstract: Developing new productive forces is an inherent requirement and important focus for promoting high-quality development, and is a major strategic measure to promote China's modernization. The "15th Five-Year Plan" period is a critical period for Henan to strive to promote the practice of China-style modernization. However, due to the intertwined influence of internal and external environmental changes and short-term contradictions, there are still bottlenecks such as the urgent need to improve innovative development capabilities with new productivity in leading the construction of modern Henan. , insufficient support and guidance for emerging industries, arduous tasks of green and low-carbon transformation, urgent need to be eliminated, and the quality of human capital needs to be improved. In the new era and new journey, we should focus on strengthening innovation leadership, developing strategic emerging industries and future industries, promoting the transformation and upgrading of traditional industries, further comprehensively deepening reforms, and accelerating the cultivation of new talents to accelerate the development of new productive forces and promote High-quality development, realizing the transformation of old and new driving forces, and leading the construction of modern Henan to create a new situation.

Keywords: New Productivity; Henan; Modernization

B.14 Thoughts and Suggestions on Using "Three Transformations" to Upgrade "Six New Breakthroughs" to Boost New-Quality Productive Forces

Wang Mengmeng / 219

Abstract: "Three Transformations" and "Six New" are the connotation, carrier, and symbol of the transformation and development of manufacturing industry in Henan in the new era, as well as the support and hope for accelerating the formation of new quality productive forces, promoting new industrialization, and achieving high-quality development. It has an unparalleled broad development prospect. Accelerating the formation of new quality productive forces through "Three Transformations" and "Six New" is a systematic project. We should adhere to the systematic thinking, problem-oriented approach, and result-oriented approach, strengthen the support for elements, innovation leadership, digital transformation, industrial foundation, and development environment, and form a powerful synergy to break through "Three Transformations" and "Six New". This will provide sustainable momentum for the formation and development of new

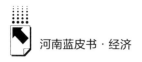
quality productive forces throughout the province.

Keywords: "Three Transformations" and "Six New" Breakthrough; New Quality Productive Forces; Thoughts and Suggestions

B.15 The Key Points and Difficulties of Henan's
Forward-looking Layout for the Development of New
Quality Productive Forces in Future-Oriented Industries

Zhang Wei / 231

Abstract: Future-oriented industries represent the development direction of the new round of scientific and technological revolution and industrial transformation, and they are the key to fostering new development momentum, building new competitive advantages, and seizing the initiative in future development. In recent years, Henan Province has vigorously implemented the strategy of lane-changing and leading, forward-looking planned and pre-positioned future-oriented industries, and promoted the continuous improvement of the future industrial policy system, accelerated the agglomeration of industrial development, accelerated the layout of innovation platforms, and accelerated breakthroughs in cutting-edge technologies. Based on the realistic foundation , for Henan Province to cultivate and expand future-oriented industries, it is necessary to further make breakthroughs in optimizing the spatial layout, strengthening the source of innovation, accelerating incubation and transformation, establishing an investment growth mechanism, and consolidating talent support. These are both the key points and difficulties in Henan's forward-looking layout for the development of new quality productive forces in future-oriented industries. At the same time, it is also necessary to focus on strengthening top-level design, improving the policy system, comprehensively deepening reforms, and strengthening factor support to provide an important guarantee for Henan Province to strive for the lead in the new track of future-oriented industries.

Keywords: Henan Province; Future-Oriented Industries; New Quality Productive Forces

B.16 Thoughts and Countermeasures for Henan Province to Focus on the Development of Nine Emerging Industries and New Quality Productivity *Zhang Xiangge* / 242

Abstract: New quality productivity is an inevitable product of China's economic and social development in the new era. It is not only an important foundation for promoting productivity reform and reshaping production relations, but also an inherent requirement for leading the construction of a modern industrial system and achieving high-quality development. Focusing on the development of new quality productivity in nine emerging industries, Henan Province has a strong industrial foundation and advantageous conditions, but also faces problems and challenges such as the need to improve innovation drive, a small number of leading enterprises, shortcomings in chain group collaboration, and a shortage of key elements. We must adhere to systematic thinking and precise policy implementation, focusing on deepening institutional and mechanism reform and innovation, strengthening the supply of scientific and technological innovation sources, nurturing strategic emerging leading enterprises, and optimizing the innovative allocation of key elements. We will focus on the four dominant industries and five high growth industries, unleash the potential for new quality production capacity development, and promote the economic development of Henan Province to enter a new stage.

Keywords: Nine Emerging Industries; New Quality Productivity; Henan Province

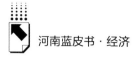

B.17 Thoughts and Suggestions on Cultivating New Quality
Productive Forces Through "Dual-Chain Integration"
in Henan Province *Li Bin* / 253

Abstract: The deep integration of innovation chain and industrial chain is an important way to cultivate new quality productive forces. In response to the major issue of cultivating new quality productive forces in Henan, this study analyzes the current situation of deep integration of the innovation chain and the industrial chain from multiple perspectives, including innovation platforms, innovation carriers, innovation subjects, innovation factors, and innovation ecology. Based on this, it analyzes the problems faced by Henan in promoting the "dual-chain integration" process. The study found that there are prominent problems in Henan Province, such as low quality and vitality of innovation subjects, relative scarcity of innovative talents, insufficient investment in innovation, and poor innovation ecology, which restrict the deep integration of the innovation chain and the industrial chain and affect the cultivation and development of new quality productive forces. In response to the above problems, relevant countermeasures and suggestions are proposed from the aspects of optimizing the regional innovation development pattern, promoting the quality and efficiency of platform carriers, strengthening the dominant position of enterprise innovation, improving the policy system for the transformation of research results, and strengthening the investment of funds for scientific and technological innovation.

Keywords: Innovation Chain; Industrial Chain; New Quality Productive Forces

B.18 Thoughts and Paths for Data Elements to Empower
New Quality Productive Forces *Wang Cen* / 264

Abstract: Promoting data elements to empower new quality productive forces is not only an inevitable requirement to seize the opportunities presented by the new round of technological revolution and industrial transformation, a driving force to consolidate new regional competitive advantages, but also a strategic support for advancing the modernization of Henan Province. In the new era, Henan should promote the high-level application of data elements, focusing on empowering productivity towards new development, green development, and digital development. Efforts should center on key tasks such as reconstructing new paradigms for scientific research, improving the application system for digital technology innovation, developing strategic emerging industries and future industries, promoting green and low-carbon transformation throughout the entire production process, implementing green and low-carbon transformation across all scenarios in daily life, enhancing energy conservation, emission reduction, and efficiency across all sectors of society, as well as driving industrial digitalization, digital industrialization, and digital governance. Henan should take multiple measures and implement precise policies by accelerating infrastructure construction, improving data trading mechanisms, strengthening breakthroughs in application scenarios, optimizing the talent team, and so on, to accelerate the development of new quality productive forces in Henan and write a new chapter in its development.

Keywords: Data Elements; New Quality Productive Forces; Fusion of Data and Reality

B . 19　Analysis and Reflections on the Creation of a New IP
　　　　for Private Enterprises in Henan Province　　　*Zhao Ran* / 274

Abstract: From a macroeconomic perspective, private enterprises exert decisive influences on the three major aspects of gross domestic product (GDP), taxation, and employment. Owing to their acute market sensitivity, private enterprises play an indispensable role in the reform of the economic system. Compared with public-owned enterprises, private enterprises encounter more complex difficulties in

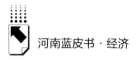

technological innovation, talent attraction, market exploration, financing capacity, and brand operation. Relying on the development concept of the new matrix IP, private enterprises in Henan Province are expected to ascend to a new dimension, which also constitutes the focus and direction of development. Thus, the new matrix IP strategy can be realized through creating new IPs for brand building, cultural inheritance, characteristic products, science and education innovation, and new media promotion.

Keywords: Analysis and Reflections; Private Enterprise; Matrix New IP; Henan Province

B.20 Reflections and Suggestions on New Quality Productivity Empowering the High Quality Development of Henan Culture and Tourism Industry *Zhang Qian* / 284

Abstract: The high-quality development of Henan's cultural and tourism industry is an important part of the high-quality development of Henan's economy and society. The new quality productivity plays an important role in the process of empowering the high-quality development of cultural and tourism industry in Henan province, such as precise positioning, scientific and technological empowerment, intelligent supply and talent support. Driven by the new quality of productivity, Henan Province has achieved remarkable results in the new expression of excellent traditional culture, the creation of immersive experience space, the renewal of new cultural and tourism consumption patterns and the construction of digital cultural and tourism highlands. However, there are still problems such as insufficient level of intelligence, low operational efficiency, weak innovative power and weak coordinated development. In the future, Henan province should continue to integrate new technology to promote the intelligent development of the cultural and tourism industry, continue to build new models to improve the efficient development of the cultural and tourism industry, gradually stimulate the new kinetic energy to enhance the power of the cultural and tourism industry development, and actively explore new paths to guide the integrated development of the cultural and tourism industry in Henan province.

Keywords: New Quality Productivity; Cultural Tourism Industry; High-quality Development; Henan Province

B.21 Analysis of Henan's Main Strategies for Effectively Preventing and Defusing Economic and Financial Risks During the 15th Five-Year Plan *Li Lifei* / 297

Abstract: The 15th Five-Year Plan is a five-year period of both opportunities and challenges for Henan. There are still many hidden risks in the real estate market, local debt, small and medium-sized financial institutions and other fields. Prevention and resolution of major risks must be the top priority, promote the smooth transition of the real estate industry to a new development model, gradually resolve local government debt risks, solidly promote the reform and transformation of small and medium-sized financial institutions, and maintain sustained and healthy economic development and overall social stability. In order to maintain the bottom line of preventing systemic risks, Henan must build a solid practical safety barrier for Chinese-style modern Henan by improving risk prevention and control mechanisms, properly handling the relationship between development and security, and promoting finance to better serve the real economy.

Keywords: The 15th Five-Year Plan; Economic and Financial Risks; Prevention and Resolution

社会科学文献出版社

皮 书

智库成果出版与传播平台

❖ 皮书定义 ❖

皮书是对中国与世界发展状况和热点问题进行年度监测，以专业的角度、专家的视野和实证研究方法，针对某一领域或区域现状与发展态势展开分析和预测，具备前沿性、原创性、实证性、连续性、时效性等特点的公开出版物，由一系列权威研究报告组成。

❖ 皮书作者 ❖

皮书系列报告作者以国内外一流研究机构、知名高校等重点智库的研究人员为主，多为相关领域一流专家学者，他们的观点代表了当下学界对中国与世界的现实和未来最高水平的解读与分析。

❖ 皮书荣誉 ❖

皮书作为中国社会科学院基础理论研究与应用对策研究融合发展的代表性成果，不仅是哲学社会科学工作者服务中国特色社会主义现代化建设的重要成果，更是助力中国特色新型智库建设、构建中国特色哲学社会科学"三大体系"的重要平台。皮书系列先后被列入"十二五""十三五""十四五"时期国家重点出版物出版专项规划项目；自2013年起，重点皮书被列入中国社会科学院国家哲学社会科学创新工程项目。

权威报告·连续出版·独家资源

皮书数据库
ANNUAL REPORT(YEARBOOK)
DATABASE

分析解读当下中国发展变迁的高端智库平台

所获荣誉

- 2022年，入选技术赋能"新闻+"推荐案例
- 2020年，入选全国新闻出版深度融合发展创新案例
- 2019年，入选国家新闻出版署数字出版精品遴选推荐计划
- 2016年，入选"十三五"国家重点电子出版物出版规划骨干工程
- 2013年，荣获"中国出版政府奖·网络出版物奖"提名奖

皮书数据库

"社科数托邦"
微信公众号

成为用户

　　登录网址www.pishu.com.cn访问皮书数据库网站或下载皮书数据库APP，通过手机号码验证或邮箱验证即可成为皮书数据库用户。

用户福利

- 已注册用户购书后可免费获赠100元皮书数据库充值卡。刮开充值卡涂层获取充值密码，登录并进入"会员中心"—"在线充值"—"充值卡充值"，充值成功即可购买和查看数据库内容。
- 用户福利最终解释权归社会科学文献出版社所有。

数据库服务热线：010-59367265
数据库服务QQ：2475522410
数据库服务邮箱：database@ssap.cn
图书销售热线：010-59367070/7028
图书服务QQ：1265056568
图书服务邮箱：duzhe@ssap.cn

社会科学文献出版社　皮书系列
SOCIAL SCIENCES ACADEMIC PRESS (CHINA)
卡号：738562934512
密码：

S 基本子库
UB DATABASE

中国社会发展数据库（下设 12 个专题子库）

紧扣人口、政治、外交、法律、教育、医疗卫生、资源环境等 12 个社会发展领域的前沿和热点，全面整合专业著作、智库报告、学术资讯、调研数据等类型资源，帮助用户追踪中国社会发展动态、研究社会发展战略与政策、了解社会热点问题、分析社会发展趋势。

中国经济发展数据库（下设 12 专题子库）

内容涵盖宏观经济、产业经济、工业经济、农业经济、财政金融、房地产经济、城市经济、商业贸易等 12 个重点经济领域，为把握经济运行态势、洞察经济发展规律、研判经济发展趋势、进行经济调控决策提供参考和依据。

中国行业发展数据库（下设 17 个专题子库）

以中国国民经济行业分类为依据，覆盖金融业、旅游业、交通运输业、能源矿产业、制造业等 100 多个行业，跟踪分析国民经济相关行业市场运行状况和政策导向，汇集行业发展前沿资讯，为投资、从业及各种经济决策提供理论支撑和实践指导。

中国区域发展数据库（下设 4 个专题子库）

对中国特定区域内的经济、社会、文化等领域现状与发展情况进行深度分析和预测，涉及省级行政区、城市群、城市、农村等不同维度，研究层级至县及县以下行政区，为学者研究地方经济社会宏观态势、经验模式、发展案例提供支撑，为地方政府决策提供参考。

中国文化传媒数据库（下设 18 个专题子库）

内容覆盖文化产业、新闻传播、电影娱乐、文学艺术、群众文化、图书情报等 18 个重点研究领域，聚焦文化传媒领域发展前沿、热点话题、行业实践，服务用户的教学科研、文化投资、企业规划等需要。

世界经济与国际关系数据库（下设 6 个专题子库）

整合世界经济、国际政治、世界文化与科技、全球性问题、国际组织与国际法、区域研究 6 大领域研究成果，对世界经济形势、国际形势进行连续性深度分析，对年度热点问题进行专题解读，为研判全球发展趋势提供事实和数据支持。

法律声明

"皮书系列"（含蓝皮书、绿皮书、黄皮书）之品牌由社会科学文献出版社最早使用并持续至今，现已被中国图书行业所熟知。"皮书系列"的相关商标已在国家商标管理部门商标局注册，包括但不限于LOGO（）、皮书、Pishu、经济蓝皮书、社会蓝皮书等。"皮书系列"图书的注册商标专用权及封面设计、版式设计的著作权均为社会科学文献出版社所有。未经社会科学文献出版社书面授权许可，任何使用与"皮书系列"图书注册商标、封面设计、版式设计相同或者近似的文字、图形或其组合的行为均系侵权行为。

经作者授权，本书的专有出版权及信息网络传播权等为社会科学文献出版社享有。未经社会科学文献出版社书面授权许可，任何就本书内容的复制、发行或以数字形式进行网络传播的行为均系侵权行为。

社会科学文献出版社将通过法律途径追究上述侵权行为的法律责任，维护自身合法权益。

欢迎社会各界人士对侵犯社会科学文献出版社上述权利的侵权行为进行举报。电话：010-59367121，电子邮箱：fawubu@ssap.cn。

社会科学文献出版社